往復書簡 限界から始まる

上野千鶴子　鈴木涼美

JN073278

往復書簡　限界から始まる

目次

1

エロス資本

上野千鶴子先生

「限界から始まる」というこの書簡の表題は、長くお付き合いのある幻冬舎の女性二人と会議室で唸りながら考えたのですが、改めて書いてみるとしっくりくるな、と思えるので、簡単にこの表題の話から始めさせてください。

キーワードである「限界」は、私が最近お送りした本についての上野先生のコメントに由来します。書籍のタイトルが『可愛くってずるくっていじわるな妹になりたい』（講談社、2020年）であったことについて、「こういうタイトルが使えるのは、もう限界ですね」というコメントをいただき、ちょうどこの書簡連載を打診された時期と重なったので、限界に立った私がこの場所から物事を考えるという意味を込めて先生の言葉を拝借しました。

それより先はないという境目、これ以上やったら許されないという線引き、我慢の限界、体力の限界、限界を知る、限界を破る、と連想していくと、私がこれまで生きていた世界はこのタイトルのような言葉が境目の内側にあり、私がこれから生きるべき世界はこのタイトルを外側に出す形だということになる。ではその次の世界がどのような形になるのかを考えるのであれば、境目に立っているこの場所は、ものを見るのに悪くないような気もします。時代が成長するとともに私自身が年齢的にも気分的にも成熟していくべき時に、良い言葉をいただいたと思います。

奇しくも往復書簡を始めようとしている今、新型コロナウイルス感染症のパンデミックにより、世界や日本の抱えている問題はより顕著にその輪郭を現しているような気がします。ちょうど私がこのお手紙を書いている週に日本でも緊急事態宣言の期間延長が発表され、経済的にも精神的にも先行き不安が限界まで達したと感じている人も多いでしょうし、今までにない生活の制約にガマンの限界だという人もいるはずです。限界地点の社会にあって、上野先生とお話しできる意義はより大きく感じられます。

それから、これが私自身としては最も大きな「限界」なのですが、長く取り組んできたテ

女性は「被害者」だと受け入れない態度は、女性たちの運動に水を差すのでしょうか？

ーマに、最近になって疑問を感じることが多々あり、自分の思いを点検したいという気持ちもありました。第一回目のテーマにも大きく関わるので、読者の方への自己紹介も兼ねて、私が文筆に取り組んできた動機や経緯をお話ししながら、近頃ずっと感じていた不安を申し上げたいと思います。

修士論文を改稿した『「AV女優」の社会学』(青土社、2013年)を出版してから、私が執筆をするモチベーションはごくシンプルなものでした。それは言わば、被害者という言葉の檻への抵抗と悪あがき。被害者の顔をせずに「害」を断罪することができるか、というのが自分に課していた態度です。

私のこれまでの人生は「被害者として生きる」機会に、実に恵まれたものでした。日本社会で女性として生きているだけでなく、女子高生の頃からブルセラや援助交際といった性の商品化の現場に出入りし、大学受験が終わった後はAV女優としても働き、その後は女性の部長が一人もいない(私の退職後に就任されたようですが)ザ・日本企業に勤めました。運良く執筆の機会を得た時に、私は性的搾取の、悪しき企業文化の、男女不均衡社会の、男の視線を内在化した、女性活躍のスローガンに踊らされた、窮屈な服と靴を押し付けられた、ある種の価値観に骨の髄まで毒された、被害者として語るための、たくさんの材料を持っていたように思います。そういう立ち位置から語っていたらあるいは、語る機会を得ずに黙る人の不満や傷つきに何かしらの作用を齎《もたら》すことができたのかもしれません。

ただ私が間近で見てきた女性たちや、当事者として体験してきた自分という女性は、もう少し強く、面白いものだったような気がするし、男の性欲で単に傷つけられるよりはもう少し賢く進化しているような気もしたし、闘う武器も獲得したはずだし、そんな時、踏みにじられた者というレッテルは私たちを退屈で単純なものにしてしまう気がして、邪魔ですらありました。被害者なんていう名前に中指立てながらも、不当で暴力的なものと闘うことは、矛盾するようにも見えるけれども可能な気がしていました。

なぜ「AV女優」が外から見ると過剰に「主体的」に見えるのかを書いた『「AV女優」の社会学』は今読むととても稚拙で粗いのは反省しますが、修論を書いていた時したかったことはまさに、被害報告ではない形で搾取の構造と男女の共犯関係を、どこかに仮想敵を作らずに描きだせないか、という挑戦でした。「強制」か「自由意志」かという枠組みでしか語られないことに強く違和感があり、またどちらもしっくりこないと思っていました。自由意志に見える彼女たちが過度に「主体的」にふるまうのも、被害者に見える彼女たちが過度に「強制」を強調するのも、現場を見るとごく自然に思えることがあったからです。被害者にならないためには、根本的には未来に向けて被害を取り除いていく地道な努力が必要なのはわかります。そのために過去の被害者の証言が貴重なのかと思いますが、私たちの経験は被害の証言のためにあるわけではないとか、生きているだけで被害者である言い訳がどんどん浮かんでくるような着ぐるみを脱ぎ捨てたいとか、そういう子供っぽい反抗心もあったのかもしれません。そして何より、「害」を齎すものが外的な要因だったなんてとても言えない、要は男も女も実に愚かだという圧倒的な実感がありました。

上野先生の本で以前私が共同通信で書評を書かせていただいた『戦争と性暴力の比較史へ向けて』（岩波書店、２０１８年）のような試みに、私がとてもワクワクするのは、まさに単純な被害者という枠組みを解体しながら、むしろ解体するからこそ浮き彫りにできる罪の所在を照らすような鮮やかさがあるからです。少なくとも上野千鶴子の本に学ぶ機会のあった私の世代のオンナたちは、そういう強さがあるはずだと今でも思っています。

その作業は、善意で私の痛みに寄り添おうとしてくれた人たちを後ろから刺すようなところがあることも、連帯に水を差すかもしれないことも、必死で声を上げる人に冷淡に思われることも、経過の中で実感しましたが、それでも、被害者になるために学んだわけではない、と信じていたし、私としては似たようなことを伝えていたつもりの人にものすごく嫌悪感を抱かれたり、鼻をつままれたりするのは、私の表現方法が稚拙なせいだと思っていました。もっとわかりやすくもっと面白く「加害者」とされるものの弱さや「被害者」とされるものの強《したた》かさを描けば、かわいそうと思われずに両者の愚かさを指摘できるはず、と鼻息荒く過ごしてきたのが、長く私のスタンスだったわけです。「エロティック・キャピタル」を提唱したハキムのような議論を比較的好んできたのも、そういった被害者化を逃れて複雑で強い存在になっていく際の補助線になり得ると思ったからです。

ただ、私は大きく間違っていたのかもしれません。Twitterなどでより広く見ることが可能となった、私よりもっと若く賢い女性たちの発信を見ていると、彼女たちが強く希求しているのはきちんと被害者の名を与えられることのようにも思うのです。イノセントな被害者の姿は私自身が抵抗し続けて、それを逃れるためなら自分らのどんな愚かさを露呈してもいいと思っていたものですから、私にとって今、伝統的な男女差別への抗議が元気を取り戻すのは大きな衝撃でした。だとしたら、被害者の皮を剝ごうとしてきた私は彼女たちの運動を妨げるものであって、嫌悪されるのは当然のようにも思います。

先日、たまたま同じ時期に同じ担当編集で本を出した縁で、作家の橘玲さんとお話しする機会がありました。橘さんの方からぜひ私と話すテーマに、と提案されたのがまさにハキムの「エロティック・キャピタル」についてです。その前月には『現代思想』の仕切りで、比較的世代の近い関西学院大の貴戸理恵さんと、自分らの世代にとってのフェミニズムについてお話しする機会がありました。それらの中で私は、ある意味強制的に与えられ、その後剝ぎ取られる感のある女性の商品的価値について、意志と関係なく持っているそれとどう付き合い、剝ぎ取られた後をどう生きるかという話をして、特に貴戸さんとは、その先を生きるためにこそ私たちのフェミニズムは使えるのではないか、というところで大いに盛り上がったのです。商品的価値を強制的に押し付けられる社会への根本的なところに触れる議論を大きく展開したというよりは、その現状がどういった形をしているのかを現場の視点でお話しして、そういう身体を抱えた私が今どうサバイブするかという話ではあったのですが。

その、以前から私が著作のテーマの一つとして挙げてきた身体の商品的価値について、ハキムの「エロス資本」を参考に話した橘さんとの対談に対しての読者の方々の反応や批判を見ていると、その現状に怒っているというよりも「そんなものはなかった」「AV女優やキャバクラ嬢など一部の女性が与えられているにすぎない」という立場の方が想像以上に多く、エロス「資本」ではなく「負債」だというコメントも拝見しました。そういう意見は面白いのですが、「被害」の捉え直しとして私自身は若い頃に割と歓迎して読んだような概念が、今は多くの女性の自尊心を大きく傷つけるという事実には大変驚きました。当然、橘さんにしろ貴戸さんにしろ私にしろ、エロスは資本だ行使しようなんていう立場にはないのですが、そうした商品的価値を与えられてしまうという現状の捉え方自体が、許容されないのだということはわかりました。

学生時代、ゴフマンや上野先生の著作を読んでいた頃、自分らがあまりに自然に自明のものと感じている仕草やごく素直に受け入れていた広告が、いかにジェンダーの衣を着まくっているかという発見は、80年代生まれの私にとって単純に面白く、こういった先人たちの作業によって、私たちは「それによって巻き起こされていた被害が解体され」「押し付けられてやっている状態からワカッテやっている状態に進化し」、だからこそ単純な歴史の被害者ではなく、複雑に被害と加害を繰り返しながら逞しく生きているのだという実感がありました。そういった喜びにかまけて、もしかしたら私は、根強く変化しないもっと根本的な「害」についての批判がどこか甘くなりすぎていたのかもしれません。

少なくとも昨年盛り上がった #KuToo 運動や、つい先日大いに批判されたお笑い芸人の岡村隆史発言への抗議を私自身の反省も込めて見ていると、今の学生たちが表現したいのは、私たちも愚かだとか、私たちも強いとか、私たちも得していたという視点ではなく、被害者であることを恐れない態度の方のような気がしました。

被害者の名を引き受けることこそが尊いのか、被害者の名に甘んじないのが尊いのか、どちらがより自分の妹たちに生きるに値する世界を手渡せるのか、正直、今はよくわかりません。私にとっては退屈なように思えた被害者というレッテルから、取り急ぎ脱出口を探すような遊びは、女性たちの運動に水を差し、被害の再生産をしてしまうものかもしれないという不安が常にあります。でも、実際に会社やAV撮影や家庭や恋愛の現場で、降りかかるものと逞しく楽しみながら闘う女性たちを見てきて、それをかわいそうなふりをして報告する行為は、私がサインアップしたフェミニズムの姿ではないという思いもあります。

日本女性の碩学である上野先生が社会学の場で切り開いてきた議論は、私にとっては、順番として受け継ぐ私たちがイノセントな被害者ではなく、何を押し付けられてもそれを解体したり逆手にとって武器にしたりできる賢者になるための布石だと信じてきました。無自覚なふりができない分、そして何より学ぶ場所が切り開かれた分、それは茨の道ではありますが、少なくとも私の見てきた女性たちは被害者の顔をしていないように感じていました。以前、どちらかというと私の母の世代にいる中村うさぎさんと女性の美についてお話しした時、エロオヤジの実害撲滅に忙しかったうさぎさんの世代と、エロオヤジこそをかわいそうな被害者にしてしまえる私の世代とでは、時代が進化しているような気がしたのですが、気のせいだったのでしょうか。その皮肉っぽい態度が彼らを延命させているのでしょうか。被害報告と被害者からの脱却の間で悩む日々なのですが、私たちそんなにやられっぱなしじゃなかったじゃん、とか、私たちも相当バカやってるじゃん、とか、旨味にかまけてきたじゃん、とかいう態度は女性を傷つけるのでしょうか。（嫌だけど）被害者であることを受け入れなければわかりあえないのでしょうか。そもそも私は何に抵抗してきて、単純に女性差別の被害がありましたという態度をとることにどうしてこんなに抵抗があるのでしょうか。

２０２０年5月10日　鈴木涼美

鈴木涼美さま

往復書簡の第一信、拝受。

鈴木涼美という若い女性は、デビューのときから気になる存在でした。その相手との往復書簡の提案を編集者から持ち込まれたとき、なぜわたしがあなたに関心を持っていることを、担当編集者が知っているのだろう、といぶかったほどです。わたしのほうには異論はありませんでしたが、あなたがイヤがるだろうと予測しました。たぶんわたしはあなたにとって、煙たい存在ではないか、と感じたからです。

あなたへの関心は、デビュー作『「AV女優」の社会学』の書評をしたときから始まりました。読んだとたん、ここにはかんじんなことが書かれていない、と直観しました。その直観はあたりました。本が出てすぐに、ハイエナのようなマスコミが、あなた自身がAV女優の経歴を持っているという過去を暴きました。東京大学大学院で北田暁大さん指導のもとに社会学修士論文として書かれた本作は、観察者の立場を取っていましたが、実はあなた自身が当事者だったことがわかったからです。

ＡＶ女優や風俗嬢については、多くの男性の書き手がものほしげな好奇心から、いろいろなルポを書いてきましたが、当事者女性の声は聞かれてきませんでした。あなたの『「ＡＶ女優」の社会学』は、タイトルからしてＡＶ女優の経歴を持つ女性がついに社会学者のなかに登場したのか、とわたしに期待を持たせました。ＡＶ女優の「当事者研究」かと思われたこの本は、現場に出入りできる特権を持った女性ライターとして、しかもほんのはずみでＡＶ女優になる境界をふみはずしてしまいそうな「エロス資本」を持った女性として、微妙なアウトサイダーの視点から書かれていました。「これはワタシではない」というエクスキューズを伴って。もしかしたら学術論文にはそんなエクスキューズが必要だと、あなたが考えたのかもしれません。

ＡＶライターだった女性に、雨宮まみさんがいます。彼女も、わたしにとっては気になる

「被害者」と呼ばれたくない気持ちはウィークネス・フォビア（弱さ嫌悪）でしょう。

女性でした。ご本人に頼まれて、『女子をこじらせて』(ポット出版、2011年)の文庫版(幻冬舎文庫、2015年)解説を書きました。彼女は「女だてらに」AVライターをやる自分を、「女子をこじらせて」いたからだ、と説明しています。スクールカーストの最下位にいて「エロス資本」に恵まれず、求められる外見偏差値が上がるいっぽうのAV業界で、女優になるという境界を決して越せないことがわかっていたからだ(実際にご本人にお会いして、そうは思えませんでしたが)と説明しておられましたが、その「こじらせ方」なら、まだ理解できます。彼女は著書のなかで犀利《さいり》と呼ぶほかない自己分析を果たしていますが、彼女自身にはAV女優の経験はなく、AV批評はしても、AV女優そのものについては論じませんでした。自分にとっては「あちら側のひと」という立ち位置が、彼女がAVライターであることを可能にしたのでしょう。

AV女優の当事者研究は書かれていません。キャバ嬢やさらには援交少女たちの経験も。援交がブームだったとき、ブルセラ少女や援交少女を語る男たちの語り口には、心底うんざりしました。「売れるものは売る」彼女たちの選択に、謎はありません。それより、使用済みパンツに高額のお金を払う顧客の男たちのほうがはるかに「謎」なのに、論じる男たちの視線は、同性の男へは決して向かいません。わたしは、この世代の元少女たちのなかから新しい表現が生まれるだろう、と期待しましたが、その期待はまだ満たされていません。もしかしたらわたしの知らないところで、コミックや映像にすでに表現者が登場しているのかもしれませんが。

あなたの本の内容は、期待通りと期待はずれが相半ばするものでした。内容の中心にあるのは、AV女優の「私語り」というもので、それには共感があふれていましたが、その「私語り」もAV制作のフォーマットに乗った職業的語り、つまり商品としての語り、でした。性産業が、性的客体になることをみずから主体的に選択する女性の能動性を強調するのは、陳腐な定石です。女性の主体性は、男の性欲を免責するからです。

それだけではありません。この語りのなかに、AV女優をよりハードなプレーに追い込んでいくアディクション（中毒）と言ってよい仕掛けがあることを、あなたは鋭く指摘しました。私はここまでやれる、もっと殻を打ち破れる、挑戦できる……という一種のプロフェッショナリズムです。現場のチームの期待に応える連帯感ですら、プロフェッショナリズムには有効に働きます。こういう小状況におけるプロフェッショナリズムは、AV撮影現場だけでなく、ナチの収容所の看守にも、虐殺現場の兵士にも作用することでしょう。

そういうプロフェッショナリズムを描きだしたあなたの鋭さに感嘆すると同時に、うまく逃げられたと感じました。プロフェッショナリズムは職業の如何を問いません。マッサージ師にも、キャバ嬢にも、プロフェッショナリズムはあります。そのプロフェッショナリズムに照準することで、いったいAV女優はいかなる労働をしているのか、という核心的な問いを迂回することが可能になります。それは春画研究が「通好み」になればなるほど、見立てや着衣などの周辺の記号の分析にはまっていくことと似ています。そこに描かれているのはまぎれもなくセックスなのに、それについて語らずにすむからです。

ですから、あなたには「語らなかったこと」がたくさんあるはずなのです。

その後、最初の著作の書評者であったことを義理堅く覚えていてくださったのか、あなたは新刊が出るたびに、著作を送ってくださいました。夜のおねえさんの私生活や、オジサン観察のあれこれを描いたそれらの著作を、いただくたびにすべて読んできたのは、ひとえにあなたというひとへの関心からでした。その過程で、あなたが教養のあるご両親のもとで恵まれた育ち方をしたこと、聡明なお母さんを亡くされたこと、せっかく総合職入社した大企業を退職したこと……など、個人史にあたる情報ももたらされました。若くて才気のある、そして付け加えるなら世間に対して挑戦的な女性が、この先、フリーのライターとして生きていく……しかも賞味期限が過ぎたら情け容赦もなく使い捨てるマスメディアの世界で、この女性はどうやって生き延びるのだろうか、という関心がそれに加わりました。「親代わり」の、と言ったら語弊があるでしょう。「親戚のオバサン」のような、と呼ぶほうがよいかもしれません。

ちなみにわたしは30年ほど前に、当時一世を風靡したAV女優の黒木香さんと対談したことがあります。当時、わたしは、名誉なことに、「社会学界の黒木香」と呼ばれていました！　命名者はあの学界のカリスマ、見田宗介さんです。黒木さんといっても、今の読者には通じないかもしれませんね。「ヘアヌード」で男たちがこれでもかと狂騒状態にあったころ、裏をかいて、タブー中のタブーだった腋毛を、腕を高々と上げて露出した女性です。横浜国立大の現役大学生で、高学歴AV女優としても有名でした。

そういえばAV女優の「私語り」が売れ線の商品になったのは、黒木さんが嚆矢《こうし》でしたね。彼女の雄弁な自己表現力と独特の丁寧語による言いまわしは、知性を感じさせました。もちろんそれが「商品」であることを彼女はじゅうぶんに意識していたでしょうし、わたしとの対談のなかでも、職業的な語り口を崩すことはついにありませんでしたが、わたしは、この聡明な女性がこの先、傷つかずに生き延びていってほしい、と心から願ったものです。

その後、彼女が自分のプロデューサーであり監督であった村西とおると愛人関係にあり、ロケ先で落下事故を起こして大怪我をしたと知って、胸を衝かれました。業界も監督も利用するしたたかでクールな女性だと思っていたからです、いえ、そう期待していたからです。彼女も愚かな「愛しすぎる女」のひとりだと知ったことで、いっそう痛ましく思えました。

その後、メディアに登場することはありませんが、このひととの「その後」は、今でも気になります。もちろんマスコミの餌食にはしてもらいたくありませんが。

初回に「エロス資本」をテーマにしようと持ちかけたのは、わたしでした。あなたが「エロス資本」をもとに仕事をしていたと知ったからです。

正直にいうと、わたしは「エロス資本」という概念に批判的です。「エロス資本 erotic capital」は社会学者のキャサリン・ハキムの概念だそうですが、「文化資本」や「社会関係資本」にならってつくられたこの概念は、社会学的にはまちがいだとすら思います。というのは、「資本」とはほんらい利益を生むものですが、経済資本にかぎらず文化資本（学歴や資格）や社会関係資本（コネ）のような目に見えない「資本」であっても、獲得し蓄積することが可能であるのに対して、「エロス資本」は努力によって獲得することもできず（努力によって獲得できるというひともいますが、それには限界があります）、蓄積することもできないばかりか、年齢とともに目減りしていくだけのものだからです。しかもその価値は、一方的に評価されるだけで、評価基準はもっぱら評価者の手の内にあります。つまり資本の所有者がその資本のコントロールができないという状況のもとにある財を、「資本」と呼ぶことは端的にまちがっています。資本主義は基本的に私的所有権と結びついていますが、「エロス資本」の帰属先（すなわち女性）が、その所有主体であるかどうかも疑わしい状況を、「資本」と呼ぶことに、まぎらわしいメタファー以上の効果はありません。この概念が示すのは「若くてキレイな女性はトク」という通俗的な世間知を、アカデミックに粉飾しただけのものでしょう。

資本というからには、若さと美しさはほんとうに経済価値を生むのでしょうか？　たしかに「外見の価値」が社会学的探求の対象になってからは、美人は経済的に有利という調査結果も出てくるようになりました。美人コンテストの優勝者には、有利な就職の機会も結婚の機会も多いかもしれません。が、「エロス資本」には、もう少しあからさまな含意がありま す。なぜなら対価を伴う「性の市場」というものが、すでに成り立っているからです。だとしたら、そこに参入する女性は「エロス資本」の「資本家」なのでしょうか。ご冗談を……と思います。性の市場にはあいかわらず巨大な経済資本が動いていて、そこでは女性はたんなる「エロス商品」にすぎません。フリーランスのセックスワーカーなら？　自営業者なら、自分自身の「エロス資本」の所有者でありかつ労働者ですから、資本を自己決定で処分できると？　その際、学歴やITスキルのような文化資本と同じく、市場に対して自分を有利に提示できる、ということでしょうか。ですが、あなた自身が書いているように「強制的に与えられ、その後剝ぎ取られる」「意志と関係なく持っている」ものを、「資本」などと呼んではならないのです。

それにしても、性の市場で、セックスワーカーが平均的な女性労働者の賃金よりも破格に割のよい対価を得ることができるのはなぜでしょう？　セックスワークがマッサージ師と同じようにボディタッチを伴う熟練労働であるとか、看護師やカウンセラーと同じようなケア職であるとか、同じようにプロ意識を持っており、しごとに誇りを抱いている……ということはしょっちゅう言われます。そのとおりでしょう。ですが、それならなぜ、セックスワーカーの労働の対価が、マッサージ師並みや看護師並みにならないのでしょう？　プロフェッショナリズムでは解けない問題がそこにあるのに、多くの論者はそれを避けて通っているように思えます。

あなた自身が回顧的に述べていますが、短期間の「夜職」で破格のお金を稼いだけれども、そのあとに（おそらく一生）つきまとうツケを考えると、この取引はイーブンではないのかもしれない、と。「夜職」のキャリアは、思った以上に長く、女性のその後の人生に尾を引くようです。

「夜のおしごと」の対価には、スティグマ代が入っています。AV女優もキャバ嬢も、経歴を履歴書に書けません。同じ業界で転職するならともかく、そして家族がその業界で生きているならともかく、家族にも言えません。援交の少女たちがもっとも怖れたのは「親バレ」でした。あなたの過去はメディアに曝《さら》されてしまいましたが、ご自分から公開しようとは思わなかったでしょうし、ましてや親に言おうとはしなかったでしょう。隠れて親のイヤがることをやる……のは「蜜の味」です。わたしも若いころ、逸脱的なふるまいをするたびに、こんなにつまらないことがこんなにおいしいのは、ひたすら「親の禁止」があるからだ、とわかっていました。その「禁止」の魔法が解ければ、つまらないことは索漠とするほどつまらないことに戻ってしまいます。

おそらく男たちはやましい思いがあるから、スティグマ代込みで高い対価をセックスサービスに支払っているのでしょう。「若いころ、キャバ嬢やってずいぶん稼いだのよ」と女性がおおっぴらに言えないように、「キャバクラやヘルスにずいぶんカネを注ぎこんだもんだ」と男もおおっぴらに言えません。いえ、言えなくなってきました。遊郭や赤線があった時代には「女遊び」は財力の証だったでしょうが、今はもはや公然とは口にできません。「女はカネについてくる」と豪語したホリエモンさえ、IT長者たちの合コンにモデル嬢やCA（キャビンアテンダント）をかんたんに呼べることを自慢できても、彼女たちとのセックスを「カネで買った」（たとえそんなことがあったとしても）とは公然と口にできない時代です。

それをメディアで口にしたのが、お笑い芸人の岡村隆史というひとでした。『オールナイトニッポン』というメディアの「夜の部」、結婚できないお笑い芸人という立ち位置、裏世界での発言という場が、彼の発言を許容してしまったのでしょう。「コロナ禍で風俗へ行けないのがつらい」という男性聴取者からの声に応えて、「コロナ禍が収まれば、美人さんが短期間の稼ぎを求めて、3ヶ月間の期間限定で風俗業に参入してくる」と発言してしまったのです。これに抗議して、謝罪や公共放送からの降板を求める署名運動が起きたことは、あなたもご存じのとおりです。

お笑い芸人の直観は、しばしば核心を衝いています。風俗業についてこんなにわかりやすい理解はありません。風俗は「女性が短期間で荒稼ぎのできる仕事」であり、かつ「もし他の選択肢があれば女性がそこから退出していく」ような、女性にとって歓迎したくない職種であることを、顧客である男がよくわかっているということを、この発言は示しました。しかし、その「3ヶ月」の履歴書の空白を、「美人さん」はどう説明するのでしょう？　ただ「失業中」と沈黙を守るのでしょうか。

言いたいことはかんたんです。セックスワークは女性にとっては経済行為です。対価が発生しなければ、けっして彼女たちはセックスワークをやったりしないでしょう。ここに謎はありません。他方、顧客の男たちは対価を支払う消費者です。彼らはいったい何を買っていることになるのか？　それがカネを対価に得てはならないものであることを、男たちはひそかに知っているからこそ、そのやましさを、相手の女性に転嫁するのではないでしょうか。その際のもっとも強力なエクスキューズが、「自己決定」です。

「性の市場」は、経済資本のうえで圧倒的なジェンダー非対称性があることによって成り立っています。わずかな例外を除いて、「性の市場」は「男の、男による、男のための市場」です。その構造的与件のもとに、自分に対価が発生することを知悉《ちしつ》した女性たちが参入していきます。その対価が期間限定であることを知っているJK（女子高生の隠語）たちも参入します。ですが、彼女たちにそれを教えたのは「キミ、いくら？」と無遠慮に寄ってくる浅ましい男たちで、彼女たちに「エロス資本」を一方的に付与したのも、彼らです。ですから、夜の繁華街を放浪する少女たちを救う活動をしている団体、Colaboが、「私たちは『買われた』展」を実施したのは、故なしとしません。彼女たちに自分が「商品」であることを教えたのは、男たちでしたから。

そういう「性の市場」で生き抜く女性がたくましく、したたかで、魅力的であることをわたしは否定しません。カラダを張って生きていることに誇りを持ち、自分の職業的なスキルやテクに自負を持っていることも。あなたの「夜職」のご友人たちも、そういう魅力的な女性たちでしょう。ですが、あなた自身は「夜職」から離脱する選択肢を持っています。

あなたの「夜職」のご友人たちはどうでしょうか？　いずれ過去の経歴を隠して「昼職」へと軟着陸するのでしょうか、それとも足脱けできずにそのまま「夜職」の世界にとどまり、年齢とともに「エロス資本」の低下を自覚しながら、今度は経営者や管理職として若い女性の搾取者になるのでしょうか。鈴木大介さんの小説『里奈の物語』（文藝春秋、2019年）には、地方都市の風俗産業従事者の世代的な再生産（キャバ嬢の娘がキャバ嬢になる）がリアルに描かれています。そこは貧困と、暴力と、虐待が連鎖する世界です。

そういう世界に、「経済的強制」によらずに、好奇心や反発心、挑戦的な気持ちやあるいは自傷動機から参入してくる、あなたのような若い女性たちがいます。性の市場のジェンダー非対称性をよく知っているからこそ、そのしくみを逆手にとってつけこもうとする女性たちです。男たちは、そういう女性に関心を抱きます。なぜか？　「女性の主体性」は彼らを免責しますし、カネと欲望のパワーゲームのなかでは、より追いかけがいのある獲物だからです。

あなたも社会学者なら、アマルティア・センの「ケイパビリティ（潜在能力）」理論をご存じでしょう。個人の潜在能力は所有している資源の多寡だけではなく、機会集合（選択肢の多さ）の大きさで決まります。これしかできないから風俗業に従事している女性と、他に選択肢があっていつでもそこから退出できる女性とでは、「潜在能力」において違いがあると言えます。そういう高い「潜在能力」を持った女性たちが、自分の職業を「自己選択」だと、そして自分の仕事に誇りを持っているというプロフェッショナリズムを言挙げするのは理解できます。ですが、彼女たちがセックスワーカーのすべてを代弁しているわけではありません。

　とあるウェブ媒体でわたしが、自分を尊重しないような男とカジュアルに性的関係を持つことを、「肉体と精神をどぶに捨てるような」行為と表現したことで、セックスワーカーを名のる女性から職業差別だと抗議を受けました。自分たちはこの職業に誇りを持っている、と。そのとおりでしょう。ですが、ヘンだな、と思ったのは、この発言を虚心に読めば、「どぶ」と表現されているのは相手の男の側ですから、ほんらいなら、「オレたち、どぶかよ」と、男たちから抗議が来るべきだったでしょう（笑）。

　わたしは「肉体と精神をどぶに捨てるような」セックスを、若いころ、たくさんしました。対価こそ発生しないものの、自分も相手も尊重しないようなセックスです。その後悔が、わたしに言わせたせりふでした。セックスは侵襲性の高い、やっかいでめんどうな、人間の相互行為の一種です。しかも生殖行為でもあります。セックスワークの対価には、「乗り逃げ代」が含まれているという男もいます。生殖の果実に責任をとらないですむという補償金のことです。そのやっかいさやめんどうさに見合った人間関係の手続きを、カネの力ですっとばして自分の欲望だけを満足させるのが、男にとっての性産業でしょう。そのとおり、あんたたち、「どぶ」だよ、とどんなに言いたいか。はっきり言いましょう、カネや権力や暴力で女を意のままにしようとする男は、「どぶ」と呼ばれてもしかたのない存在だ、と。

30歳を超えたあなたは、「私よりもっと若く賢い女性たち」について世代論を書いていますね。「彼女たちが強く希求しているのはきちんと被害者の名を与えられること」だと。「与えられる」のではなく、「名のる」と言ったほうが正確だと思いますが。そしてしばしば誤解があるようですが、「被害者」を名のることは、弱さの証ではなく、強さの証です。あなた自身が「被害者であることを恐れない態度」と書いているように。伊藤詩織さんが「私は性暴力の被害者だ」と名のることに、どれほどの勇気が要ったかを想像するだけで、じゅうぶんでしょう。

「被害者」と呼ばれたくない、「弱者」であることがガマンできない、という気持ちをウィークネス・フォビア（弱さ嫌悪）と呼びます。エリート女性がしばしば陥りがちなメンタリティです。ホモフォビア（同性愛嫌悪）と同じくウィークネス・フォビアもまた、自分のなかにあるからこそ、より激烈に検閲し排除しなければならない、弱さへの嫌悪を指します。「慰安婦」を嫌う右翼の女性にあるのも、同じメンタリティでしょう。女が被害者面をするのが許せない、私はあのひとたちと同じではない、私は弱くない……と。そしてこんな女性ほど、男にとってつごうのよい存在はありません。こんな心理的機微がよくわかるのも、わたし自身が過去にミソジニー（女性嫌悪）の「エリート女」だったことがあるからです。

社会学に構造か主体か、というディレンマがあることは、ご存じですね。主体が個人として「自己決定」を主張すればするほど、構造は免責されます。構造的劣位にあるものが、その劣位を逆手にとって構造から搾取することは、短期的には成り立ちますが、長期的には構造を再生産する結果になることは、小笠原祐子さんの『ＯＬたちの〈レジスタンス〉』(中央公論社、１９９８年)が雄弁に語っています。主体は構造を一瞬超えることもできるでしょうが、構造の圧力のほうが、主体よりも圧倒的に強いことを否定することはできません。ですから、あなたが書評してくださった共編著『戦争と性暴力の比較史へ向けて』のなかでわたしたちが試みたのも、主体の能動性や多様性を否定しないで、かつ構造の抑圧を免責しないアプローチでした。

あなたの世代にあるのは(といってよいかどうか、わかりませんが)、ポスト均等法世代以降のネオリベラリズムの内面化と、90年代以降の性の商品化の怒濤のなかで思春期を過ごした結果のシニシズムではないでしょうか。そして政治的シニシズムがそうであったように、シニシズムは結局、何も生み出しません。フラワーデモの世代は、90年代後半からのフェミニズム・バッシングも経験しておらず、政治的シニシズムにも染まっていない、イヤなことはイヤとまっすぐに口にするようになった若い女性たちでしょう。

あなたが後発の世代をまぶしい思いで見ている気持ちが伝わってきます。どうすれば「自分の妹たちに生きるに値する世界を手渡せるのか」と30代のあなたが言うのはちと早いような気もしますが、もし今の年齢になるまでにあなたが子どもを産んでいれば、この問いはもっと切実になるでしょう。「子どもたちに生きるに値する世界を手渡せるのか」と。子どもを産まなかったわたしでも、この年齢になればつくづくと、「こんな世の中にしてごめんね」と謝らなくてもすむ世界を、次の世代に手渡したい、と思うようになりましたから。

あなたが10年近くにわたる「夜職」で学んだこととして、「男も女も実に愚かだという圧倒的な実感」と書いておられますね。人生には知ったほうがよいことと、知らないほうがよいこととがあります。人間の愚かさよりは、けなげさやいじらしさをたっぷり学ぶほうが、どれほどよかったでしょうか。

あなたの文章を読んで、これが「人間の愚かさを学んだ」ではなく、「人間の限界を学んだ」だったら、どんなによかっただろうか、と思わずにいられませんでした。人間には限界があります。ですが、その「限界」は、到達してみなければ味わえません。限界までがんばったひとたちだけが、限界を骨身に沁みて味わうことができます。あなたがのびざかりの20代の10年間を、男と女の欲望の愚かさを学ぶために使ったと聞けば、哀しみを感じるのは老婆心からでしょうか。

30代は、子ども時代の万能感を失って能力にも体力にも「限界」を感じる時期です。それと同時に、限界までなら自分に何ができるかという「自恃《じじ》（みずからを恃《たの》む心）」もまた生まれる年齢です。できることとできないことを腑分けし、できないことを諦め、できることを誠実にていねいに、手を抜かずにやっていく……ことから、初めて自信と信頼が生まれます。そして自信と信頼は、確実に蓄積していきます。それは他者が一方的に与えたり奪ったりするような恣意的な「エロス資本」とは、まったく違ったものです。

「エロス資本」をテーマにしたばかりに、言わずもがなのことを、たくさん書いてしまいました。

それよりもあなたとつっこんで話したいことがあります。あなたが聡明な母親との確執を描いたエッセイを読んだとき、わたしは彼女について、そして彼女とあなたとの母と娘の関係について、もっと知りたいと思いました。そしてそれがあなたが語りたくない、語れない、まだ語る準備のない領域に含まれていることも推測しました。

わたしはときどき、もし自分に娘がいたら、と考えることがあります。娘は母親のもっとも苛烈な批判者です。10代の自分自身がそうだったから、よくわかります。そしてそういう苛烈な批判者が自分の傍らにいたら、と想像するだけで身が竦《すく》みます。わたしが母になることを選ばなかった理由のひとつは、その恐怖でした。

これは憶測ですが、あなたが風俗の業界に足を踏み入れた理由のひとつに、母にとって理解できない存在になりたいという気持ちはありませんでしたか？　母に理解できない存在であるためには、まずあなた自身が自分で理解できない存在である必要があります。あなたはなぜあの業界に入ったか、たぶんうまく説明できないのでは。強いて言うなら「母が嫌ったから」とでも、言うでしょうか。

わたしは聡明な母を持った娘の不幸を感じます。聡明な母は娘を窒息させます。聡明であるということは、あなたのことはぜんぶわたしがわかっているわよ、ということ。逃げも隠れもできない透明な視界にさらされて、子どもは呼吸をする空間を失います。子どもがオトナになるということは、親が知らない影の部分を自我のなかにかかえこむということだからです。

聡明な母を持った子どもの不幸を知ったことで、わたしは自分の母が聡明でなかった幸運に感謝しました。子が親に求めるものが「愛か、理解か？」という究極の二者択一だとしたら、かつてのわたしは「お母さん、わたしは愛より理解がほしかったのよ」と答えましたが、あとになってから、理解が得られなくても愚直な愛を得られたことに感謝するようになりました。そして「理解がほしかった」のは、無いものねだりで、求める理由も必要もなかったのだ、と。そんなわたしにとって、母の磁場から離脱するのは容易でした。母はわたしを理解しなかったからです（愚直な愛の磁力から離脱するのは別な困難を伴いますが。とくに息子にとって）。

よく母親が飛び立とうとする娘や息子に言う「おまえを信じているよ」は、理解ではありません。「何かよくわからないが……」がその前段につきます。「母さんにはよくわからないが、おまえのやることだから、信じているよ」は、理解ではなく信です。そしてその信のもとにあるのが愛です。そしてそのような愚直な愛こそ、親が子どもに与えることのできる最大の贈り物なのです。

あなたのお母さんは、疑いもなく娘を愛していました。同時に、娘を理解したいと思っていました。だからこそ、というべきでしょうか、娘のあなたは母の理解できないこと、母がもっともイヤがることをあえて選んだのではないでしょうか。

あなたの母のことばを、あなたは自分の著書に書き記しています。

「あなたのことが許せないのは、あなたが私が愛して愛して愛してやまない娘の身体や心を傷つけることを平気でするから」

なんという引き裂かれた絶叫でしょう。

幸か不幸か、あなたは母親と対決も和解もしない前に、母を喪ったのでしたね。もしお母さんが長命なら……あなたのその後の人生の選択はどうなったでしょうか。あなたはこれからも成長するでしょうが、あなたの母の時間は止まったままです。その母とあなたは、死んだあとも対話を続けなければなりません。

ですが母を喪ったあと、もはや対抗すべき座標を失ったのだから、今、あなたは自由です。自由というのは目もくらむような無重力の状態をいいます。30歳を過ぎてまもなく母を喪ったあなたは、今ほんとうに「限界」に立っているのかもしれません。座標なしで踏み出す一歩を、どこへ向けるのか、と。

コロナの春の新緑のもとで　上野千鶴子

追伸
「先生」と呼ばれるのはごかんべんください。あなたの「先生」であったことは一度もありませんから。

2

母と娘

上野千鶴子さま

　先月は愛情のこもったとても丁寧なお返事をいただき、ありがとうございました。また、私にとっては私の指導教員だった先生の先生ですので、先生だとは思っていますが、先月のお手紙でご指摘いただきましたので、ここからは「先生」は控えてお名前で呼ばせてください。考えてみれば、小熊英二先生、北田暁大先生、福田和也先生など私が直接指導を受けていた先生たちと、こんなにきちんと一対一で長いやり取りをする機会はなかったし、どの先生にも代え難い指導はしていただいたものの、こうして私自身の経験や内面的な葛藤も踏まえて悩みや思いを伝えたいと考えたことはありませんでした。唯一、私が手紙のやり取りや二人での長い対話をしてきたのは、4年前に他界した母だけでしたから、きちんとお手紙を書くこと自体とても久しぶりでした。改めて貴重な機会に感謝申し上げます。

　私自身の持つミソジニー、それからウィークネス・フォビアであるとご指摘いただいたような傾向を、今一度直視することは、私にとっては心地良い作業ではないので、こうしてお手紙のやり取りをすることがなければ、掘り起こす勇気はなかったかもしれません。思えば私の母も常に私の中の私が衝かれたくない箇所を対話によって掘り起こし、遠慮なく目の前に突きつける人でした。お手紙を読んでいて奇妙な驚きがあったのは、母が死の間際まで不安がっていたようなことが、いくつもご指摘に含まれていたことです。「愚かさ」は認めても「被害」を認めないような傾向も、新聞記者を辞めた後に物書きになったことも、自分の身体が男に対して持つ価値を「利用しているつもりになっている」ことも、母の懸念していたものでした。母の死の後、私自身が母のそういった懸念や怯えの大きさを実感したのは、自分が自分の本意とは別のところで消費されることに何度も何度も直面したからです。今回のテーマは「母娘関係」ですから、母と私の話の中で、いただいたご指摘についても触れて書いていきたいと思います。母とのことを書くのにはなぜかとても体力が必要で、言葉が拙くなる恐怖もあるのですが。

私が夜の世界へ入ったことは、母との関係性なしには語れません。

私の母は、感情的な人ではありましたが、言葉にはしっかりした論理のある人でした。言葉による理解を諦めず、言葉によるぶつかり合いは全く辞さない人だったので、母と向かい合う食卓はしばしば白熱したディスカッションの場にされて、子供の頃はそれがとても嫌でした。大人になってみれば、「ダメと言ったらダメ」だとか「先生がダメと言うならダメ」だとか言われるよりも、母自身の言葉をぶつけられ、ぶつけ返すことを求められる環境の方が恵まれているように思えます。でも幼心には、黙ることが許されず、自分の思いのたけを常に説明させられる環境は、逆に言葉の外に出る自由がないような気分にさせられるものでした。

ただ、小学校を終えて中学に上がるくらいになると、論理的に見える母親の持つ矛盾が気になり出します。母は1950年生まれですから、上野さんとほぼ同世代で、もちろん上野さんのご経歴や実績と比べれば見劣りするとはいえ、経済的にも教育的にも恵まれた環境で育った女性でした。大学を出てしばらくはBBCで通訳をしていましたが、資生堂の宣伝部でPR誌の編集をしていた頃に私が生まれ、父はまだ大学の非常勤でしたから、我が家は当時で言えばわかりやすい逆転夫婦で、時間が自由な父が子育ての大部分を担当し、稼ぎのほとんどは母に依存していた状況でした。それほど珍しくはないのでしょうが、片田舎のカソリックの小学校で当時はそれなりに異質でした。

彼女自身が口にする思想はわかりやすくリベラルで立派なものでしたが、そんな環境の中で母は周辺に住む専業主婦をやや見下していた気がします。具体的に馬鹿にする発言をするわけではなかったけれど、少なくとも父母会で会う主婦を「お母様たち」と呼び、その「お母様たち」が自分と同じ女性であるというような意識はなかったはずです。議論の中ではひとまとまりに「女性」というくせに、私生活では全く違う生物として扱うような狡さがありました。彼女自身も父が常勤になってしばらくは、緩やかに翻訳などしながら子育てに専念していたのですが、主婦であるとは思っていなかったでしょう。「奥さん」という言葉を毛嫌いしていましたが、私にはその言葉自体を女性蔑視だと考えていたというよりは、それはあの「お母様たち」に対する言葉で、自分に向けられるべきものではないという意識であったように思えます。口ではいかなる差別も否定していましたが、「お母様たち」と自分をはっきり分け隔てるような根強い差別感情があった気がします。

そして彼女が専業主婦よりさらに強い嫌悪感を持っていたのが、「女」を商売に使っている人でした。娼婦やホステスは、あらゆることを言葉で説明する彼女が、全く論理を放棄して否定するものでした。さらに、例えば客室乗務員や会社の受付など、女性特有の仕事にも、ホステスに対してよりはずっと薄いけれど、根本的には似たような嫌悪感を持っていました。彼女自身も、性産業や水商売への論理を超えた拒否感を自覚していて、自分が水商売をしている家の娘として育ったからだと分析していましたが、それが全てを説明しているとは、私には思えませんでした。彼女の母、つまり私の祖母は料亭の養女で、祖父の生家がやっていた割烹旅館に嫁いだので、母にとっては、二人の祖母と自分の母の三人がみんな酒の席で男を接待する水商売の女性でした。別の場所で事業を興していた祖父が教育熱心だったため、母やその弟たちは幸い大変恵まれた教育を受けたけれど、実家が知的ではない商売家だったこと、祖母や母たちが酔った客の相手をする女だったことを、母は自虐的によく語っていました。

そのように、「女」を売り物にすることに対する強烈な拒絶がある一方で、彼女にはちょっと異常なほどのルッキズム（外見至上主義）の傾向があり、化粧品や衣服の量もさることながら、大学で教えるようになってからは、講師紹介の写真を1週間撮り直し続けるような執拗なこだわりを見せていました。それも、服にこだわりがあるとか、美しいものが好き、とかいうレベルではなく、明らかに男性の欲望の対象で居続けることへのこだわりでした。「美人」「若々しい」と言われず男性に欲望されないくらいなら、人前には出ない、というくらいの。彼女は私が小学6年生の頃、英国在住時に大学院に行き直して児童文学の専門家になりましたが、児童文学の学会や研究室には、あまり派手な人はおらず、どちらかというと地味で色気に気を遣わないような人が多かったので、彼女はその「地味な学者たち」と一緒にされることも酷く嫌がっていました。90年代当時の米ドラマにはブルドッグみたいに太った男嫌いなステレオタイプの怒りっぽい「フェミニスト」がよく描かれており、彼女は児童文学の学会で会う、男性の視線を寄せ付けない女性たちをそういったキャラに擬《なぞら》えてよく嘲笑していた気がします。ただ、私にはステレオタイプなそのキャラクターたちの方がまだ一貫性があり、母の方が多くの矛盾と倒錯を孕《はら》んでいるように見えていました。簡単に言ってしまえば、男性目線で高い女であることに何よりも価値を置きながら、露骨にそれを金銭に換える女性を心底見下しているように見えました。

ですから、上野さんがぴったりご指摘されたように、私が「夜の世界」、性を直接商品化する世界に入ったことに、母の嫌う、母が理解を拒絶している場所であるということが関係しているのは、それはそうなのだろうと思います。エッセイにも書いたことがあるのですが、「あなたが売春婦であるよりは、暴力や詐欺に手を染める方がまだ味方ができる」というのは実際の母の言葉です。日経新聞に勤めながらも時間を見つけてはキャバクラに出勤し、退職後再びクラブに勤めていた私が、水商売から最後に足を洗ったのは2016年、母が他界した年です。看病や死後の作業で忙しかったこともあるし、最後くらい、母の言葉を聞き入れようと思ったこともあるけれど、実のところは、母がいなくなってしまえば私にとってその夜の世界の魅力や自分がそこにいる意義は半減してしまったのでしょう。

母の理解の範疇外に行きたいという思いと、私自身が、母が最も論理的に説明せずに否定していたもの、母が理解を拒絶していたものを理解したいという思いと、どちらがどれだけあったかはわかりません。ただ、その、男性の目線を絶対に意識しながら実際に取引はしない、スカウトはされたいけどスカウトには乗らない、という母の気持ちの悪さへの嫌悪が私にはありました。売り物として高価になろうとするのに、実際に売られた女を蔑むのは気持ちが悪く、だから私は最後まで売ったというのは短絡的ですが、その気持ちの悪さを取り込みたくないという拒絶はあったように思います。

そして母は最後までその私の行動については理解を拒絶しました。私は、表面上は自分が理解されたい、理解されなくて辛いのだと思っていましたが、本当は理解されたくなかったのかもしれません。母は私を、「あまりに問題なく親の愛と理解を得て育ったから、それがどれだけ磐石なものかを試しているのではないか」とも言っていました。親が最も嫌がることや最も理解しなそうなことをして、親の愛や理解の限界を知ろうとしていたというのも一面ではあるのでしょう。今思い返すと、私の母にとっての「言葉を超えるもの」は、愛の所在と娼婦への嫌悪感でした。絶対的なものである愛を試すような行動と、娼婦になることは私の中では母親との関係性なしには語れないものであることは間違いないです。

母は私を全力で愛してくれました。それと同時に、私は常に母の研究対象でした。ただでさえ絵本が子供たちにどんな世界を見せられるか、どんな風に関わっていくのかを研究する母にとっては、私が唯一の本物のサンプルだったわけで、さらに彼女の、言葉で理解し合うことを絶対に回避しない性格は、私を常に理解しようと追いかけ回していたのだと思います。勉強や働くこと、服装などを押し付けられることなくずいぶん自由に育ててもらいましたが、その自由さにも何か実験しながら興味深く結果を見守られているような、不気味さを感じていました。母と話していると、私の言うことは彼女にとって全て既視感があり、名前がつけられるような現象であって、新しい驚きはなかったように思えました。私は母が子育てに熱心だった理由の一つは、彼女自身の研究の検証のためだったのだと感じていました。

母のことを書くと言葉が散漫になり長くなってしまうのですが、母が死んで自由になった私にも亡霊のように取り憑く母の問いがいくつかあり、そのうち三つくらいが、現在の私の問題と直結しています。

先のお手紙で私は自分の被ってきた「被害」を報告したり、被害者として発言することに大きな抵抗を感じると書き、それについて上野さんは被害者を名乗ることこそ強さだと導いてくださいました。私が被害者として語ることに大きな抵抗がある理由の一つには確かに「弱者」であることを我慢できないことがあるのでしょう。

それと同じものなのか、別のところにあるのかはわかりませんが、私は母が言語道断で美しくない、愚かで汚いと断言した世界へと入っていったことへの大きな罪悪感があり、たとえ酷い言葉を浴びせられ、性暴力の被害にあっても、自分がそれに値する、されて当然だとどうしても考えてしまいます。母との断片的な会話の記録に、「夜の世界」に入ることや、男性にたかが幾ばくかの金銭で身体を明け渡すことは、それで傷ついた時に傷ついたと言う権利を手放してしまうことになる、というものがあります。

私は先月いただいたお手紙でもお名前の挙がったジャーナリストの伊藤詩織さんのことは心から尊敬します。私にはあのような表現はできません。自分が受けてきた性暴力も暴言も、自分の愚かさを呪ったり笑ったりすることで飲み込んできました。暴力と近しい場所にいる無数の夜職女性のほとんどがそうでしょう。その態度が、セカンドレイプ発言や自己責任論など、被害者を傷つける言説と近しい場所にあるのも自覚しています。はっきり区別しますが、私は被害を受けた女性の行いについて彼女たちの愚かさを指摘する気は全くありません。しかし自分自身のことでは、私は被害者になる権利はないという考えから自由になったことはありません。批判や落胆を恐れているという以前に、誰にセカンドレイプ発言をしてもらうまでもなく、自分で自分にセカンドレイプの暴言の限りを尽くしてしまうからです。私は自分を愛してくれた母が否定する世界に入った時に、その先に起こり得るすべての被害を引き受けてしまった意識があり、例えばＡＶ出演でもらったギャラと引き換えに、男性による搾取を訴える言葉を失ったと感じてしまいます。

他者にそのような態度を強要した覚えはありませんが、先月いただいたお手紙にありましたように「『弱者』であることがガマンできない」女性がいかに男性に都合が良いかを考えれば、私がそうであることが、搾取の構造を再生産し続ける可能性を無視できず、これは私の大きな悩みの一つです。ある程度の自分の愚かさを許した上で、被害者を名乗れるくらいに強くなることは、母を失った今、可能なのでしょうか。自分が愚かだったと伝えること自体が、他の被害者を傷つけるのでしょうか。

それと関係して、母は私が新聞社を退職してフリーライターになった時、私が自分の消費のされ方にあまりに無頓着であることを懸念していました。週刊誌報道で過去を明らかにされたことも不本意でしたが、それは自分の過去であるため、抗議する立場にはありません。そして当然、元ＡＶ女優だと報道された私が顔を出してものを書いていれば、自分の本意とは別のところで消費されていくでしょうし、それ自体は多かれ少なかれどんな人でも向き合っている不快感なのだとは思います。私が元ＡＶ女優であることは事実ですし、そのように扱われることを拒否する権利はないでしょう。これまで例えばイベントやテレビ番組に呼ばれた時の服装リクエストや、大きく載せるプロフィールに、今の写真ではなく昔のＡＶの写真を使いたいという週刊誌などの要望はすべて引き受けてきました。半分は単に自分の実力が自分の経歴を凌駕できていない不安があったからだし、それを拒否したら捨てられてしまう恐怖があったからですが、もう半分は、そのように扱われることも、ＡＶ女優になった、あるいはホステスになったこと、そしてそこで受け取った報酬に含まれているような気がしていたからです。ＡＶ女優のギャラが何に対して支払われているのか、それは実際に現場でしている労働や時間だけではないのではないか、と書いてきたのは、そのような感覚からです。「セックスワークがワークである」という主張に微妙な違和を感じるのもそのせいです。

どこまでその扱いを引き受ければいいのか、と疲れることはあっても、それ自体は誇ることでも悲観することでもありません。しかし、母の懸念はもう少し深かったのではないかと最近思います。例えば前回のテーマだった「エロス資本」。私の言葉の不味さへのご批判は実際にあの対談の最終稿で使っているわけですからすべてお受けしますが、あの場では私はその言葉を使わず、すべての著作で「性の商品化」「身体の商品的価値」などの言葉を、使い慣れていてしっくりくるからという理由で使ってきました。対談を構成してくださった方から、ハキムの本の話題から入るので、私の使うそれらの言葉と橘さんが使っていた「エロティック・キャピタル」という言葉も含めてすべて「エロス資本」で統一しますとご連絡をいただいた時も、私はあまり抵抗も深い思慮もなく了承しました。ハキムの本の話だからということでしたが、おそらく私の写真付きで「エロス」の言葉が大見出しに入っていることが重要だったのではないかと、後から気づきました。「エロス資本」の言葉の不正確さは上野さんにご指摘をいただくまであまり考えていませんでしたから、そちらについては私の配慮不足でしたが、結果その記事は一部の女性の自尊心を傷つけ、多くの男性読者を喜ばせる以外にあまり意味はなかったでしょう。エロスという見出しに写真を付けられることはもう慣れすぎて何も思いませんが、結果的にその消費を引き受けたことで、女性を嫌な気分にする言葉を撒き散らかしたことには後悔があります。

私自身の書いたものについても、私はそれらの一部が男性の言い訳に使われていることを知っています。それだけでなく、ごく一部の記事はフェミニストへの攻撃に使われていたことがあるのも知っています。ネットを中心に匿名で活動される一部フェミニストの方からしばしば攻撃的な言葉をかけられるのはそのせいでしょう。それは私の本意ではありません。そもそもそんな男性はものすごく大まかにしか記事を読んでいませんから、曲解した上で使われるのですが、私は保守的な男性が私の書いた言葉を使って女性を攻撃するのであれば、そのようなことを書くのをやめようと、ここしばらくは女の問題についてあまり書かないようにしていました。母の懸念は、私の「夜職女」として消費されることに無頓着なところが、ゆくゆくはこのように、自分の尊厳ではなく、自分以外の女性を傷つけるために誰かに利用されることにあったのかもしれないと最近は思うのです。

ただし、それはそれでとても不自由です。私は男性の悪口をたくさん書いてきましたが、本来は女であることについて書きたいと思って物書きになりました。男の酷さをたくさん見てきたけど、ふと我を振り返れば自分自身の愚かさにも気づくし、多くの人と同じように女性である内側から女の矛盾もたくさん見てきました。母の矛盾も、私の矛盾も、恋に狂う友人たちの矛盾も、女の愚かさも私のテーマであり、物書きであることのルーツでもあります。男性を喜ばせるために書くのではないけど、男性を喜ばせないために書かないという選択も不本意です。男を喜ばせるから、という理由で言葉を奪われたくはありません。

私の実力不足は認めますが、それでも多くの読者からのお手紙は、矛盾を抱えて傷ついたり楽しんだりしてきた女性からのものです。似たようなことを感じてくれる女性がいることも無視したくはありません。全方向にきちんと配慮して書けば不本意な利用のされ方はしなくなると思っていたし、私の書くものが洗練されていけば下手な男の曲解は避けられる気がしていましたが、私に向けられる刃物には耐えられても、私の文を武器にして他者に向けられる刃物にすり替えられることをいかにして回避できるのかがもう一つの大きな悩みです。男が喜ぶ可能性があることをすべて回避して自分自身について書くことなんて可能でしょうか。

上野さんの「どぶに捨てる」発言に、一部のセックスワーカーが抗議したという話は、そのインタビューが公開された時に耳にしていました。そして私も、男がなぜここまで無自覚で、セックスワーカーはなぜここまで自意識過剰なのかについてとても興味深かったので、当時幻冬舎のウェブサイトで持つエッセイの連載でも少し触れたことがあります。男はおそらくどぶである自覚などなく、セックスワーカー団体の人たちはどこかどぶに捨てている自覚があるから怒ったのではないかと思うのですが、そのように、どこまでも無自覚な男の人は、自分らが蔑まれているかもしれないという自覚などないまま、一見して女性を攻撃できそうな発言を切り取ってくるのが実に巧みな気がします（逆に女性たちは、蔑まれているかもしれないという自覚が大いにあるから、些細な表現にも敏感な気がするのですが）。

もう一つ、母の残していった大きな疑問が、私が夜の世界に入ってから、彼女がこの世で最も重要なことの一つだと考える恋愛に全く向き合わなかったことなのですが、あまりに長くなってしまったのと、ちょうど次回のテーマが性愛の予定ですから、その時にお話しさせてください。

２０２０年６月10日　鈴木涼美

鈴木涼美さま

率直で正直なお返事をありがとう。

今回のテーマは「母と娘」ですね。あなたの返信を読んで、ひとは生まれ落ちる環境を選べない、とつくづく感じました。あなたの選択にはあなたの母親の生き方が、よくもわるくも大きな影を落としているのでしょう、母がこうでなければ、私はこの道を選ばなかったと。そしてそれほど巨大な影響を与えるほどの知的でパワフルな母を持たなかったことの幸運を、わたしはふたたび感じましたが、考えてみれば、娘に対して理解力があると思えなかった母がわたしに残した「遺産」は、わたしが結婚もせず出産もしないという選択でしたから、やはり母の影響はわたしの人生をたしかに左右したのです。

あなたが「言葉による理解を諦め」ない母を持ったこと、母とのあいだで「手紙のやり取りや二人での長い対話」を続けてこられたことは、羨ましくも稀有なことです。わたしの母の死後、母の手箱にわたしが世界の各地から送った絵はがきが捨てずに保存されているのを見つけましたが、それはおざなりな「ご機嫌伺い」の文面にすぎませんでした。母とは互いの生き方の根幹に触れるような対話をしたことは、ついぞありません。それにくらべれば、自分の思いをなにもかも「言語化」することを要求される環境は、支配の一種でもありながら、同時にあなた自身を鍛えたはずです。あなたが今日物書きとして持っている言語能力は、これまでの経歴で築いたものであるだけでなく、家庭環境のなかで培われたギフトと言ってもよいでしょう。今回いただいたお手紙にも、その言語能力は遺憾なく発揮されています。

「母と娘」の関係は、母の力量だけでなく、娘の力量によっても影響を受けます。母が巨大な愛情と知性でがんじがらめにしようとした娘のなかには、おそらく自我を獲得できない娘や、自分を壊してしまう娘もいるでしょうに、あなたは母のアキレス腱をピンポイントで衝くだけの力量を持っていたのですね。

あなたの母についての描写を読みながら、わたしは、もし自分にあなたのように聡明な娘

自分にあなたのような聡明な娘がいたら、と想像するのを止められません。

がいたら、と想像するのを止められませんでした。わたしのもっとも身近にいて、わたしの矛盾、わたしのハンパさ、わたしの限界、わたしの狡猾さ……を情け容赦なく抉《えぐ》ってくる娘がいたとしたら、彼女はこのわたしをどのように描写するだろうか？　と。

「一見論理的に見える母親の持つ矛盾」をもっとも鋭く見抜くのは娘ですし、それに翻弄されるのも娘です。最近ある子育て雑誌で生育歴のインタビューを受け、最後に「あなたにとって親とは？」というきわめつきの質問をインタビュアーから受けたとき、ほとんど反射的に「はた迷惑」と、予期せぬ答えを口にしている自分自身に驚きました。子どもは親を選べません。そしてどんな親でも、それを押し付けられた子どもにとっては「はた迷惑」です。強い親は強いなりに、弱い親は弱いなりに。亡くなった津島佑子さんは、離婚してシングルマザーになったあと、恋愛沙汰を子どもの目の前で演じながら、「こうやって親の人生に巻きこまれるのが子どもの運命なのだ」と自分に言い聞かせます。わたしは自分が子どもを産まなかったことで、少なくとも誰かにとって「はた迷惑」な存在であることを免れたという気持ちとともに、他人の人生を強引に巻きこむほどの巨大なエゴイズム（生命力とも言いますが）を、自分が持たなかったのだとふりかえることがあります。そして親を「はた迷惑」と呼んだとたん、「親不孝もの」とか「恩知らず」というバッシングを受けることを予期したにもかかわらず、驚いたことに、読者の反応はおおむね肯定的でした。子どもの親になったばかりの若い母親から、「できるだけ子どものはた迷惑にならないように生きていこうと思います」などという反応をもらって、面食らったものです。若い親たちは、自分が子どもだったころをまだよく覚えているからでしょうか。それにしてもふしぎでならないのは、どんなオトナもかつては子どもだったのに、子どもだったころ（自分が完全に無力だったころ）のつらさを忘れているオトナが多いことです。

人間は複雑なものです。あなたの母親に会ったこともないわたしが、断片的な情報だけから類型化することはあまりやりたくありませんが、あなたが「謎」だというあなたの母親のふるまいは、知的なエリート女の「わたしは別」という生存戦略として「あるある」感が満載です。あなたの母親の世代にしてはまれな高等教育を受け、自分の知的な能力に自信と誇りを持ち、結婚と出産をしても、そこらの「ただの専業主婦」とは「わたしは別」という意識。学会という学歴エリート集団のなかに入りながら、お勉強だけできる優等生の女性研究者たちとは「わたしは別」という意識。あなたの母親が選んだ児童文学という専攻は、生存戦略としては賢明な選択でした。女性研究者の圧倒的に多い業界では、男性と競合せずにすみますし、「子ども好き」という「母性」を疑われずにすみますから。

そういう女性の「わたしは別」意識がルッキズムに行くことに、謎はありません。女は小さいときからつねに男の評価の視線にさらされてきますが、男が評価するのは女性の知性ではありません、わかりやすい外見です。わたしはアメリカのエリート女性の集団のなかで、アンバランスにセクシーなファッションを選ぶ女性を何人も見てきました。そのたびにこのひとのジェンダー・アイデンティティはいったいどうなっているのだろう、と不審に思ってきたものですが、その女性の社会的な地位と能力への自負が、かえって彼女にセクシーな外見を許容するのだとも言えます。わたしは女としてじゅうぶんに商品価値が高いが、決してそれを売らないし、売らずにすむものを持っている、と誇示するために。実際にあなたの母親が男性にモテたかどうかはわかりませんし、夫以外の男性とのきわどいラブアフェアを味わったかどうかもわかりませんが、その「女らしい」外見は、おそらく男性向けのものである以上に、女性の世界におけるマウンティングのツールだと思えます。わたしは「ただの専業主婦とは別」「ただの女性研究者とは別」意識は、実のところ、ミソジニーに裏づけられているのですが。それは「専業主婦」になるほかなかった女性たち、刻苦して研究者になった女性たちの歩んできた人生への、理解と共感を拒絶する態度ですから。

そういう女性にとっては、女性性を売るしか選択肢がなく、実際にそれを売ってしまう女性は唾棄すべき存在です。そして彼女にとっては、ご実家の母や祖母たちがそうであったことを、全身で拒否する選択だったことでしょう。その意味では、あなたの母親もまた、ご自分の生育歴に拘束されていた、と言えるでしょうか。その孫娘であるあなたは、母がもっともイヤがる選択をあえてすることで、母親をこれでもか、と試したのでしょう。それも双方が血を流すような、残酷なしかたで。

そのためにあなたが支払った代償が、「傷ついた時に傷ついた」と言えない、「被害者になる権利」の放棄なのですね。誰にも強制されず、状況に追いつめられることもなく、AV女優になることを選んだあなたにつきまとうのは、「自己決定」です。「自己決定・自己責任」と対句で語られるこのフレーズは、選択に伴う代償を誰の責めに負わせることも許しません。あなたが「罪悪感」と呼ぶものは、この自己決定に伴う負債感を指すものでしょう。

「自己決定」ほど、エリート女性の強烈な自負心を満足させるものはありませんし、エリート女性をフェミニズムから遠ざけるものもありません。あなたは母親から、この強烈なエリート意識を受けついだかもしれませんね。しかし夜職10年の経験が、女も男もそれぞれに愚かな生きものだとあなたに学ばせたのなら、脱洗脳されてよかったかもしれません。AV監督の二村ヒトシさんが、あなたをAV女優としては「二流」だと評したことも、あなたの裏返しのプライドを打ち砕いたことでしょう。

でも、最初に性産業に足を踏み入れたときのあなたは、その対価がこれほど大きいものであることを予想していなかったのではありませんか？　わたしの言う「対価」は、スティグマのある過去が経歴に長く尾を引くということにとどまりません。あなたは、実際に現場で傷を負ったのではありませんか？

性産業は圧倒的なジェンダー非対称性のもとに成り立つ業界です。その現場で、女性が味わう性差別、侮辱、虐待、暴力、搾取……は想像に難くありません。先述した二村監督は、ポルノは「（女性の）侮辱の商品化」であるとはっきり言っています。その「侮辱」は男性の性的ファンタジーを具現化したものにほかなりません。

セックスワークに参入した多くの女性が、「この程度のことはたいしたことではない」「自分は平気だし、いくらでも耐えられる」「こんなことで傷を負うほど、自分はやわではない」と言うのを聞いてきました。20分間「気を飛ばして」いればそれですむ、とまるで解離をテクとするようなことを言う少女もいます。そうやって自分の経験を過小評価してきたのです。

それに男たちが乗じてきました。「この程度のことにぎゃあぎゃあ騒ぎやがって」「たいそうなことじゃないだろ」「減るもんじゃなし」……書き連ねているうちに、これらのせりふが、セクハラ男や痴漢男性のせりふそのものだとわかります。そこに「自己決定」が加われば、「おまえものぞんだくせに」「やってほしかったんだろ」「まんざらでもない顔して」がつきます。（男にとって不利な）女性の経験を過小評価し、自己を免責するのは男性の定石、それを内面化する女性がいるのは、彼らにとって好つごうです。

あなたは自分の書いたものが、「自分の尊厳ではなく、自分以外の女性を傷つけるために誰かに利用される」ことを懸念しています。また「私に向けられる刃物には耐えられても、私の文を武器にして他者に向けられる刃物にすり替えられることをいかにして回避できるのか」が悩みだと、書いています。迂回路をたどるのはおやめなさい。他人のことを心配する前に、あなたはあなた自身の「尊厳」を守るべきなのだし、あなたに「向けられる刃物」に耐える必要なんてないのです。あなたにとっても、わたしにとっても、「自分に向けられる刃物」は、痛いし、怖いものです。あなたの書いたものが「他者に向けられる刃物にすり替えられ」たとき、傷ついているのは、ほかならぬあなた自身のはずです。

あなたの倍近く、長く生きてきたわたしは、上から目線と言われても、あえて言いましょう、ご自分の傷に向きあいなさい。痛いものは痛い、とおっしゃい。ひとの尊厳はそこから始まります。自分に正直であること、自分をごまかさないこと。その自分の経験や感覚を信じ尊重できない人間が、他人の経験や感覚を信じ尊重できるわけがないのです（それを前便でわたしは「『被害者』を名のることは、弱さの証ではなく、強さの証」と書きました）。

だからといって、わたしは自分を免責するつもりはありません。こういうことが言えるのは、わたしにいちいち思い当たることがあるからです。恥の多い、失敗の多い人生を送ってきました。これまでの人生に後悔はない、なんて、決して言えません。

今若い娘たちは、自分に向けられた男たちの不当なふるまいを「どうでもいいこと」「やりすごせること」とは思わなくなりました。「こんなのイヤだ」「ガマンできない」と言い始めました。そしてあなたと同じようにわたしも、彼女たちをまぶしい思いで見つめています。そして彼女たちにそう言わせた責任も感じています。彼女たちは好ましくない性関係にノーを言う強さを身につけましたが、今度は好ましい性関係をつくりあげることができるでしょうか。

性愛は、めんどくさくも豊かなものです。次回のテーマは性愛でしたね。お便りを楽しみにしております。

２０２０年6月19日　上野千鶴子

3

恋愛とセックス

上野千鶴子さま

先月の「母と娘」のテーマではご自身の娘としての経験まで踏み込んだお返事をいただきありがとうございました。親の存在を「はた迷惑」と表現された文章を読みながら思い出したことがあります。

私が勤めていた新聞社を退職し、『身体を売ったらサヨウナラ』(幻冬舎、2014年)というエッセイ本を出して、二村ヒトシ監督と開沼博さんとともに刊行記念のトークイベントで登壇した際、なんと上野さんがその場に来てくださったことがありました。その日の帰り際、私に「しかしあのお母さんも困ったもんだね」と渋い顔で声をかけてくださったのを覚えていらっしゃるでしょうか。

私は、その言葉を実は強烈に覚えています。エッセイの中で、母との断片的な会話をいくつか書いたのですが、周囲の反応は「素晴らしいお母さんのもとで育ったのですね」「知的なお母さんの言葉がとても印象的でした」といったものばかりでした。私自身、素晴らしい母の知的な言葉があったことに疑いは持ちませんが、その素晴らしさや知性のもとに生み落とされた当事者としては、単純に喜ばしいことでは当然なく、「こちらにはこちらのものがあるけど、このわかりにくい苦味をなんと言えばいいのか」と逡巡していたので、「困ったもんだね」と瞬時に私の葛藤を見抜かれた時、私は息苦しい多くの評価の中で一気に酸素を与えられたように救われました。

今回のテーマは「恋愛とセックス」です。私にとっては苦手な分野です。恋愛についてのコラム依頼をいただくことは多く、それを書くことに何の葛藤もハードルもないぶん、それほど面白味も感じません。私が、恋愛に対して悲観的に言えば疎外された、楽観的に言えば外から見ている気分だからなのだと思います。結婚も出産もしていないし、時間をかけた恋愛もほとんどしていないので、私にとって恋愛は多くの場合に他人事であり続けました。たとえそれが、自分の目の前で、自分に向けて繰り広げられていても。

「どぶに捨てる」セックスを重ねながら、なぜ男性に絶望せずにいられたのですか？

最初にいただいたお手紙に、上野さんが若い頃、「肉体と精神をどぶに捨てるような」セックスをたくさんしてきた、というお話がありました。セックスワーカーやカジュアルセックスについて「どぶに捨てる」行為と表現された時から、私はその言葉は感覚的にとてもよくわかるな、と思っていました。私はまさにセックスそれ自体を、自分の尊厳をどぶに捨てる行為として手軽に発見し、以後ある意味では重宝していました。ただし、「肉体と精神をどぶに捨てるような」ものではないセックスがあり得るのかどうか、この歳になってもよくわかりません。前回、母が最後まで持っていた私への不安の三つ目に、私が恋愛にまともに向き合っていないことがあると書きましたが、それも、「どぶに捨てる」以外のセックスをまだ発見していない私への憐れみだったのかもしれません。

初めて男性とセックスを経験するよりも前、まだバージンだった頃、私は渋谷のブルセラショップで下着を売る高校生でした。その店では、マジックミラー越しに男性が好みの女子高生を選び、選ばれた者はまた別のもっと小さいマジックミラーのついた部屋に移動し、そこで「こちらからは見えていないけれども、こちらのことは見えている」状態で、直接男性に下着を渡します。マジックミラーとは言っても、光の加減で実はこちらからも彼らの姿は結構見えます。男性は見られていないと思って安心し、そこでマスターベーションを始めます。私がさっきまで穿いていたパンツを被って、ルーズソックスを首に巻き、ブラジャーの匂いを嗅ぎながら自慰行為をしている存在、それが私にとって性的な存在としての男性のイメージの根元にあります。初めて見た男性の性行為は私のパンツを被ってするオナニーで、初めて男性の勃起姿を見たのもその場所です。そうやって私は16歳で、下着と尊厳を「どぶに捨て」ました。

マジックミラーのこちら側に、いくらでも代替可能な私が立っていて、その鏡のあちら側に、1万5000円払って自慰行為をしている男がいる、そのあまりに滑稽な光景は、今でも私の男女観に染みついて残っています。こちら側は確かに、何の尊厳も与えられていない、消費されるだけの、知性や感性があることすら信じられていない、若くて制服を着た無力な存在に違いありません。私が何を好きかとか何を読んだかとかいうことに向こうは一切の興味がなく、私が女子高生で乳房がついていて、笑顔でパンツを渡してくれるということだけが価値となっている。しかし、向こうもあまりに惨めな姿を曝しています。マジックミラーで守られていると信じて女子高生に「キモい」と見下されながら、労働の対価をはたいてこちらがファンデーションでわざと汚した下着を買い、その匂いで自分を慰め、射精して満足して帰っていく。

高校生だった私は、下着なんていう古くなったら捨てるだけのものを簡単に金銭に換え、そんなものをお金を払わないと手に入れられないオヤジを見下し、そこで得た幾ばくかのお金を持って街に出て好きなものを手に入れる自分に酔っていました。おそらくおじさんの方は、お金に寄ってくるバカな女子高生を見下し、自分で稼いだお金で私たちの間接的なセックスを安全に買える自分に酔っていたのではないでしょうか。マジックミラーを隔てたその男女関係は、それぞれ自分勝手なストーリーを生きて、それらが交わることはついぞなかったように思います。この関係の理解から、私はおそらく根本的なところでいまだに抜け出せていません。

そのような滑稽な形で性的な存在としてのおじさんたちを目の当たりにした私にとって、彼らの姿と、漫画や映画で知識として知っている恋愛や性愛は、一切接続するものではありませんでした。恋愛はフィクションの中にある概念として、性は目の前で射精して帰っていくおじさんの実在として、それぞれ別の文脈で学んだと思っていました。ただ、それが分離したままそれぞれ育まれたのか、後者による絶望が前者に対して持っていた幻想をフィクションの世界に閉じ込めたのかは今となってはよくわかりません。そのままなし崩し的に、漫画的な意味での恋愛も一応してきましたが、使用するのは同じ身体だし、自分がどちらにもあまり何も期待してこなかったような気が今ではします。

そういった形でおじさんの性欲を目の前で見ていた私にとって、アダルトビデオの世界はあまりにするっと自然に飲み込めてしまうものでした。自分の中にある情けなく滑稽な男のイメージを捨てないまま生きられる場でもありました。本来であれば、「肉体と精神をどぶに捨て」ない恋愛によって、自分の中の男のイメージを更新し、再び期待する努力をすべきだったのかもしれません。しかし、私はその骨の折れる作業よりも、彼らの惨めさに絶望したまま進める道を選んでしまいました。ブルセラショップでパンツでマスターベーションしていた人たちに感じた、「この人たちに何を言っても無駄」「絶対にこの生き物と理解し合えることなんてない」という気持ちは、AVで紋切り型の「セクシーな女性」や「男に都合の良いシチュエーション」を延々と繰り返し見て満足する男性によって、再び強固な印象になって私に取り憑いています。

男を見下して利用した気でいる態度は別に目新しいものではないのでしょうし、かつてハイパーガミー（上昇婚）を狙った多くのバブル女性たちも似たような心持ちだったのかもしれません。男の単純でつまらない女への理解と性欲を逆手にとって庇護の下に入り、彼らの女性への理解を是正しないまま、自分の成功ストーリーを勝手に作る。ただ、結婚や出産というわかりやすく首尾一貫した目標がなかったことで、私は夜の世界以外でいまだに男性との交わりにどれだけ意味があるのかを摑めません。どこかに出かけるためのデート相手として、たまの性欲の捌け口として、恋人のような存在を作っても、どうしても彼らの恋愛感情や性欲を、ブルセラやAVで勝手なストーリーの中を生きていた男たちのそれと区別できません。

今、男たちに向かって「間違っている」「こんな扱いは嫌だ」と発言するような若い女性たちを眩しい思いで羨ましく思う私の気持ちの半分は、彼女たちの中にある「理解し合える」という希望に対してのもののような気がします。私は諦めて放棄してしまった、男と自分のストーリーをすり合わせることができる、という期待を、諦めずに努力している者たちへの羨望と言えばいいでしょうか。でも、心のどこかで、「そいつらに言っても無駄だよ」と思ってしまうことがあり、私の中のその気持ちが、真っ直ぐ怒れる彼女たちと自分を遠ざけているのかもしれません。男がＡＶ女優や風俗嬢などに見せる顔は、利己的で情けなく退屈なものです。威張って甘えて自分勝手な妄想を押し付けてくる彼らの顔を浴びるように見たことは、私を、「どぶに捨て」ない恋愛からも、フェミニズムからも、女性との連帯からも遠ざけました。

私が、自分のそんな問題を問題として認識したのはずいぶん大人になってからのことです。自分に付与される男性目線での商品的価値が下がることで、男を見下しても何も手に入らなかったことに気づいたからです。

ですから、心から聞きたいし教えていただきたいと思うことがあります。

上野さんが若い頃に「どぶに捨てるような」セックスを重ねた、と書かれたのを読んで、その後、「どぶに捨てるような」ものではない性愛も経験されたのだと勝手に推測しました。加えて男の世界であった東大の学問の世界にフェミニズムを持ち込み、おそらく血のにじむ努力をされて女性たちの道を一番前で開き、今でも第一線の発言者でいらっしゃるわけです。「肉体と精神を捨てる」どぶとしての男性を知りながら、さらには男性をいくらでも見下せる経歴と知性をお持ちになりながら、どうして絶望せずに男性と向き合えるのでしょうか。単に男のマスターベーションを見て悟った気になった高校生の私よりも、もっとずっと深いところで男に落胆して絶望する機会があったはずなのに、どうして、「こいつらには何を言っても無駄」と諦めずに済んだのでしょうか。

私は、個人的なセックスの相手としても、社会的な存在としての男性にも、どちらにもあまり期待が持てません。上野さんは、自分も相手も尊重しないセックスの不毛さに気づき、そうではない、尊重し合うセックスをいかにして発見されたのでしょうか。尊厳が守られないセックスへの後悔は、どのような契機で感じられたのでしょうか。また、「どぶ」と呼ばれても仕方のない男のくだらなさを指摘されながら、彼らとの対話を諦めずにいられるのはどうしてなのでしょうか。

私がいまだに男を、高校生時代にブルセラで抱いたイメージの中に閉じ込め、落胆したままでいることは、そのまま傷ついた自分を認めたくない気持ちと繋がっているのだと思います。先月のお手紙で、性産業に足を踏み入れたことで、スティグマによる傷つきだけでなく、実際に現場で傷を負ったのでは？　とご質問いただきました。

性産業を経験すると、若い自分が想像していたよりもずっと多方面からその対価の支払いを求められたように思います。もちろん、スティグマのある過去がいつまでも付き纏うことだけをとっても、それは想像していた以上のもので、私は今若い女性から「ＡＶに出るか迷っている」と相談を受けると、ＡＶ女優を引退することはできるけれど、元ＡＶ女優を引退することはできない、と答えるようにしています。それは、19歳の時に生きたかった人生と、その後例えば25歳、30歳、35歳、現在とそれぞれの時点で生きたかった人生が変わるため、当時「リスクである」と考えていた以上のことが起こるからです。

ただ、ご指摘いただいたように、単純に元ＡＶ女優として生きていくという対価だけに留まらないものもあります。そもそも私が、ＡＶ女優を引退した（論文を書いていたため業界とは縁を切らなかったけれど、出演するのをやめた）きっかけは、デビューから時間が経ってギャラが低くなり、具体的に現場で粗末に扱われるようになったため、身の危険を感じたからです。現在では倫理的な観点からずいぶん少なくなりましたが、当時、陵辱ものと呼ばれる、女性を痛めつけてあからさまに嫌なことをするジャンルがまだ全盛でした。すでに旬の過ぎた私が高額なギャラをもらえるのはそういった、女性たちが敬遠するジャンルの仕事で、現場で背中に殺虫剤を撒かれて火をつけられる演出で大きな火傷の痕ができたり、縄で吊るされている最中に蠟燭の火のせいで酸欠になったりしたことで、具体的な身の危険を感じて現場に行くのが嫌になりました。ただ、どぶに捨て続けた肉体は、自分のものであるという意識が希薄になるのか、単に危険を感じただけで傷つけられたとは感じませんでした。火傷の痕は、引退後に上から刺青を入れて目立たないようにしました。

夜の世界の男に限らず、日常生活で金銭を介さず出会う男性にも、「AV女優だったらピルを飲んでいるだろうから生でヤらせてくれ」とか、「このビデオで男優にしてることと同じことをしてくれ」とか言われるのが面倒になって、セックスを楽しもうという気は失せていました。何度かセックスしたことのある男性が、私の目の前で彼の友人に対して「AV出た女と付き合いたい男いないでしょ」と大真面目に言っているのを聞くような経験も日常的に何度も何度もありました。「僕は過去なんて気にしないよ」と寄ってくる男も、「身体だけじゃなくて性格や知性に惹かれた」と寄ってくる男も、胡散臭く感じてしまってまともに向き合えません。男が恋愛感情や性欲を剝き出しにすると、なんとなくブルセラの印象に立ち返って気分が退いてしまいます。合意のない形でセックスに持ち込まれて、「面倒臭い」「早く帰りたい」「図々しい」「気持ち悪い」とは思っても、そういう時の自分の身体はまるで他人事のようで、尊厳が傷つけられたというより、やっぱり男はロクでもないという気分になります。結婚制度に反対する立場をとるまでもなく、男性という生き物と人生をシェアしようとあまり思わずに生きてきてしまいました。家庭の外で性的欲求を発散させる男の顔を見ていると、形骸化した結婚という物語の不毛さも感じます。母親は、パートナーを作ろうとしない、男性の真の魅力を理解しようとしない、「恋愛を舐めてる」私が、どんどん孤独になるのではないか、と心配していました。

先日、清田隆之さんという方の『さよなら、俺たち』（スタンド・ブックス、２０２０年）という本を読みました。男性である著者が、男性というジェンダーやフェミニズムに自分の反省を込めて向き合う、というテーマです。ヘテロセクシャルの男性として自分らが持つ加害性に気づいて、自分も傷つき、不器用ながらも向き合おうという男性は、女性たちの辛抱強い説得によって、平場にも少しずつ増えてきたのかもしれないと思います。多くの女性はその態度を歓迎する感想を寄せているようでしたが、私はそれでも半信半疑で、どこかうがった見方をしてしまい、男に向き合わないまま時代に取り残された気分です。

私は、「愚かだから仕方ない」と顔を背けていた男性に向き合い、互いを尊重するようなセックスと恋愛を求めることができるのか、自分では答えが出せずにいます。そもそも、男性と性愛を通じて精神的にも繋がるということはやはり必要なのでしょうか。「何も生み出さない」シニシズムから抜け出す必要を感じますが、男性への絶望から抜け出すことはとても難しい作業のような気がします。

恋愛とセックスに関してどん詰まりにいる私からの、質問攻めのようなお手紙になってしまいました。次回のテーマである「結婚」もまた、性愛と絡んだ厄介な問題だと感じています。引き続きお話しさせていただくことを楽しみにしております。

２０２０年７月10日　鈴木涼美

鈴木涼美さま

そうでしたか、10代のころ、あなたはブルセラ少女でしたか。

第一信でわたしは「(ブルセラ)世代の元少女たちのなかから新しい表現が生まれるだろう、と期待しましたが、その期待はまだ満たされていません」と書きましたが、なんとその当事者が目の前にいるのだとぞくぞくしました。「新しい表現」「新しい感覚」の誕生に、たった今立ち会っているかもしれないのですね。

それだけでなく、あなたが著書『「AV女優」の社会学』で書いた、より過激な演出へと女優さんを追い込んでいくアディクションのようなしくみは、観察者としてではなく、あなた自身が経験したことだったんですね。痕が残るような火傷や、酸欠で生命の危険を感じるような現場を経験したと聞いて、息の詰まる思いをしました。あなたはそこから脱けだすことができましたが、ひとによっては、脱けだすことができずに、心にもカラダにも後遺症が残るような経験をする女性がいることは、すでに報道されています。あなたもカラダの傷だけでなく、心にどんな屈辱や怒りを感じたことでしょう。さりげなく書かれていますが、これまでおっしゃらなかったことではありませんか？　そしてそれを封印してきたこと、傷を傷だという資格が自分にはないのだと思いこんできたことにも、胸を衝かれました。そこにある自虐とプライドは、この業界の男たちが、女性につけこんできたアキレス腱そのものです。自分で選んだのだから誰にも文句は言えない、リスク込みで覚悟したのだから文句を言う資格はない……だからといって何をされてもかまわないことまで同意したわけではないのに。あなただけでなく、おそらく多くの女性たちが現場で負った（心身ともの）傷について、沈黙していることでしょう。

「性愛」とひと言でいいますが、性と愛とは違います。違うものが違うものとして扱われるようになったのは、そうでないよりはましでしょう。そしてそれまで固く結びつけられてい

恋愛は自我の争闘。わたしが「女」になるために恋愛ゲームの相手に「男」が必要でした。

た性と愛とが別ものだということを、実践したのは「性革命」の世代でした。

まちがってほしくないのは、世代が上であるほど性に保守的だとは思わないでほしいということです。わたしたちは60年代から70年代にかけて世界中を席巻した「性革命」の世代です。昨今、ことあたらしく実験的な性愛が注目されているようですが、ポリアンドリー（一妻多夫）もオープンマリッジ（制約のない結婚）もとっくに実践されていました。クープル・アンジェリーク（天使のカップル）と呼ばれるカップルもいました。特権的なカップルのあいだではセックスレスで、セックスはパートナー以外とするという関係です。わたしには排他的な異性愛カップルのネガにしか見えませんでしたが。今ならセックスレスの夫婦が婚外に性のパートナーを求めるという、そこらにあるカップルの戯画にしか思えません。マンガやブログで描かれている「性の実験」を見ると、古いなあ、と思わないわけにいきません。性についてオープンに話したこともないし、そうしたくないという若いひとを見ると、かえって性に保守的なのは若い世代じゃないかと感じるくらいです。

なにしろそれ以前に、サルトルとボーヴォワールがいましたからね。わたしたちより少し上の世代には、「サルトルとボーヴォワールのように」という関係が、インテリの男女の理想でした。婚姻届を出さない事実婚、ふたりとも他の異性との関係をオープンにしたうえで、互いに特権的な対であることを終生認めあった関係。性が自由化し、愛が排他性を失っても、

「運命の絆」は、よほど多くの男女（とりわけ女性）の心をつかんで離さなかったようです。とはいえ、たびかさなるサルトルの女性関係に、ボーヴォワールは嫉妬に苦しんだようですが。

「性革命」が覆そうとしたのは、それまでの近代的な性規範、とくに女性に対する性の二重基準でした。まだ「初夜」ということばが残っていた時代です。その時代の「性の実験」が、現在にくらべてどのぐらい「革命」的だったかは、想像してみてください。「女は初めての男を忘れられない」……笑止千万です。「女は同時にふたりの男を愛せない」……いくらでもできます。「女は愛がなければセックスできない」……やってみたらかんたんでした。

フーコーのいう近代のセクシュアリティを支える装置、ロマンティック・ラブ・イデオロギー（結婚のもとにおける愛と性と生殖の三位一体）が解体するそのさなかを、わたしたちは生きてきました。性革命はその解体を促進しました。ですがこの近代のセクシュアリティの装置は、男と女とでルールが違う二重基準のもとに置かれていました。男はルール違反が前提、もっぱらルールを守るように強制されていたのは女だったのです。ある講演会で「夫以外の男性を知りません。生涯、夫ひとりを守ってきました」と高齢女性が発言したとき、わたしは彼女にただちに聞き返しました。「それは自分から守ってこられたのですか、それとも守らされたのですか？」その女性からは打てば響くように答えが返ってきました。「守らされました」、と。年配の女性の口からこんな話題が出ること自体が、めずらしかったころのことです。

性の二重基準のもとでは、男が性革命を実践するより、女が性革命を実践するほうが対価は高くつきます。バリケードの向こう側で、性的に活発だった女子学生を、さんざん利用しながら陰で「公衆便所」と蔑称していた男たちがいました。そして90年代になってから、その「公衆便所」という呼び名が、皇軍兵士が「慰安婦」を呼ぶ隠語であることを知ったときの衝撃は忘れられません。同志だと思った男たちは、皇軍用語を使っていたのか……。それが皇軍からの伝承なのか、誰もが思い付くような名称なのかは、今となっては確かめられませんが。

性の近代パラダイムは、「性＝人格」パラダイムでした。女は「道にはずれた」性によって「人格を穢《けが》す」のに、男は性によって人格に影響を受けないことになっています。「性＝人格」パラダイムのもとでは、性暴力被害者の女性は「穢された女」、性を売った女は「堕落した女」と見なされます。その昔は「淪落の女」という表現もありました。「醜業婦」という表現もあります。その「醜業婦」と接する男のほうは、すこしも醜くないようです。「堕落した女」といくら接しても、男に「堕落」は感染しないことになっています。明治期に「穢れた」娼婦を相手に乱倫を重ねた伊藤博文に対して、「伊藤公の人格は穢れておりません」と帝国議会での答弁があった逸話は有名です。それどころか自分の行為のうしろめたさを相手に転嫁するのが、このパラダイムが男にとってごつごう主義である理由です。セックスワーカーに対するスティグマは、ここから来ています。わたしたちは、今でも、半世紀前に壊そうとした近代のセクシュアリティの射程から、脱けだせていないようです。

近代のセクシュアリティは、「性と愛を一致させなければならぬ」と（女にだけ）命じました。ロマンティック・ラブ・イデオロギーは、今から思えば一致するはずのないものをむりやり一致させようとする凄技のトリックだったのですけれど、半世紀経って、ようやく性と愛は別のものだから、べつべつに扱うほうがよいと、あるべきところへさしもどされるようになりました。そこまではよかったのですが、その変化がもたらした効果は何だったでしょうか？

性と愛はべつべつのものだから、べつべつに学習しなければなりません。あるときからわたしは、愛より前に性を学ぶ若い女性たちの登場に気がつくようになりました。しかも男仕立ての一方的なセックスを。性のハードルはおそろしく下がったのに、性のクオリティはいっこうに上がらないことを。

「こじらせ女子」の雨宮まみさんは、18歳のとき受験のために宿泊したビジネスホテルのビデオで、初めてAVを視聴したといいます。それが彼女が性とは何かを学んだ初めての体験でした。その刷り込みから逃れられなくなったのが、彼女がAVライターになった動機だと書いています。AV出演者の多くが、「これをホンモノのセックスとカン違いしないでね」と若い視聴者に警告しますが、他に経験のない10代にとっては、AVのセックスが性についてのイメージを形成する初体験であることのインパクトは大きいでしょう。事実AVの普及にともなって、しろうとが顔射をするような模倣が広まったといいますし、メディアの影響はあなどれません。

実のところ、メディアは性愛の学習装置です。性だって愛だって、わたしたちはあらかじめメディアのなかでそれが何かを学習しているからこそ、経験に名前を与えることができるのです。何もニューメディアが登場してから初めて、情報環境が支配的になったわけではありません。神話だって、物語だって、少女マンガだって、それを通じて、恋とは何か、愛とは何か、を人びとに教える学習装置でした。あとになってそれに該当する感情を経験したときに、「ああ、これが（あの物語で知っていた）恋愛というものなのね」と得心することを「経験の定義」といいます。あらかじめ知っている概念がなければ、経験に名前をつけることはできません。

女にとって性が愛とまだ結びついていたころ、性は愛の証として女が男に捧げるものでした。もしくはできるだけ高く値札をつけて、譲渡する財でした。山口百恵が「ひと夏の経験」のなかで「あなたに女の子の一番大切なものをあげるわ」と歌ったのは、1974年のことでした。そこでは女性の性欲は問われませんでしたし、女はひたすら受け身であることが期待されました。わたしの尊敬する森崎和江さんが、若いころ九州で帝大生と恋愛したとき、彼が「女には性欲があるのかなあ」ともらしたことを書き留めています。これが笑えない時代があったのです。今でも性経験のある少女とのあいだで、「どうしてセックスしたの？」「彼に頼まれたから」「キモチよかった？」「ううん」というやりとりが成り立つところを見ると、このパラダイムはいっこうになくなっていないようです。つまりこの女の子にとっては、性とは、愛する男がのぞむからそれに捧げる自己犠牲のようなものと捉えられているのでしょう。

ポスト近代になってから、女性に性欲があること、男にとってだけでなく女にとっても性が快楽であることが知られるようになってきたのは、大きな変化です。そして女性が自分の快楽について自由に口に出せるようになったことも。（ついでにあわてて付け加えておきますが、前近代の日本では、女性に性欲や快楽があることは当然視されていました。）ですが今でも「セックスが好き」な女性は「やりまん」とか「ビッチ」とか呼ばれますし、「あまりあけすけにセックスについて話す女には萎える」という男がいるところを見ると、旧態依然たるセックス観はなくなっていないようです。

快楽もまた学習されます。男のように単純な快楽と違って、女性の快楽の学習にはテマヒマがかかります。一度も性の快感を感じたことなく生涯を終える日本の女性は、年長の世代にはたくさんいたことでしょう。70年代、高齢女性の性調査を行った保健師の大工原秀子さんのアンケートには、「あなたにとってセックスとは」という問いに対して、「一刻も早く終わってほしいあのつらいおつとめ」と書いた老女が、少なからずいました。[*1]

性の絶頂のことをエクスタシーと呼びます。ラテン語ではecstasis、定常状態から脱けでること、「脱自」「没我」「無我夢中」といいかえてもよいでしょうか。セックスに頂点があることは恵みです。なぜなら終わりがあるのですから。その絶頂を「小さな死」と呼ぶひともいます。勃起はできるが射精はできない男性に会ったことがあります。射精障害と呼ばれていますが、「終われない」セックスはさぞつらいことでしょう。それを「小さな死」を受け容れることができないからだと説明したひとがいます。他人のなかで「小さな死」を迎えること。それは自分を相手に委ねる絶対的な安心感のないところでは不可能です。かならず生き還ることが保証された安心感のもとで、初めてひとは自分に「小さな死」を許すことができます。

セックスは死と再生の儀式ですが、死へではなく生へとひとを引き戻す働きをします。

弔いのある日もっとも欲情す　――ちづこ

わたしがまだ「俳人」だったころ、つくった句です。

エロスは死を否認します。戦場で兵士たちが女を抱いたのは、死への恐怖を打ち消すためでもあったでしょう。

もうひとつ、めずらしくエロティックな経験を書いた自分の文章を引用しておきましょう。

ほとんど読まれなかった伊藤比呂美との共著『のろとさにわ』(平凡社、1991年）のなかで、詩人比呂美の刺激を受けて、がらにもなくついほとばしってしまったフレーズでした。


性交している時、わたしのからだが生きたい、生きたい、と叫ぶ。いきたい、いきたいと叫ぶ。わたしはからだの声を聞く。わたしは、からだを、いかしてやる。

そして、わたしは、いく。


女の快楽を受動的なものだと思ってはなりません。ひとはそれを自ら受け容れたときにだけ、快楽を感じることができます。同じルーティンをくりかえしても、女の側に能動的な「受容」と「没入」がなければ、快楽など訪れようがないのです。

あなたは30代になるまで多くの男性とセックスしてきたが、「恋愛」経験はない、とおっしゃいましたね。「恋愛」はわたしたちの世代にとっては特別なことばでした。ロマンティック・ラブ・イデオロギーにいちばん洗脳されたのは、団塊世代かもしれません。洗脳装置は、少女マンガとＴＶドラマでした。『ベルばら』を熱狂的に支持し、老いてのち、『冬ソナ』にふたたび胸をときめかせたのは団塊世代の女性たちでした。「運命の対」にあこがれ、「赤い糸」伝説を信じた、最後の世代でしょう。

１９６８年に吉本隆明の『共同幻想論』(河出書房新社)が刊行されました。「共同幻想・対幻想・個人幻想」の３点セットからなるこの論考のうち、「対幻想」に焦点を当てる男性の論者はほとんどいません。しかしわたしを含めて、吉本読みの女たちは「対幻想」に衝撃を受けました。「恋愛は論じるものではない、するものだ」と見なされていた時代に、恋愛が「論じるに値する」思想的な課題であることを示してくれたからです。性が愛と分離したあとにも、特権的な「対」への幻想はなくなりませんでした。今では笑い話ですが、当時、「あのひと、○○さんと対幻想してるんだって」という表現が流通していたことを覚えています。異性愛が相対化されても、LGBTQのあいだでも「カップル」信仰はなくなっていないと感じます。

「恋愛」というのは日本近代が生んだ翻訳語です。前近代には「惚れる」とか「色好み」という表現はありましたが、「恋愛」という用語はありませんでした。近代になってむき出しの個人になることを強いられた男女が、「自我の争闘」である「恋愛」のゲーム場へと、「新しい男」と「新しい女」とをプレーヤーとして召喚しました。近代文学史によれば「新しい男」の誕生のほうが歴史的に先行し、その「新しい男」たちが、「恋愛」というゲームを対等に演じてくれる「新しい女」はいないか、と求めたところに、「ここにいます」と手をあげたのが『青鞜』の女たちであることになっています。

『青鞜』の女たちにとっては「自由恋愛」は呪文のような魔力を持っていました。他のどんな社会でも決して男と同じように扱ってもらえない女が、唯一男と対等になり、場合によっては男の鼻面を持って引き回し、男に君臨し支配することも可能な逆転プレーができるゲームの場だったからでしょう。

中原中也の恋人を奪った小林秀雄は「Xへの手紙」でこう書いています。

「女は俺にただ男でいろと要求する、俺はこの要求にどきんとする」

女以外の何者にもなれない／なることを許されない女にとっては、男を人間からひきはがしてタダの「男」にむき出しにするのは、対等な「恋愛」ゲームを演じるための条件でした。「恋愛」は自我の争闘です。わたしには「女」になるためにゲームの相手である「男」が必要でした。そして自分の女としてのアイデンティティが、男の存在に依存していることをふかく自覚していました。自分が「ヘテロセクシュアルな女」であることを自覚したのはそのためです。わたしは自分のセクシュアル・アイデンティティが「ヘテロセクシュアル」であることを自覚したために、男を求めずにはいられませんでしたし、実際そのように行動しました。

ですが、恋愛というゲームのなかでは、女がその場に賭けるものと男が賭けるものとはけっして等価ではありません。女がアイデンティティを賭けているときに、男はその一部を賭けているにすぎません。だからこそ、おまえのすべてをこの場に賭けよと執拗に迫ったのが『死の棘』(新潮社、1977年)の妻だったのです。吉本隆明が『共同幻想論』のなかで、島尾敏雄の『死の棘』を精密に論じているのはそのためです。

小林秀雄は「女は俺の成熟する場所だった」とも言っています。

恋愛はしないよりはしたほうがずっとよい、と今でもわたしが思っているのは、恋愛というゲームの場では、ひとは自己と他者についてとことん学ぶからです。恋愛は自分の欲望、嫉妬、支配欲、利己性、寛大さ、超越について教えてくれます。恋愛とは相手の自我を奪い、自分の自我を放棄する争闘の場です。わたしは恋愛を甘やかな経験だと思ったことがありません。その過程で、どうしても他者に委ねることのできないぎりぎりの自我の防衛線や、踏み込んではならない相手の自我の境界線を、自他共に傷つき／傷つけながら、ようやく学びます。「恋はひとを盲目にする」どころか、「傍目《はため》には狂気と見えるまでに相手に対して醒めている」状態だと、わたしは思ってきました。ダメ男に恋している女に、どれほどその男の欠点をあげつらっても少しも効果がないのは、「そんなことはとっくにわかっている」からです。相手の弱点をこのうえなく鮮明に知っているからこそ、恋する者同士は、誰よりも苛烈に相手を傷つけることもできるのでしょう。

親になってもおそらく同じような経験を味わうことができるでしょう。ですが、親子関係は圧倒的に非対称な関係であるうえに、「母性」が過剰に神話化されているために、親になった男女が自分のエゴイズムを自覚することはきっと困難でしょう。わたしが親にならなかったのは、逃れようのない非対称な権力関係のもとで、自分が強者の側に立つことを怖れたからでもありますが、他方恋愛は対等な個人のゲームであることになっていますから、相手に「イヤならここを立ち去る自由がある」と言い放つことができます。

もちろんＤＶのように相手を暴力で無力化し、「立ち去る」ことをできなくさせるような支配とコントロールの関係もあります。最初からコントロールしやすい劣位の相手を選んで、自分に依存させることもできます。でも「自我の争闘」が対等な相手とのゲームであるのは、自分と互角の力量のある相手でなければ、このゲームはおもしろくないからです。

他人の自我に土足で踏み込むのは野蛮な行為です。ですが、自分が何者かもわからない時期に、赤むけの自我を他者にさらし、同じことを他者に要求することを通じて、ようやく「わたし」というものをつくってきたのです。それをやってもよいというのが「恋愛」というゲームの場でした。わたしはあなたに踏み込み、あなたをわたしの人生の巻き添えにする、なぜなら、わたしはあなたを「愛している」からだ、と。

付け加えておくならば、「恋愛」は決して自我の境界線を死守するようなゲームではありません。自分とは違う他者の手応えをしたたかに味わうことを通じて、自分と他者とを同時に知っていく過程です。他者が絶対的に隔絶した存在であること、他者とは決して所有もコントロールもできない存在であることを確認しあう行為です。恋愛はひとを溶け合わせる代わりに、「孤独」へと導きます。その「孤独」はなんとすがすがしいことでしょう。その昔、「成熟とは自分のなかの他者の吃水線が上がることだ」と書いたことがありますが、そのとおり、この「死闘」を通じて、わたしは他者に寛容になれたのですから。

そういう野蛮な行為をしなくてもひとは生きていけますし、セックスもし、家族をつくることもできるでしょう。わたしは結婚し出産した多くの女たちが、ほんとうに「ヘテロセクシュアル」なのかどうか、あやしんだことがあります。彼女たちは（経済的依存のほかには）ほとんど夫の存在に精神的に依存していませんし、自分が性的存在であることも自覚していないように思えます。のぞまれてセックスし、慣習と規範にしたがって結婚し、出産し、親になったが、自分が女であるために男が必要だと切実に欲望したことがあるのだろうか、と。おそらく男が男であるために女に依存しているようには、女の多くは男を必要としていないように思えるほどです。

ところで。

性革命の時期を通過した男女のなかで、「カサノヴァ症候群」とか「ニンフォマニア」と呼ばれた男女の回想記を読みあさった時期があります。そのひとたちが、生涯の最後に、「これまでの最高のセックスは？」と聞かれたときの答えが、共通していました。それは「愛しあった相手との気持ちの通じあったセックス」という平凡なものです。さんざんセックスをしてきた男女が、生涯の最後に回想する「最高のセックス」って、性愛一致の極致だったとは。だからといってわたしはそれを陳腐とは思いません。性は性、愛は愛、もともと別なものが、たまたま一致することもあり、一致しないこともある。性と愛がたまたま一致する至福を経験したひとは幸運というべきでしょう。そしてそのセックスのクオリティの違いがわかるのは、そうでないセックスをたくさんしてきたからこそ、でしょう。

性にも暴力から交歓までのスペクトラムがあるように、愛にも支配から自己犠牲までのスペクトラムがあります。性も愛も理想化する必要はまったくありません。ですが、限られた人生で、自分の時間とエネルギーという限られた資源を豊かに使うなら、クオリティの高いセックスとクオリティの高い恋愛を、しないよりはしたほうがましです。どちらも人間の関係のなかでは、めんどくさくてやっかいなものですから。そして、ひとはそれに投資したぶんの報酬しか得ることができません。

たかがセックス、この程度の恋愛……と思うひとには、それだけの報酬しか手に入りません。ひとには求めたものしか手に入らないのです。


男にたくさんの期待をし、たくさんのインベストメントをしたあとで、90年代に入ってからわたしは森崎さんと、「見果てぬ夢」という対談をしました。[*2]「見果てぬ夢」とは、「対幻想」を夢みたけれど、それはついに手に入らなかったという感慨を示したものです。そのころまでにはわたしは「運命の絆」の「幻想」から醒めていました。夢から覚めたあとにも、性的な身体は残ります。単身者の性的な身体が。ポストモダンの性の多様性のなかで、解かれていないのが「対」から醒めたあとの「単身者の性的身体」の問いだと思います。単身者であることは「性的存在」でないことを意味しませんし、「性的」であることは「対」であることを条件としません。おそらくこの問いには、ヘテロセクシュアルな人びとよりも、セクシュアル・マイノリティと呼ばれる人びとがもっと真剣に向きあってきたことでしょう。

幸か不幸か、その問いの切実さは、わたしの加齢とともに低下しました。吉本は、かつて「生理が強いる成熟」という哀しい名言を残しました。実際には成熟していなくても、加齢や衰えが強制する「諦め＝明きらめ」というものがあります。性的欲望は、生命力と関係しています。わたしに「どぶに捨てる」ほど体力があり余っていたときには、実際に「どぶに捨て」ていたふるまいが、しだいに難しくなってきました。時間とエネルギーに限りがあることがわかれば、やりたいこと／やるべきことに優先順位をつけなければなりません。かつてあれほど切実だった性の、人生における優先順位が順調に低下してきたのです。

ウーマン・リブの旗手、田中美津さんに、ふとこうもらしたことがあります。

「性欲が減ったら、人生が平和になったわ」

それを聞いた美津さんが、うれしそうに他のひとにこう話したそうです。

「上野さんがね、『性欲がなくなったら人生が平和になったわ』ですって」

その話が回りまわってわたしの耳にも入りました。その後、美津さんと会う機会があったので、発言の訂正を求めました。

「あのね、美津さん、わたしは『性欲が減った』と言ったので、『なくなった』とは言ってないのよ(笑)」と。

さあて、高齢期の性と愛とは、どんなものでしょうか。わたしにとっては未知の世界です。あなたにとっては想像することもできない将来のことでしょう。

愛されるよりは愛するほうが、欲望されるよりは欲望するほうが、ずっとあなたを豊かにしますし、あなた自身について多くを学ばせてくれます。性も愛もなくてもひとは生きていけますが、ないよりはあるほうがずっと人生を豊かにする経験は確実にあるものです。

(蛇足ながら付け加えておけば、わたし自身は選びませんでしたが、親になることもそういう経験のひとつであることを、わたしは否定しません。)

2020年7月24日　上野千鶴子

＊1―大工原秀子『老年期の性』ミネルヴァ書房、1979年。
＊2―森崎和江・上野千鶴子「対談　見果てぬ夢」『ニュー・フェミニズム・レビュー vol.1　恋愛テクノロジー』学陽書房、1990年。

4

結婚

上野千鶴子さま

先月いただいたお手紙では、網羅的にこれまでの性と愛の歴史的な流れや上野さんの世代にあったムーブメントの経験的なお話もあって盛り沢山に学びがありました。「クープル・アンジェリーク」という言葉を私は知識としても知らなかったのですが、ご指摘にもあったように性をパートナーの外に持ち出すのは、セックスレスが世界一レベルと言われる日本の家庭では、特に男性側に限ればごく一般的とされていた気がします。個人的な経験では、長年連れ添ったゲイのカップルはそういう形、パートナーとセックスせずに外でしまくるという形を選択している人が多い気がします。

私は必ずしもモノガミー（一夫一婦）こそ解だとは思いませんが、メディアを通じた欧米文化の影響もあり、男性の不倫も最近では厳しく糾弾されるようにはなりました。女性にだけ一途で純潔なことを求めるよりはフェアというか健全かもしれませんが、どうしてここに来て有名人の不倫報道が流行したのか、画一的な結婚観が奨励されるのかは疑問を感じるところです。

今回のテーマはその「結婚」です。前回の「恋愛とセックス」よりもさらに、私の実生活とは遠いテーマですが、自分が結婚していないからこそ、結婚について考えさせられる、あるいは結婚について考えを発表させられる機会は結構多い気がします。近年では、夫婦別氏や同性婚の議論も、欧米に遅れをとりながらテーブルの上には載るようになりましたから、時事的な話題の中に結婚のアップデートが入ることは珍しくありません。

前回のお手紙で、ロマンティック・ラブ・イデオロギーが解体するさなかを生きてきた、という上野さんの記述がありました。その解体の中で、結婚しないという選択は確かに必ずしも特異なものではなくなりました。その、比較的緩んだ選択肢の中を生きてきた私の世代でも、特に強い思想がないのであれば結婚をするのが普通で、結婚しないでいることにはそ

恋愛による結びつきに自信のない私には
乾いても持続可能な結婚の契約が
必要かもしれません。

れなりの個人的なこだわりや理由があることを求められるという状況は痛感しています。個人的には性革命や女性の経済的な自立が進んでも結婚がこれだけ強いイデオロギーとして残っていることには、疑問というより不思議を感じます。90年代には専業主婦叩きの言説がよく見られた気がしますが、結婚による経済的な結びつきは古いというような感覚が確かに育つ中、結婚の持つ絶対的な求心力はそんなに損なわれていない。それは結婚以外の相互扶助の選択肢があまりに少ないからなのだろうと思います。

　同年代の女性の主な結婚の理由は経済的な問題と育児の問題の解決だとは思いますが、それにしても、結婚という枠組み以外でその問題を解決するという方向よりも、結婚という響きに魅力を感じる人は思いのほか多い。同性婚や夫婦別氏について、私はもちろん別に反対する理由は何もないのですが、結婚を拡大していく方向のそれらの議論を見ていると、みんなそこまでして結婚という言葉を手に入れたいのか、と興味深く思います。サルトル・ボーヴォワール型の事実婚は、フランスなどではすでに制度として確立していますが、日本で結婚の下位制度を作るという話は少なくとも現実的な議論にはあまりなっておらず、どちらかというとあくまで結婚という古い制度を柔軟に応用しようという議論に偏りがちなことは、正直言って、やや不思議に思います。今の段階では結婚しないことには社会における不便、特に育児においては決定的な不利条件があるのですが、そちらの改善ではなく、多くの結婚していない人が結婚できるようにしようという改善に意識が向くのはどうしてなのだろうかと感じます。

上野さんはご自身の結婚についてはどの時代の発言でも比較的一貫して「する気はない」、という立場を表明されていた気がするのですが、直近のインタビューを読んで、その主たる理由は、自由を手放すことになるからだと私は解釈しました。ただ、実際には日本のカップルを見ると、表面上は契約の関係があっても、性的な排他性を放棄している例も多いと思うのですが、とりあえず便宜上結婚して不便を解消し、結婚している上で自由を確保するという形ではなく、あくまで結婚制度に入らなかった理由はほかにあるのでしょうか。

若い世代の方が70年代や80年代を生きた世代よりも性的に保守的なのではないかというご指摘は、特にエリート層に限ると完全に同意するのですが、その保守的というか淡白というか、性的にあまり積極的ではない流れの中に、伝統的な結婚回帰のような思考すら感じることがあります。特に自分よりさらに若い世代からは、恋やセックスで経験を重ねて暴れ回るよりも、腰を落ち着ける場所としての結婚を切望する声を聞くことがあり、彼女たちにとっては性的に奔放であることや、自由な恋愛の形を模索すること自体が、古臭く思えるのでしょうか。そういう意味では、私は若者が性的な奔放さをこそ競った後ろの方の世代なのかもしれません。

個人的な話でしかないのですが、私の結婚観が少し変わる契機がいくつかありました。学生時代には結婚に興味がなく、自分の結婚する姿を想像したことはほとんどありませんでした。本物の恋愛かどうかはともかく、恋愛らしきものにもセックスにも非常にオープンでしたが、結婚＝経済的に男性に依存する、という単純なイメージ以上のものを持っていなかったため、多くの同級生たちと同じように、自分らに必要なものだとはそれほど思えなかったからだと思います。ただ、比喩表現というか冗談として、「結婚したい」「結婚するならこういう人」という言葉は日常的に発信していたし、私の両親は色々と問題がありつつも死別するまでカップル解消をしなかったので、漠然と、いつかのタイミングでするかも、と思っていました。そしてこれも多くの女性と同じように、子供が欲しくなったら、という以外にタイミングの見当はついてはいませんでした。

しかしAV出演をきっかけに、長らく結婚を完全なる他人事と考えていた時期はあります。というか今でも、結婚にやや心理的な距離があるのは、その時の距離感をいまだに引きずっているからかもしれません。個別に例外はいくらでもありますが、私の感覚的に、女と肩を並べたり女に教わったりしながら働くことに慣れてきた今の男性たちは、尊敬の対象（先生や同僚）、庇護の対象（妻や娘）、性の対象（娼婦や愛人）というように、女性をシンプルに3

種類に分けて認識しているような印象がずっとありました。

本当は、女はその境界をいくらでも跨ぐし、むしろその3者は実は同一人物であって、私のように娼婦と男社会の会社員を一つの身体で経験する女性だって今時珍しくはないのですが、男は女がこの境界を跨ぐのを嫌う傾向があります。日経記者がAV女優だったことを週刊誌に暴露したり、ホステスや風俗嬢が好きでも自分の娘がそうあることは極端に嫌ったり、バリバリ働く部下が女性でも全く構わないと言いながら自分の妻がそうなることには抵抗があると言ったり、おそらく悪気なく女をジャンル分けして、そのジャンルの中にとどまらせるのが好きで、そうである限りは尊んでくれるような気がしていました。

特に性の対象であることが証拠として残る上に隣近所にも知られるAV女優は、家庭に歓迎されることはほとんどないと思っていたので、ポルノ業界に身を投じることで、自ずと結婚する将来と訣別するようなつもりでいました。元AV女優でも多くが結婚して家庭を持つ選択をしていますが、いまだに結婚が両家の親族を巻き込む側面がある以上、それなりの軋轢や条件があり、少なくとも結婚市場での競争力は非常に低いというのが正直な印象です。結婚によって得る男の経済的庇護を、独身の若いうちに前借りするのが売春やポルノであるような気分もありました。

そんなわけで漠然と、結婚に距離感を持っていたのですが、その後、母が病に倒れ、父と二人で約2年間看病していく中で、人が排他的なパートナーとの約束を求める、割と原始的な理由を目の当たりにする機会もありました。闘病中は、本人が最も辛いとは思いますが、家族は本当に疲弊しますし、それでも母は本当に最後の方は、父と私以外の人と会うのも頼るのも嫌がっていたので、イライラしてもほとんど義務のように母の側にいるしかありませんでした。闘病生活で性的な魅力がなくなり、薬のせいで朦朧として知性や言葉も失いかけていく時に、人が欲するのが、形式的な契約だけでもなく、愛だけでもなく、その二つが合体したものであるのが、今では多少わかります。

だからといって、急に結婚による家庭を作ろうという気になったわけではないのですが、結婚を縮小してそれの外にある自由を広げていくより、結婚を拡大して結婚の中の自由を作っていく方向に人の意識が向きがちなのは以前よりは理解できます。ただ、同性婚や夫婦別氏などが晴れて可能になった際に、これまで結婚から溢《あぶ》れていた人たちの多くも結婚制度に乗るようになって、結婚の外の居場所が広がらないのならば、やはり微妙な気持ちにはなるのですが。

結婚について友人たちとプライベートな話をしてみると、周囲の女性たちの間にもおそらく2段階の意識があるなと感じます。一つは、結婚という制度を利用するかどうか、という問題、もう一つは、結婚するかどうかはともかく、特権的な対という関係が欲しいか欲しくないかという問題。言い換えれば、パートナーがいる人の非婚とパートナーがいない人の未婚と、微妙に話がずれていくことがよくあります。私は今のところ、結婚もしていないし、特権的なパートナーの関係も持ちません。

少なくとも私の周囲では、結婚制度に否という立場の人は、逆に実は夫婦よりもあるいは結びつきが強いパートナーがいる場合が多く、その精神的な繋がりがあるから堂々と制度の外にいられるのかなぁとも思います。エリート層の未婚者は特に、それこそボーヴォワールのように、生涯おそらく切れない関係を自覚した上で、結婚という形をとらない人が多いというのが私の所感で、だとすると、恋愛による強い結びつきに自信がない私にはむしろ結婚というある程度乾いていても持続可能な関係が必要なのかもしれないと時々思います。

先月いただいたお手紙で、自分と他人を同時に知っていくプロセスである恋愛は、結果的に人をすがすがしい「孤独」に導くという言葉が印象的でした。読みながら、多くの人にとってその孤独はすがすがしいと言うにはあまりにも重く、それを紛らわせるために何かしらの契約を欲しがるのかも、とも思いました。だとしたら私に逼迫した結婚願望がずっとないのは、孤独に辿り着くほどの真剣な争闘の場に立ったことがないからなのかもしれません。あるいは、自分のポルノ出演が母親をはじめとした家族に多くの痛みを与えたり、批判を買ったりした経験から、拒絶されることを暗に回避するためにもう一つ家族を作ることを心の中から排除しているのかもしれません。恋愛にまともに向き合わない理由も、自分は性の対象にはなるけど恋愛の対象にならないという不安にあることは時々自覚します。

結婚にしろ、出産にしろ、はっきり「しない」と決めるわけでもなくズルズルと違和感を引きずってきただけに、ズルズルとしたお手紙になってしまいました。個人的には結婚の柔軟性はもちろん広げながらも、結婚の外の世界も広がれば少し気が楽なのですが、今でもやはり独身だと告げると、多くの人に、確固たる思想があるものだと勘違いされる状況は続いています。

２０２０年８月12日　鈴木涼美

鈴木涼美さま

前便のテーマは「恋愛とセックス」でした。並みの女性よりもたくさんのセックスをしてきただろうあなたにとって、セックスっていったい何だったのか、それは快楽だったのか、快楽でなかったとしたら何なのか、性欲はあったのか、あなたにとって「キモチよいセックス」と「キモチよくないセックス」とはどんなものか、「キモチよくないセックス」でもやりつづけるとしたらそれはなぜなのか、セックスからあなたは何を得たのか……といったことを、聞かせてもらいたかったけれど、みごとにスルーされてしまいましたね。今回のテー

性と愛が権利・義務関係になることも所有の関係になることもガマンできません。

マが「結婚」に設定されていたので、そちらに流されてしまったのでしょうか。

研究者が本職であるわたしは、「考えたことは売りますが、感じたことは売りません」と言ってきたのですが、その禁を犯してまで「感じたこと」を、しかもがらにもなく「カラダが感じたこと」までを前便で書いてしまったのは、あなたの答えを引き出すためだったのだけれど……。

いつか正直なお答えが聞きたいです。


「結婚」がテーマですか。

わたしは結婚にほとんど何の興味もありません。あえていうなら、結婚という不可議な契約に入っていく（理解しがたい）男女の心理に興味がある、といってよいでしょうか。しかもこの契約関係が、少しもすたれずに継続していることにも。

前便とのあいだに、あなたの新刊『非・絶滅男女図鑑』（集英社、２０２０年）が届いておりました。ありがとう。あなたがデビューした当時は、『すべてを手に入れたってしあわせなわけじゃない』（マガジンハウス、２０１９年）という挑発的なタイトルに象徴されるように、豊かな家庭、高い教育歴、ブランド企業への就職、修士論文が単著になるという幸運、そのうえ、ＡＶ女優が務まる肉体と性的魅力……という「なにもかも」を手に入れた若い女が、恐れ気のなさを全開に疾駆しているという文体でしたが（あえてそういうスタイルを選んでいたのでしょうけど）、ほんの10年くらいのあいだに、「エロス資本が低減」して、市場価値が下落した30代女の自虐を芸にするようになったのか、と文体の変化を感じました。文中、日本の男が女を値踏みする目線の「年功逆序列」には爆笑、しましたが。言い得て妙です。どうして日本の男は、経験豊富で酸いも甘いもかみわけた熟女の魅力がわからないのでしょうね。性の市場ではしろうとであること、うぶなこと、不慣れなこと……が付加価値を持つのはなぜか？……と、ことあらためて問うのもおろかなほど、あなたが指摘しているとおり、他の男とくらべられるのが不安、という男の小心さのせいなのですけれど。そしてそういう小心な男たちが、性の市場の顧客のボリュームゾーンだということでしょう。

今度の本は、鋭い観察眼と達者な文章で、あいかわらず読ませました。ですが、「あるある」感満載の本書からは、何も新しい発見はありませんでした。読後感はうんざり、というものでした。あなたの文章が、ではなく、あなたの文章が描いている現実が、です。現実がここで描かれたようなうんざり感に満ち満ちているのに、改めてそれを書物で見せつけられても、うんざり感の二乗になるだけです。『非・絶滅男女図鑑』というタイトルどおり、こういう手合いの男と女、いつまでたってもいなくならないよね、というレポートでしたから。そして句読点のあいだの長い、あなたのシニカルな文体は、こういう世相観察には向くかもしれませんが、この文体で書けることと、この文体では書けないことがあります。この往復書簡のあなたの文体がいつもと違っているとしたら、そのことによってあなたは違う自分と出会うことになるはずです。書物を読むのはこれまで知らなかった世界を知る喜び、見たこともない現実を見せてくれる楽しみのためです。そして文体は新しい現実をつくりだすための必須のスキルです。

そういえば、今回のお手紙にひとつ発見がありました。あなたが書いていた「女と肩を並べたり女に教わったりしながら働くことに慣れてきた今の男性たちは、尊敬の対象（先生や同僚）、庇護の対象（妻や娘）、性の対象（娼婦や愛人）というように、女性をシンプルに3種類に分けて認識している」という指摘には、ちょっと驚きました。これまで男による女の「用途別使い分け」には、性の二重基準からくる生殖向き女（妻・母）か快楽向き女（娼婦・愛人）か、この2種類しかないという「常識」が通用していましたから。この2種類に加えて3種類め、「同僚（上司や部下を含む）としての女」が登場したんですね！　働く女が増えて、それが職場の風景をあたりまえに変えていった効果でしょうか。

とはいえ、その後のあなたの指摘にも、うなずきました、男たちはこの3種類のいずれかでありまたいずれでもある女が、カテゴリーをまたいで移行するのを歓迎しない、と。男は

「おそらく悪気なく女をジャンル分けして、そのジャンルの中にとどまらせるのが好き」とあなたは書いていますが、「悪気なく」どころか、「悪気だらけ」ですよ。それこそ女の「分断支配」そのものだからです。男にとってつごうのよいカテゴリーにとどまってくれる限りは女を「尊んでくれる」とありますが、「尊ぶ」というより、もっと正確に言えば、そのカテゴリーにふさわしい扱いをしてくるだけ。しかもこの3つのカテゴリーのあいだに序列をつけて、女性同士を対立させ、差別するのが、「分断支配」の鉄則です。この家父長制の狡知にからめとられて、どれほどの女が「女の敵は女」と無用な対立をさせられてきたことでしょう。そして女がそのカテゴリーを越えようとすれば制裁する一方で、自分のつごうにしたがって女を貶めるために、勝手にカテゴリー変更をやったりするのでしょう。このカテゴリーの境界の維持が男社会にとって利益になることは、「同僚としての女」が同時に「妻・母としての女」でもあることを想像もしない／できない男職場の現状からも理解できますし、反対に「同僚としての女」を貶めるために「性の対象としての女」に（不適切な文脈のもとで）勝手に移行させるのが「セクシュアル・ハラスメント」である、という解釈も成り立ちます。この3つのカテゴリーのなかでは当然第3のカテゴリーである「性の対象としての女」の価値がもっとも低く、職場のセクハラとは、ほんらいおまえには「性の対象としての女」としてのねうちしかないのに、自分と同格の「同僚としての女」に越境してきたことに制裁を与えるというのがその機序でしょう。こういうカテゴリーの境界の管理を無意識かつ無邪気にやっているのが「悪気なく」と見えてしまうのでしょうか。そして女が自由にこのカテゴリーのあいだを移行したら、男は混乱するのでしょう。そのカテゴリーの境界の管理権が自分にあると疑わない態度をこそ「男らしい」と呼ぶのです。

半世紀前にウーマン・リブの産声をあげた田中美津さんの「便所からの解放」が、「母か便所か」の女性の分断支配からの解放を求めたことを思えば、ほんとに変わっていないのですね。鬼畜系エロマンガに「肉便器」という表現を見つけたときはゾッとしました。ただし「母」も「便所」も、生殖と快楽の違いはあってもどちらも「性的存在」として利用可能な女の二側面であることに違いはありません。そこに「同僚としての女」という性的でない女性のカテゴリーが登場したというのは、たしかに新しい現象ではあります。

『非・絶滅男女図鑑』には、あなたと同年代の30代女性の生態が出てきます。驚くのは、そのひとたちの「恋の悩み」がほとんど結婚に収斂していることでした。このひとたちは、ほんとにそんなに結婚したがっているの？　というのが、わたしの素朴な疑問です。日本女性の平均初婚年齢は29・6歳（2019年）。30代になるととりのこされたあせりを、この女性たちはほんとに感じているのでしょうか？　ネタか？　と思わずつっこみたくなるくらいです。

結婚について、わたしはすでにいろんなところで言ったり書いたりしてきましたから、次のわたしの定義をすでに知っているひとは多いかもしれません。

「結婚とは、自分の身体の性的使用権を、特定の唯一の異性に、生涯にわたって排他的に譲渡する契約のこと」と。

自分で書いていても、おぞましい定義です。文面から見ても、実にぶきみな契約です。とても守れそうもありません。守れないお約束ならやらないほうがまし、というシンプルな理由で、わたしはこのお約束をしたことがありません。それなのに、こういう人間ワザとは思えないお約束を、しかも神サマの前でする男女が絶えないとは。

松井久子監督の『何を怖れる　フェミニズムを生きた女たち』（2014年製作）というドキュメンタリー・フィルムに出演したとき、わたしはそのなかで「女性にとって性的身体の自由はとても大事」という発言をしています。松井監督はインタビューがひととおり終わったあとの追加シーンでこのわたしの発言をカメラに収め、長いインタビューを短縮する過程であえてこの場面を拾って収録しました。わたし以外に、性について発言をしたフェミニスト女性がいなかったからでしょう。この映画の上映会を全国各地で実施しましたが、上映後のトークで、わたしのこの発言に触れた参加者はほぼ皆無でした。聞かなかったことにしたいのか、よほど触れたくない主題だったのでしょうか。

　だから「ひとはなぜ不倫するのか？」という取材を受けたときも、反対に「ひとはなぜ不倫せずにいられるのか？」と聞き返したい思いでした。「不倫[*1]（道にはずれる）」ということばもふしぎなことばです。結婚しなければ不倫はできませんから、もともとできないお約束をしなければいいだけです。戦前の姦通罪が女性側にだけ適用された片面性を、戦後の民法は男女平等にしましたが、それで芸能人の不倫を糾弾する報道が登場するたびに、ばかばかしくてなりません。なぜ報道するか、ですって？　確実に視聴率が上がるから、という理由を聞いたことがありますが、他人の不倫に興味を持つ視聴者がそんなに多いのでしょうか。

　前便で書いたとおり、わたしたちの世代は、たしかにロマンティック・ラブ・イデオロギーの解体期を生きました。「結婚のもとにおける愛と性と生殖の三位一体」であるロマンティック・ラブ・イデオロギーのゴールを、戦前のフェミニスト思想家、高群逸枝は、こんなふうに表現しています。

「結婚とは、死にまで至る恋愛の完成である」

　わたしはこのフレーズを「踏み絵」にして、いくつかの女子大でテストしたことがあります。これを聞いて「グッ」とくるか、「ゲッ」となるか、と（笑）。このテストは、ロマンティック・ラブ・イデオロギーがいまだに再生産されているかどうかを検証するリトマス試験紙になります。大学によって違いがありました。某国立女子大（すぐにわかりますね）では、「グッ」とくる女子と「ゲッ」となる女子がおよそ半々、某私立女子大では「ゲッ」となる女子が多数派でした。性規範は、世代によっても階層によっても、違います。

前便で、恋愛のなかで、ひとは他人を所有することも所有されることもできないことをとことん学ぶ、と書きました。わたしは他人を所有したくも、他人に所有されたくもありません。わたしが自分の性的身体を自律的に使うとき、それを誰かに「許す」とか「許せない」とか言われたくないし、そんな権利を自分以外の誰かが持つなどと想像したくもありません。反対に自分以外の誰かがそのひとの性的自由を行使するときに、わたしにそれを責める権利があるとはとうてい思えません。

わたしは性と愛を権利・義務関係のもとに置くこと、所有し、所有される関係を結ぶことがどうしてもガマンできないのです。

だから男が女に「守ってあげる」とか「幸せにする」とかいうせりふほど、キモチ悪いものはありません。このせりふに「胸キュン」となる女性もいるそうですが。

性革命の頃には、日本でもこれから事実婚が増えていくだろうと予測しました。社会学者としてのわたしの近未来予測のなかで、この予測ははずれたほうに入ります。『同棲時代』[*2]

の世代としては、諸外国のように事実婚が増えるかと思いきや、日本では今でも法律婚と同居の開始はほぼ同時期、変わったのは「できちゃった婚」こと妊娠先行型結婚が増えたことぐらいです。ヨーロッパでは子どもができても法律婚をしないカップルがたくさんいますから、日本の状況は先進国のなかでは異例です。法律婚の婚姻率はたしかに下がっていますが、それは事実婚が増えたからではなく、カップル形成をしない「おひとりさま」が増えたから。事実各種のデータを見ると、非婚男女ともに「恋人がいない」「つきあっているひとがいない」という答えが多いことがわかります。

ところで、あなたの本に出てきた「つきあう」という語彙も謎です。法律上の契約はしないが、お互いステディなパートナーとして互いを拘束し合う関係に入る、という意味ですか？

それまでは「セフレ（セックスフレンド）」とか呼ばれて、誰とどういう関係を持とうが自由、それが「つきあう」と言ったり言われたりしたとたん、その自由を手放して「排他的な対」関係になるということですね。そしてあなたのお友だちの女性たちは、この「つきあう」という状態を切望しているようですね。自分の自由を手放してでも、相手を拘束して、「浮気」を責める権利を手に入れたい、のでしょうか？

わたしの教え子の卒業生たちは、おそるおそるわたしに結婚を報告に来ます。そしてどうせ先生は来てくれないだろうから、と結婚式には招待しません。だからといってわたしは、かれらを祝福しないわけではありません。相手を自分の人生に巻きこんでもよい、相手の人生に巻きこまれてもよい、と思えるほどの関係を結ぶことのできる相手と巡りあう機会は、人生でも5本の指に入るかどうか。それほどの相手と巡りあった幸運を、祝福してあげるよ、とは言います。

結婚がすたれない理由……わたしはひそかに結婚のもろさが一巡したあとのセキュリティ志向ではないか、と観測しています。いくら神サマの前で誓っても、結婚が壊れやすくもろいものであることを、今どきの若いひとたちは知悉しています。結婚に対する離婚の割合が3組に1組となった時代です。あなたが書いているとおり、「結婚以外の相互扶助の選択肢があまりに少ないからなのだろう」と、わたしも思います。

結婚を「落ち着く」とか「片付く」とか表現するのも、それが社会の枠組みのなかに順当に収まったというだけでなく、「安心」や「安全」を手に入れたという思いがあるのでしょうね。つい最近も50歳を過ぎたおひとりさまの娘を遺してあの世に旅立った老母のいちばんの心残りが、娘が結婚しないことだという話を聞いたばかりです。その年齢ではもはや孫が生まれる可能性がなくても、結婚さえしてくれたら安心、という思いこみが、その世代には強いのでしょう。彼女には、そういうときはね、「お母さん、今から結婚したらわたしの介護負担が増えるだけよ」と言っておあげなさい、と伝えましたが。

そして結婚がそのような「あたりまえ」の習俗である限り、結婚した者たちは、「なぜ結婚したの？」と問われることはなく、結婚の外にいる者たちだけが「なぜ結婚しないの？」と問われつづけます。わたしの目から見れば、結婚には大きな決断が必要、結婚しないのは決断しない状態を引き延ばしてきただけの結果ですから、決断をしたひとたちの選択の理由を聞く方があたりまえ、だと思えます。

結婚しないというわたしの選択は人間関係を契約で縛りたくない、ということでもありましたが、ちょっとカッコよく言えば、自分の人生にどんな「保険」もかけたくないという選択でもありました。その保険が実際には紙切れ一枚で何のあてにもならなくても、そして結婚が何の保障にもならない現実をどれほど見せつけられても、それでも「保険」にすがりたい人びとの気持ちを否定するつもりはありませんが。

とはいえ、結婚はロマンティック・ラブ・イデオロギーの上がりという以上に、家族形成の始まり、という要素があります。「家族が欲しかったから」というのは、じゅうぶんな結婚の動機になるでしょう。なぜならあなたが指摘するとおり、そしてわたしもかねてそう言ってきたように、家族は究極のセキュリティ・グッズ（安全保障財）ですから。社会関係資本のなかでどれほど「ゆるいネットワーク」が称揚されようとも、血縁以上に強力な社会関係資本はありません。社会関係資本論を提唱したナン・リンは台湾出身の中国人。たとえ世界に離散しても、彼らがどれほど強い血縁の相互扶助ネットワークを持っているかは、よく知られています。

結婚の動機が家族形成なら、「できちゃった婚」は理にかないます。つまり今の日本の若者には家族形成以外に結婚の動機はない、そして婚姻率が低下するのは家族形成のコストが高くつくために「結婚できる人びと」と「結婚できない人びと」とが二極化しているからだ、と社会学者の山田昌弘さんなら分析するでしょう。もちろん家族形成のために法律婚は必須の条件ではありません。ですが、子どもの存在は必須です。

家族のミニマムの定義である「核家族」は、性ダイアドと母子ダイアドの組み合わせから成り立っています。ここから性ダイアドを引いても「家族」は残りますが、その逆はありません。家族はこれまでのところ、それに代わるもののない社会的再生産の制度であり、再生産しない単位を「家族」と呼ぶことはメタファーの域にとどまります。

あなたとお父さまが病床のお母さまを介護した2年間、それを痛感なさったようですね。あなたのお父さまとお母さまを「家族」にしたのは、性の絆だけではありません。あなたという子どもの両親になったことが、彼らの絆を「運命的」なものにしたのでしょう（もちろん、いくら子どもがいてもそうならないカップルもいますが）。そして親子ほど「運命的な」、つまり選べない関係はありません。あなたも「この母親」を選んで生まれてきたわけではないでしょうが、お母さまにしてみても「この娘」を選んで産んだわけではなかったことでしょう。「家族」ということばがマジックワードになるのは、この選べない運命性をひとが求めているからだとしか思えない節があります。

わたしは何人かの男と同居した経験がありますが、そのつどこう思ったものでした。「もしこいつが交通事故か何かで半身麻痺になったら、わたしはこいつを捨てるだろうか？」と。あるときふっと、「たぶんそうなっても、わたしはこいつを捨てないだろうなあ」と思う瞬間が来ます。そうなったときに、「ああ、こいつと『家族』になったんだ」と感じたものです。

そのようにあなたもあなたのお父さまも、運命の絆に誘われてお母さまの介護をなさったことでしょう。そしてあなたを産んだお母さまも、選べない絆を受け容れて、無力な赤んぼうだったあなたを、莫大なエネルギーと時間をついやして育てたはずなのです。性の絆は選べますが、そして必要ならキャンセルもできますが、血縁の絆は選べません。もし、この絆が選べたとしたら、もし結んだりほどいたりできるとしたら……その夢想は、解放である以上に悪夢でしょう。つごうのよいときにだけ「家族」になり、つごうが悪くなれば切り捨てる……そのような功利的な関係を「家族」とは呼ばない、と、ひとは「家族」というボキャブラリーを手放さずに来たのでしょう[*3]。

わたしは子どもを産まなかった女なので、あなたとの往復書簡のなかで、子育ての経験について語りあうことができないのは残念だけれど、あなたはまだ生殖可能な年齢のなかにいます。

結婚よりももっとがらりと女の人生を変えるのは、出産です。高齢の女のひとたちに、生涯で最大の記憶に残るできごとは何か、と訊ねると、未婚の娘たちがあんなにあこがれる結婚式をあげる女性はほとんどいません。もっとも感動的な記憶は第一子の出産です。そりゃそうでしょう。結婚に対して出産が女の人生を変える度合いは、くらべものになりません。

どんなひとも、家族のなかに生まれます。自分の誕生は選べませんが、そのあとに、自分自身が家族を形成するかどうかは選べます。わたしには、結婚するかどうかは、たいした問題とは思えません。それよりもっと人生を変える大きな選択は、出産によって家族という選べない絆を選択するかどうかです。家族をつくらない、というわたしの選択は、一度きりの確信犯的な選択ではありませんでした。女にとっては生殖可能な期間のあいだじゅうつづく、迷いの多い選択の連続です。わたしはすでにそれを過去形で語ることができますが、あなたはそうではありません。あの家族に生まれ育ったあなたが、この先、家族形成をする意思があるかどうか、聞いてみたい気がします。（と言いながら、それすら運命ではなく選択になったこの時代を、つらくもきびしい時代だと思わずにはいられません。）

２０２０年8月15日　上野千鶴子

＊１―亀山早苗『人はなぜ不倫をするのか』ＳＢクリエイティブ、２０１６年。
＊２―１９７２年から73年にかけて『漫画アクション』に連載された上村一夫のマンガ。
＊３―現実には危機に瀕した家族は、つごうの悪いメンバーを切り捨てることによって生き延びることもある。上野千鶴子『近代家族の成立と終焉　新版』（岩波現代文庫、２０２０年）に収録した「ファミリィ・アイデンティティのゆくえ」参照。

5

承認欲求

上野千鶴子さま

お送りした本を読んでいただいてどうもありがとうございます。うんざりする現状を書いた、うんざりする本だと私も思います。新しいツールや情報が入ってくる時代にあって、すべてに既視感があり、新しい知見も変化も特にない、いまだにそんなことで悩んでいる人ばっかり、というのがタイトルに込めた意味でもあります。

前回のお手紙の冒頭でご指摘いただいたように、「恋愛とセックス」について私は自分自身のことを語り足りていないはずです。セックスについてあまり踏み込んだ話をしていないのは、私にとってのそれが一つのあまりにステレオタイプな定義を抜け出しておらず、本当に語るべきものを何もまだ持っていないからでもあるのですが、ちょうど、一応のテーマとして次にあるのが「承認欲求」だったので、良い機会と思い、少しテーマを遡りながらお話を進めたいと思います。

「恋愛とセックス」のテーマで私が書いたのは主に、ブルセラ少女として男性を見ていた女子高生時代から、基本的に男の人に対して、真面目な関係を結ぶ相手としては絶望している、という話でした。パンツを被って自慰行為をしている彼らはあまりに奇怪で、理解し合うとか、対等になるとか、そんなことは無理だと常にどこかで思っていました。そんなこともあって、恋愛に真面目に向き合うことはなかったし、母から「恋愛を舐めてる」と言われていたのもお話しした通りです。

ただ、セックスは恋愛に向き合う気がなくてもできますし、ご指摘の通り、「並みの女性よりもたくさんのセックスをしてきた」とは思います。私にとってセックスは長らく、最も初期投資のいらない売り物でした。ブルセラで働き始めた高校1年生の時にはまだ性体験がありませんでしたから、セックスよりも間接的な売春行為を先に覚えたことになります。その後、未経験でありたくないという理由で適当に初体験を済ませましたが、セックスは自分の性と引き換えに何かしらの対価を得るための場だという感覚はあり続けました。

セックスが売り物になるという事実がまだ何者でもない不安な若い女には重要でした。

大きく分ければ、AVや売春といった直接的に金銭を介するセックスと、お金をもらわないでする彼氏やその辺の男とのセックスとをしてきましたが、後者であっても、セックスそのものを楽しもうという気は全くなく、それによって何かを得たい、得られなければ勿体無いという気持ちでいました。上司と寝て条件の良い仕事をもらうとか、有名人と寝てハクをつけるとか、かっこいい先輩と寝て彼女の座につくとか、お金持ちと寝て優雅な生活を送るとかいう欲望はあっても、セックスそのものの快楽を求めたことも、よく言われる愛の行為だという感覚も全くありませんでした。

ので、基本的に金銭を介するか否かに「キモチよいセックス」と「キモチよくないセックス」の境目があるという感覚は今でもありません。性の絶頂は、何かしらの理由のあるセックスに、時々偶然についてくるオマケであって、そこに条件や法則性があるようにも思えません。前にいただいたお手紙に「たかがセックス、この程度の恋愛……と思うひとには、それだけの報酬しか手に入りません」という一文がありましたが、本当にそうなのだと思います。こんなものをお金を出してまでやりたいという相手を見下しながら、売っても売っても自分の手元に残り続ける都合の良いものとしてセックスを重ねていた私に、性器の収縮以上の快楽の意味はあまりよくわかりませんでした。

ですから、セックスに関して排他的な関係を結び、いつでもそれを明け渡す代わりに、経済的な保障を得るという専業主婦も、結婚による階層上昇のために自分のセックスを高級なものにした上で権利を誰かに明け渡す『ＪＪ』女子学生的価値観も、彼女たちが夫とのセックスを「ひたすら苦痛」と考えていることも、感覚としては親近感があります。単に、私にとっては生活の自由を奪われることの方が、尻軽と呼ばれることよりもずっと苦痛に思えたので、長期間にわたりセックスを明け渡して大きな安心を得るよりも、２時間のセックスでそれなりの対価を得る方が、自分に合っている、と考えていました。結婚で交換されるものが自分の日常に浸食する度合いを考えれば、単品としてのセックスは日常から切り離して、刹那的に売り物になる便利なものです。

その特性を利用して10年以上の長い間、「キモチよくないセックス」でもやり続け、その理由は、それによって得られる何かがあるから、なのだと信じ込んでいました。今正確に言い直すと、セックス一つで、何かを得られるという事実自体が若い私には重要だったのだろうと思います。自分のセックスには価値があり、しかも自分はその価値あるセックスを簡単に無駄遣いして粗末に扱えるのだという幻想が私を「キモチよく」しました。

自分のセックスが売り物になるという事実は、まだ何者でもない不安な若い女の安易な承認欲求を、都合よく好き放題に満たしてくれます。自分の価値を自分で定義し続けるのには、胆力と気力のほかに、知識や学びが必要ですが、他者にモノ化される際の値段は自分の努力とは関係なくやってきます。化粧をして男の性欲を喚起する服を着れば、簡単に上げられるものです。ちょっとした投資で隣の女性との値段の差を簡単に感じられて、悪い値で売り払ったとしても、再び別の値で売り直すことができます。稼いだお金を払ってまでセックスしたがる男に対して、同じ行為をお金をもらってする自分、セックスを大切に保管している女性に対して、それを粗末に扱える自分は、優越感を持っていられます。

広義の売春としてのセックスは、相手の文脈とこちらの文脈の擦り合わせを必要としません。買っている男にとっては私が都合の良い便所で端金で自由になる性の対象で、私にとっては買う男がお金を払わないと私と寝る権利のないパセティクな存在だったとしても、お互いがその勝手な文脈を生きたまま2時間やり過ごすだけで、恋愛の表現としてのセックスで問題になるような「こういうつもりだった」「そんなつもりじゃなかった」は一致しないまま完結します。男が買ったつもりであるのが私の性の自己決定や自由で、私が売ったつもりであるのが時間と取るに足らない行為で、双方が同じものを売り買いしていなくとも、その売買は成立してしまいます。それは一見win-winのようにすら見えます。

他者の売春行為が一部の女性にとって、根絶したい不快なものである理由の一つは、擦り合わせのないままの男の一方的な幻想を、そのまま保存してしまうところに、社会的な加害性を感じるということだろうと思います。全くその通り、男は都合よく、自分の力で女を好き勝手に扱えると勘違いしたまま、女の価値を自分がつけられると勘違いしたまま帰っていきます。でも、そのようにして始まった売春は、かつての私のような若い女にも都合よく欲求を満たしてくれる場になることがあり、その時、売っている者と買っている者の意識が一致しないことはあまり問題でないように思えました。

そもそも私には、そこかしこに見たり聞いたりする恋愛と呼ばれるものが、少女漫画で恋を学んだ女と、AVで性を学んだ男が、同じ部屋を別の文脈で「共有」し、お互いをなんとか自分の文脈に引き込もうとする無理な話のように見えます。上野さんが『死の棘』を引き合いに「恋愛というゲームのなかでは、女がその場に賭けるものと男が賭けるものとはけっして等価では」ないとご指摘されていますが、私には等価ではないどころか、全くの別物のように思えていました。AVで女優は男のオモチャですが、少女漫画で恋は承認欲求を満たす唯一の道具です。上野さんが謎とおっしゃった、私の本に頻出する「つきあう」という語彙は、少女漫画の中で、平凡な私が特別な私になるための「恋の成就」を意味するので、それを切望する彼女たちが求めるものも自ずと想像できます。

少女漫画も一世紀の歴史の中で多様化していますが、特別な何かになる機会、承認欲求が満たされる機会として恋愛が絶対的なものである点ではあまり変わっていません。ロマンティック・ラブ・イデオロギーを下敷きにしていますが、そこからガラパゴス的に進化して似て非なるものになっていて、蜘蛛に噛まれて突然スパイダーマンになるような男のスーパーヒーローものとも構造は似ています。ロマンティック・ラブ・イデオロギーが解体されても少女漫画は女性たちによって描かれ女性たちによって消費され続け、また私の本の登場人物たちが「つきあう」を切望し続けるのは、そこで学ぶ強烈な自己肯定感を凌ぐほど、承認欲求を満たす物語が他に特に見つかっていないからのような気もします。

徐々に変わりつつあるという実感はあります。酒井順子さんの『負け犬の遠吠え』（講談社、2003年）がベストセラーになったのは2004年ですが、あの時確かに、どんなに立派な女性が増えて、どんなに他の軸で評価されても、恋愛・結婚で成功者とならなければ「負け犬」であるというのは、何より当人たちの実感として言い得ていたはずで、たった15年ほどですが、今の気分とはまた少し違っている気がします。あるいはSNSなど、性や愛を介さなくとも人の承認を得られるツールが増えたからでしょうか。恋愛に代替する承認欲求の向かう先が、インスタグラムの「Like!」だとしたら、売春以上にインスタントで、売春以上に他者と比較しやすい分、依存性は高い気がします。

いずれにせよ、ある時は運命の人を見つけて恋を成就させるという恋愛至上主義のような形をとる場合もあれば、多くの人に性的に求められることで満足するヤリマンもいるし、セックスにお金を払われると満足する娼婦もいる、というのが20代の私が多くの女性たちと大まかに「恋愛とセックス」について話してきた感想でした。

承認欲求を満たして自己実現とアイデンティティの獲得を全て賄ってくれる恋への欲と、女を所有して性欲を満たしたいという欲望が、子供を作るというまた別の目的を共有することでなんとか共存している恋愛は、私にとってはとても手間のかかるものに見えます。しかし、私がセックスに求めていたものは、少女漫画が恋に求めたものと似ているのかもしれません。ペイするものが小さい分、そこで得られる承認なんていうものは一晩で消えてしまうようなものですが。

さてしかし、私が今でもセックスを、性を売って対価を得る場でしかないと思っているのかと言えば、いつの間にかその感覚は薄れている気がします。市場での自分の性の価値が下がっていることを察知して防衛本能でその感覚を捨てたのか、あるいはセックスを売らなくてもそこで得ていた何かを得られるようになったのか、自分ではよくわかりません。ただ、上野さんのお手紙に出てきた多くの「ニンフォマニア」などと呼ばれた人たちが、最終的に性愛一致の極致を「最高のセックス」と呼んだような、はっきりした感覚は今もありません。「キモチよいセックス」と「キモチよくないセックス」が何かはわからないまま、「キモチがよかろうが悪かろうがするセックス」という感覚を引きずっています。

一つ変化があるとすれば、私は30代になって初めてどうやら「性欲らしい」ものの所在を自分のうちに確認した気がします。それまで「セックスしたい」はクリアに「セックスしたいと思われたい」でしたが、今では「セックスしたい」という欲望はもう少し直接的なものである気がします。

ただ、以前、熟女風俗や熟女キャバクラの女性たちと何人かで歓談する機会があり、多くが既婚者で家庭内セックスレスの彼女たちは、「女性として現役であると確認したい」「女として見られたい」「女性としてまだ価値があると証明したい」と話していました。中村うさぎさんはデリヘル嬢を経験した経緯を、ホストクラブで女性として欲望されないという経験で失った自信を取り戻すことだと書かれていますし、加齢によってセックス市場での価値が下がっても（むしろ下がるからこそ）、セックスと売春で自分の価値を感じる、という快感がなくなるわけではないのかもしれません。私もまたそういう意味で売春欲が高まるかもしれませんし、今はその間にいるような気もします。

セックスへの直接的な欲求が高まっても、やはり私はいまだにどこかで男性を、ブルセラでお金を出してパンツを被ってルーズソックスを首に巻いていた、奇怪でパセティクな存在だと感じているのだとは思います。男性支配へのNOの声を上げ出した若き女性たちを頼もしく思う反面、「そいつらに言っても無駄だよ」とどこか100%は乗れない気分でいるのはそのせいなのかもしれません。

普段こんな話はしないのですが、個人的に、私があまり日本人男性とセックスや恋愛をしないのは、「セックスはしたい、でもブルセラおじさんたちとフェアな関係で肉体的快楽を求めたくはない」という自分の気分の一時的な解なのかもしれないと思っています。外国籍外国育ちの人はブルセラおじさんやAVファンのおじさんたちと違うもののように思い込みやすいし、わかり合えなくても何の絶望も得ずに納得しやすい。あとは、おそらく日本のAVをセックス学習装置として経験した世代は、射精はできてもセックスができない人が多いのか、日本人男性でセックスができる人には本当になかなか出会わない気もします。売春で承認欲求を満たす相手としては申し分ないですが。

日本人の、セックスへの満足度が世界最低レベルなのはよく言われることですが、TENGA社のアンケートで、何をしている時が最も快いと感じるかを問う設問に対して、ほとんどの国の人が「SEXをする」「愛している人と共に時間を過す」なのに対して、日本人だけは「美味しいものを食べる」がダントツ1位だというのが話題になりました（セックスは14項目中5位）。そもそもあんまり好きじゃない人が多いのでしょうか。そういう私も、旅先で探すのは第一に美味しいもの、第二に男という感じです。

ただそれも、私がセックスを共同作業として経験してこなかったからこそ、得ている快楽も低い、「キモチよいセックス」がなかった、ということなのかもしれません。上野さんのお手紙を読んで、どこにそんな、お互い「自己と他者についてとことん学ぶ」に足るいい男がいたんだろう、見出したのか、育てたのか、などと羨ましく思いました。セックスの重要度が高い国の男とのセックスでひとまず性欲の確認をしたというだけの地点に立っている私にとって、恋愛ゲームもセックスも、まだ未知の領域なのかもしれません。「結婚」の回のお手紙に書いていただきましたが、自分にこの先、家族形成する意思があるのか、と問われれば、いまだに20歳の頃と似たような「してみたい気もするけど、できない気がする」という答えしか持っていません。ただ、家族を作らなかった場合の死に様が想像しにくい社会環境だとは思っています。

セックスのお話から承認欲求というテーマに入っていくつもりで書き出して、やはり自分がセックスについて書こうとするとほぼ売春について書いてしまうこと、恋愛について書こうとしても、恋愛と似て非なるものの話に終始してしまうことに気づきました。そのせいで散漫な内容になってしまいましたが、男の思考を批判することはあっても、男性を見くびっていない、男に絶望していないように私からは見える上野さんに学びたいことがまだたくさんあります。

２０２０年９月11日　鈴木涼美

鈴木涼美さま

お返事拝受。連載スタート前に12ヶ月分のシノプシスをつくったら、それに律儀に答えてくださっているようですが、はみだしたり、無視したりなさってもいっこうにかまわないんですよ、ただの覚えのようなものですから。とはいえ、恋愛と結婚の次のテーマに「承認欲求」が来たことで、話がうまくつながりました。お便りを読んで、なるほどねえ、と思うことがたくさん。お互いの対話がかみあってきた感じがします。

ふしぎなのは、利用可能な資源の多いあなたのいくえにも反転した自意識とプライドです。

ところでこんなところでご家族に触れられるのはおイヤかもしれませんが、つい最近、お父さまの鈴木晶さんからエーリッヒ・フロム『愛するということ』（紀伊國屋書店、２０２０年）の新訳本をご恵送いただきました。フロムは『自由からの逃走』を読んだことがありますが、この本は読んでいませんでした。多くの読者が「座右の書」とか「人生を変えた本」としてあげる同書を避けて通ってきたのは、タイトルのうさんくささのせいかもしれません。初版は１９５６年、懸田克躬《かけたかつみ》による邦訳刊行が１９５９年。わたしが若かったころにはすでに出回っていましたが、若さの驕りで、「愛するということ」についておっさんなんかに教えていらない、と思ったのでしょうか。

原題を見て、驚きました。The Art of Lovingとありました。鈴木晶さんはこれを「愛の技術」と訳しておられます。第一章は「愛は技術か」、第四章が「愛の習練」……なるほど、技術なら学習も習熟も必要です。わたしは柳田國男が『明治大正史 世相篇』に「恋愛技術の消長」の章を置いたことを思い出しました。そしてこの本を指定文献にしたことで、女子学生のひんしゅくを買ったことも。彼女たちによれば、恋愛はある日突然予告もなく「落ちる」もので、「技術」などであろうはずもなく、ましてやはやりすたりがあるなどというのは、神聖なる恋愛に対する冒瀆なのだそうです。少女マンガを読みすぎたのでしょう。あわてて付け加えておきますが、相手は１９８０年代の女子学生です。ロマンティック・ラブ・

イデオロギーに洗脳された最後の世代かもしれません。あれから30年余、50代になったはずの彼女たちはNetflixの『愛の不時着』を見て胸をときめかせているのでしょうか、リアルの世界にこんな「愛」は求められないと、したたかに学んだあとで。

フロムが対抗しているのは、恋に落ちる、すなわち恋愛に技術も習練も要らない、という考えです。ですが、全編読み通してみれば、フロムのいう恋愛が、言うにやすく、行うにかたい、そして学ぶに難しいふるまいであることがわかります。原題のArtを、「技術」でなく「芸術」と訳してみたらどうだったでしょう。技術では、テクニックやマニュアルを連想します。芸術にも技術や習練が必要ですが、芸術にはそれらを超えたものがあります。そしてそれは、自分の経験から体得する以外に、おそらくは教えることも学ぶこともできない何かです。

フロムを読んで共感したことがいくつもあります。性と愛を区別しているのは、区別すべきものを区別しているので納得できますし、性的障害（不感症）の原因を「正しいセックスのテクニックを知らないことにではなく、愛することをできなくするような感情的抵抗にある」［同書136頁］とし、「異性にたいする恐怖や憎悪」が「没頭」（の結果得られる絶頂感）をさまたげるのだというのは、第3便でわたしがecstasisについて述べたことと重なります。パートナーとのセックスで「いけない」とこぼす女性たちに、性技のテクや膣の体操を勧めるノウハウ本を見たことがありますが、わたしのアドバイスはかんたんです。そんなことより、相手を替えれば？……それができないから、悩みが尽きないのでしょうけれど（笑）。

そのほかにも、耳を傾けたい発言がいくつもありました。

「愛は能動的な活動であり、受動的な感情ではない。そのなかに『落ちる』ものではなく、『みずから踏みこむ』ものである」［同書41頁］。

「愛は……自分の全人生を相手の人生に賭けようという決断の行為である」［同書90頁］。

そのためには「自由であってはじめて人を尊重できる」［同書50頁］。

「ひとりでいられる能力こそ、愛する能力の前提条件なのだ」［同書167頁］。

いちいち「腑に落ちる」のは、わたしがその経験をあらかじめ「知っている」からです。ですから若かったときにではなく、この年齢になって同書を読むと、理解の深さは大きく違うだろうと感じます。

フロムは愛を技術と呼びながら、「愛することは個人的な経験であり、自分で経験する以外にそれを経験する方法はない」［同書160〜161頁］と言います。ちょうどオーガズムを知らないひとに、オーガズムとは何かを教えることができないように。

フロイトを19世紀ドイツの父権主義者とする批判も苛烈で適切ですし、母性愛についての分析も説得的です。

「愛や喜びや幸福がどんなものであるかを子どもが知るためには、自分自身を愛する母親に愛されるのがいちばんだ」［同書100頁］というのは、母親にならなかったわたしが母親になった女たちに贈ってきたメッセージでした、「幸福な母親でないと、幸福な育児はできません」と。

この本を訳者がいちばん読んでほしいと思っているのは、ほかでもない、娘のあなたではないでしょうか。マンスプレイニング（みたいなところもありますが）だとイヤがらずに、読んでごらんなさいな。

フロムが力を入れて論じているのが、「愛する」ことと「愛される」こととの違いです。「母親に愛されるというこの経験は受動的だ。愛されるためにしなければならないことは何もない。母の愛は無条件だ。しなければならないことといったら、生きていること、そして母親の子どもであることだけだ。母の愛は……わざわざ苦労して獲得する必要もなく、それを受けるための資格があるわけでもない」［同書66頁］。

なんという「至福」でしょう。両親を失ったとき、わたしはわたしがただ存在するだけで喜んでくれるひとたちを決定的に失った、と感じました。

ですが、このように理想化された母子対の繭のなかから子どもは出なければならず、「父の愛」という「条件付きの愛」のもとに置かれるとフロムは言います。近代社会では、母の愛もまた「条件付きの愛」になりつつあるようです。わたしが教壇に立った東京大学ではそういう「条件付きの愛」にけなげに応えようとして、それに成功したりしくじったりした子どもたちを見てきました。

この「条件付きの愛」に応えることで、「承認欲求」が満たされるという報酬が与えられます。「条件付きの愛」に、「性欲」を代入するとどうでしょうか。相手の欲望に応えることで初めて自分に価値が与えられます。その「価値」は、資本主義社会でもっともわかりやすい財である貨幣のかたちをとります。その貨幣はほかの財と交換可能な汎用性を持ち、また計量可能で、序列をつけることもできます。自分に高い「値段」がつけばそれだけ自分の価値が上がったように錯覚することができますし、その市場価値の変動を、つぶさに味わうこともあるでしょう。

あなたが10代のうちに、性が対価を伴うものであることを知り、自分に利用可能な財があることを自覚し、しかもその欲望の市場が男の性欲、なかでももっとも陋劣《ろうれつ》な性欲によって成り立っていることを学んでしまったのは、不幸なことだったかもしれません。この奇怪な欲望を持った「そいつらに（何を）言っても無駄だよ」という絶望を伴いながら。ブルセラ少女たちや援交少女たちは、そうやって自分のなけなしの財を提供することで、チープな承認を得ているのでしょう。そう思えば風俗に身を投じる女性ばかりでなく、夜の盛り場を徘徊して一夜の宿を提供してくれる「神」を求める少女たちも、同じような承認を求めているといえるでしょう。親切にしてもらったからお返しにセックスしてあげなきゃ、と思ったうぶな少女が、次に自分に値段をつけて男と交渉するようになるまでにはあと一歩です。性の市場は、そういう「条件付きの愛」で成り立っているのですから。

とはいえ、これまで性の対象になることによる承認欲求の満足は、それ以外に承認という資源を得ることの困難な、いいかえれば自尊感情の低い女性たちによって求められてきた、と多くの研究者たちが説明してきました。そして女性の自尊感情の低さは、ミソジニー社会の深刻な産物として、論じられてきました。「男の性欲をかきたてる」以外に存在するねうちのない女は、性の市場で自分に高い値段をつけようと努力しますし、男は男でセクハラによって女性の同僚や部下に「おまえはオレサマをむらむらさせる以外に価値がない存在だ」と思い知らせるためのミソジニーを実践します。だからこそ、セクハラや痴漢の告発に対して「のぼせんじゃないよ、おまえみたいなブスに誰が手を出すかよ」という侮蔑に満ちた「逆襲」が成り立ったりします。

ふしぎなのは、あなたが決して自尊感情の低くない、しかも性的価値を売り物にしなくてもほかに承認欲求のために利用可能な資源を持っている――アマルティア・セン流にいうなら「ケイパビリティ（潜在能力）」の高い——女性でありながら、風俗や援交に参入する女性たちと同じ行動をしたことです。そこにはいくえにも反転し、屈折した自意識とプライドが働いていたように思えます。それを雄弁に語るのは、今回のあなたのこの文章です。

「自分のセックスには価値があり、しかも自分はその価値あるセックスを簡単に無駄遣いして粗末に扱えるのだという幻想が私を『キモチよく』しました」

「稼いだお金を払ってまでセックスしたがる男に対して、同じ行為をお金をもらってする自分、セックスを大切に保管している女性に対して、それを粗末に扱える自分は、優越感を持っていられます」

あなたが「自分のセックスが売り物になるという事実は、まだ何者でもない不安な若い女の安易な承認欲求を、都合よく好き放題に満たしてくれます」という「不安な若い女」のひとりであっただけでなく、他人にとって「価値あるセックス」を「粗末に扱える」という特権は、たしかに裏返しの自尊心を満足させるでしょう。それにもうひとつ、「母が禁止し、嫌いぬいたもの」という禁忌を付け加えれば、「どぶに捨てるようなセックス」の価値は、逆説的にますます高まります。

『女ぎらい　ニッポンのミソジニー』（朝日文庫、２０１８年）のなかでわたしは東電ＯＬについて2章を割いて論じましたが、東電ＯＬの屈折したエリート意識も、それと共通しているように思います。売らなくてもすむものを、わざわざはした金で売る東電ＯＬは、そのことによって唾棄すべき貧しい男の性に「値段をつけている」のだ、と。最終的には1回2千円にまで下落した彼女のセックスの値段は、彼女が男につけた値段だという機微を理解したのは、女性読者だけでした。

ひょんなことから、今注目の人類学者、小川さやかさんと対談することになりました。『チョンキンマンションのボスは知っている』（春秋社、2019年）という魅力的な本で、今年の大宅壮一ノンフィクション賞と河合隼雄学芸賞をダブル受賞した、ユニークなフィールドワーカーです。彼女の紹介で、院生のひとりが書いたアフリカ、ガーナの「シュガー・ダディ」についての論文を読みました。[*1]「シュガー・ダディ（シュガー・マミー）」とは言い得て妙です。日本なら「パパ活（ママ活）」にあたるでしょうか。若い女性が年齢差の大きい経済力のある男性と対価を伴う継続的な性関係を持つことです。男性側は既婚者が多いようですが、一夫多妻を慣習法で認める社会では「シュガー・ベイビー」はいずれ結婚をゴールとする可能性もあり、著者の小田英里さんによれば「結婚へと至る可能性がある恋愛関係と、実利的な性行為と金品との交換関係の連続線上に位置する」ということです。そういえば、日本にも援助交際とか愛人バンクがありましたっけ。「援助交際」ということばが登場したとき、男を免罪するそのネーミングのうまさにうなったものです。他方、少女たちはシンプルに「(売春を意味する)ウリ」と呼んでいましたが。「シュガー・ダディ」が世界中どこにでもある「少女売春」かといえばそうでもないのは、この慣行が社会的に広く許容され公認されているからのようです。

「トランザクショナル・セックス」(交易としてのセックス、または経済行為としてのセックスと訳せばよいでしょうか)と呼ばれるこの交際関係は、先行研究によれば「タンザニアでは14歳から19歳の女性の80%、ウガンダでは15歳から19歳の女性の90%」が経験しているといいます。

夕食をごちそうしてもらったからお返しにセックスした、という一夜の関係だけでなく、よい成績をくれる教師との多少なりとも継続的な関係や、利権をちらつかせる得意先との関係、さらにいえば生活保障とひきかえにオンリー契約を結ぶ愛人関係も、トランザクショナル・セックスに入るかもしれません。今日では「対価型セクハラ」に分類されるようなこういうトランザクショナル・セックスを、当事者たちは「売春」とも、まして「セクハラ」とも認識しておらず、その関係にすすんで入るように見えます。結婚が婚資との交換であることがふかく埋め込まれたアフリカ社会では、セックスに対価が伴うことは社会的・道徳的に容認された行為ですから「性行為の見返りに金品を贈与されるのは『女性の権利』である」

とか、「男性らが金品を与えずに性行為をする（中略）ことは『強盗』に等しい」という価値観が生まれます。「金品との交換なしに身体を許す女性は自尊心を欠」くとすら言われます。トランザクショナル・セックスは、それに従事する女性に自分のセクシュアリティに対する「自律感」や、男性に対する「コントロール」や「力」の感覚を与えます。

倒錯しているわけではありません。京都で芸者ガールの研究をしたアメリカ人の女性人類学者[*2]が見いだしたのも、芸妓たちの強烈な自律心でした。たとえパトロンがいようとも、「タダではやらせない」彼女たちのプライドは、夫に経済的に依存するほかない妻たちへの優越感にすら転化していました。こういう女性たちにとっては「タダでやらせる」ことこそ、自分の価値を貶めるもっとも愚かな行為となります。

アフリカのことだから、とオリエンタリズムの視線を向けることもまちがいです。イタリアのフェミニスト、ジョヴァンナ・フランカ・ダラ・コスタは『愛の労働』（インパクト出版会、1991年）のなかで、娼婦のプライドは「タダでやらせない」ことにあると述べています。それに対するに、妻のセックスは不当に支払われない「不払い労働」なのです。また、この論文には週末の女子だけのパーティの費用を稼ぐために対価を伴うセックスをする少女が出てきますが、わたしはまったく同じエピソードを日本の少女から聞いたことがあります。

アフリカ社会がグローバリゼーションのもとの市場経済にふかく巻きこまれた結果、かつての婚姻において婚資が妻にではなく妻方の親族（父親）にわたったことにくらべれば、トランザクショナル・セックスの対価は女性本人に支払われる分だけ、女性の個人化は進行しているといえます。女性がその対価を郷里で自分の子どもを育てている両親に仕送りしたとしても、取引は親族間ではなく、あくまで個人間のものです。親や親族集団が娘を差し出す代わりに女性個人のエイジェンシーが働いているために、トランザクショナル・セックスは決してセクハラとも性暴力とも呼ばれません。フーコー流にいうなら、統制権力が内面化した結果、強制ではなく自発性に見える、例えば見合い結婚が減少して恋愛結婚が増加しても結婚市場におけるマッチングに少しも変化が見られない（親が選ぶ代わりに、同じような相手を本人自身が選ぶ）という現象と似ています。

日本との違いは、トランザクショナル・セックスが社会的・道徳的に許容されているかどうか、でしょうか。アフリカの例では、両親も娘の行為を知っており、本人もそれを隠さないだけでなく、結婚や社会生活にとってスティグマになっていないようです。なら日本もそうなったらいいのか……ちょっと待って、と思うのは、性が女にとって経済行為になる社会とは、圧倒的なジェンダー非対称性を前提としていることを忘れてはならないからです。そしてそのような社会を、家父長制と呼びます。

トランザクショナル・セックスとは、男にとっては性行為、女にとっては経済行為、そこで交換されているものは等価ではありません。この非対称な交換が成り立つ条件は、経済的資源を含めて、権力、利権、承認などありとあらゆる資源がもっぱら男性集団のあいだに（不均衡に）分配されていることです。劣位のプレーヤーは経済的・社会的承認を求めて「条件付きの愛」に応えることを強制されます。なぜならそれ以外に生きていく道を閉ざされているから。トランザクショナル・セックスを研究者が「サバイバル・セックス」と呼ぶのは、けだし真実を示していることでしょう。

トランザクショナル・セックスには、もうひとつ「コンサンプション・セックス」という別のカテゴリーがあります。「サバイバル・セックス」と「コンサンプション・セックス」とは、研究者が「生存目的のセックス」と「消費目的のセックス」を区別した分類カテゴリーだそうですが（かつての「援交」少女たちを思い出します）、研究者の解釈カテゴリーはしばしば当事者に環流して、彼女たち自身によって誤用・流用されるようになります（これもよくあるケースです）。論文のインフォーマント（情報提供者）のひとりは「コンサンプション・セックス」を消費の手段としてのセックスではなく「消費のための消費」、自己充足的なセックスの意味で用いていたとのこと。そしてそのほうが「当事者のカテゴリー」としてはしっくりくるのでしょう。この二つは昔からおなじみの「客」と「情夫」、「パトロン」と「ボーイフレンド」の区別にあたります。彼女たちは後者に対価を要求しません。そこでは彼女たちは「タダでセックスを与える」という「愚かな行為」をしてまで、市場原理とは異なるふるまいをしていることになります。

文化相対主義の立場に立てば、アフリカが道徳的に劣っているとは言えません。セックスワークを合法化したオランダやドイツは、性売買を脱スティグマ化した最前線だということになりますし、小田さんが紹介するアフリカの例は伝統社会の価値観に最先端の市場経済が結びついたなかでの、女性たちの生存戦略と言うべきでしょう。資源を蓄えた女性は、今度は自分が「シュガー・マミー」になるのでしょうか。それだってホストクラブで散財する女性と変わらないでしょう。

性が経済的対価を伴って市場で交換されること……市場というのはそんなものだろう？ありとあらゆるものを商品として飲み尽くしていくのが資本主義だろう？というニヒリズムに、わたしは与《くみ》しません。資本主義は「自由な労働者（労働力を売る以外に生きる手段のない賃労働者）」から成る労働市場を生み出しましたが、その「自由」は制約されていました。労働者は資本家と「自由」な契約を結びますが、債務奴隷になる「自由」は禁止されています。例えば借金の担保に自分を入れて、返せないと奴隷状態に陥るという契約は、近代法では成り立ちません。同じことは身体の一部や臓器の売買にも関わりますし、子どもの人身売買が無効なように、胎児の売買も禁止されています。現実には臓器の売買を可能にするブラックマーケットは存在しますし、代理母という名のもとに実質上胎児の売買市場が成立しているとも言えますが、それらは違法行為すれすれのグレーゾーンにあります。つまり資本主義のもとで交換可能なものには限界があり、あらゆるものが商品になるわけではないのです。身体に対する侵襲的な行為であるセックスは、そのグレーゾーンに位置します。

承認の話でした。社会的承認のもっともわかりやすい指標はお金です。男性の自己効力感（わかりやすくいうと「オレサマ」意識）の指標のトップが稼得力だと聞いて、その単純さに呆れました。女性にとっては結婚でしょうか。ホモソーシャルな社会における女の指定席をゲットする……「妻の座」をあれほど手離しがたいのは、経済的依存以上にその社会的承認を失うのが怖いからに違いありません。男が自分のためにどれだけのお金を使うか、が承認の指標になるという機序はたしかにわかりやすいものです。あなたはどこかで、あなたのために一晩で百万円使った男がいたことが、その後の自分の人生を支えるプライドになった、と書いていましたっけね。

それを読んで思ったことは、以下のようなことでした。かつて「こじらせ女子」をはやらせた雨宮まみさんの『女子をこじらせて』の文庫版解説をご本人に依頼されて書いた文章を、一部引用しましょう。

「はした金のためにパンツを脱ぐな。好きでもない男の前で股を拡げるな。男にちやほやされて、人前でハダカになるな。人前でハダカになったぐらいで人生が変わると、カン違いするな。男の評価を求めて、人前でセックスするな。手前勝手な男の欲望の対象になったことに舞い上がるな。男が与える承認に依存して生きるな。男の鈍感さに笑顔で応えるな。じぶんの感情にフタをするな。そして……じぶんをこれ以上おとしめるな[*3]」

きっとあなたのお母さまは、そしてお父さまも、わたしと同じことを思っておられたことでしょうね。

思えばフェミニズムは、わたしがわたしであるために、男の承認なんかいらない、と主張してきた思想でした。わたしの価値はわたしがつくる、と。モテメイクやモテファッションのマニュアルが流通し、結婚がゴールになるような「つきあい」に目の色を変える若い女性たちを見ていると、ほんとうに情けなくなります。今でも女は、自分の力で承認を獲得することができないのだろうか、と。

終わりにふたたび『愛するということ』に返りましょう。承認欲求とは文字通り、「承認されたい」「愛されたい」という受動的な欲求です。フロムは、愛するとは能動的な行為だとはっきり言っています。そして能動的な行為こそ、自律の証です。そう思えば対価を求めずに与えることほど、豊かな行為はあるでしょうか。その報酬は、他人からではなく、自分自身から来ます。

2020年9月21日　上野千鶴子

＊1―小田英里「ガーナ都市部における『シュガー・ダディ』との交際関係」『Core Ethics Vol.15』立命館大学大学院先端総合学術研究科、2019年。

＊2―ライザ・ダルビー著、入江恭子訳『芸者　ライザと先斗町の女たち』阪急コミュニケーションズ、1985年。

＊3―上野千鶴子「こじらせ女子の当事者研究」『発情装置　新版』（岩波現代文庫、2015年）に収録。

6

能力

上野千鶴子さま

先月のお手紙はフロムの愛の技術からトランザクショナル・セックスの問題まで、私の興味の中心になることがたくさん詰まっていました。シノプシスに縛られるつもりもないのですが、これを練り上げていただいたおかげでお話の流れに新しい補助線が入ることもあるので、これからも柔軟に使用してみたいと思います。

フロムの本は、以前1991年版の翻訳でざっと読んだことがあったのですが、父が私のところにも新訳本を送ってくれたので、改めて気になるところを読んでみました。フロムは条件付きの愛である「父の愛」と、無条件の「母の愛」を論じ分けており、「近代社会では、母の愛もまた『条件付きの愛』になりつつある」という上野さんのご指摘は非常に納得のいくものです。むしろ父権主義的なものが相対的に後退する中で、母の愛の条件の方が強烈に見えることもあります。

以前読んだ時に気になったのは、フロムが男性であることと、この母と父の概念は関係があるのかという点でした。もちろん、フロムが母や父と呼ぶのは彼自身が注記しているように、「母親あるいは父親の姿をとってあらわれる母性原理、父性原理について述べている」のでしょう。ただ、親子の愛について語られる時に、子供の性別について触れられないことに小さな違和を感じたのは、私自身が女性であり、母親と同性であるということは、少なくとも私と母の関係を決定づける大きな事実だったように思うからです。

お手紙を読みながら考えたのは、セックスを粗末に扱えることとは、若い私の自尊心を満たしてくれたと書いたことに対して、上野さんが追記された「母が禁止し、嫌いぬいたもの」であるという点についてです。私にとって母の愛は、「無条件でなければいけないが、本当に心底無条件であるのかどうか、疑わしいもの」だったのかもしれません。だから母が女性としてのプライドで以て堅持しているものをどぶに捨て、母が最も嫌いで、絶対になりたくないと思っているであろう女の姿になってみて、母の愛にも「最低限の条件」があるのかど

「可愛がられて尊敬される」ために私には、高い学歴とAV女優の肩書きが必要でした。

うか、そこに触れてみたくて仕方がなかったようにも思うのです。

フロムは、母の愛が無条件であることの否定的な側面として、「愛されるのに資格が要らないということは、反面、それを手に入れよう、つくり出そう、コントロールしようと思ってもできるものではない」と書いています。私がチープな性を売り物にしたのは、そのもどかしさを解消するための行為でもあったように思います。「手に入れよう」「コントロールしよう」として本当にそれができないものなのかを探るために、「失ってみよう」として失うことができるのかどうかを稚拙な手段で実行したのかもしれません。

性の市場、夜の街が条件付きの愛で成立しているのは間違いありません。それは、無条件の愛に比べて、コントロール可能ですから、自分の不足や不満に合わせて、得られる承認をコントロールできている感覚に陥ります。そしてプライドの置き所を変えることで、自分の価値を当面実感していられます。

風俗嬢に対して直接的な職業差別の言葉を投げる人は一般社会ではずいぶん減りましたし、米国の一部の事件のような警官からの性暴力を含む暴力や人権無視の被害も、ここ東京では相対的に少ないと言えます。その代わり、彼女たちを侮辱し、差別するのは、同じ業界にいる、プライドの置き所の違う女の子たちであることは往々にしてあります。社会から分断されているような彼女たちの中にあるのは、連帯感ではなく、もっと熾烈な分断と差別の感情で、ヘルス嬢は「最後までヤラセる」ソープ嬢や飛田の女性を見下し、ソープ嬢は「プロ意識のない」パパ活嬢を見下し、キャバクラ嬢は性のサービスをする風俗嬢を見下すような光景は、彼女たちの時間が交差するホストクラブなどではしばしば目にします。

私が夜の世界に入った時には、多少なりとも自由を求める気持ちがありました。社会的な善悪や規律を、最初から逸脱している業界にいること、売ってはいけないものを売り、捨ててはいけないものを捨てている感覚というのは、若い私には贅沢であり自由であるように思えました。しかしそれなりの時間をそこで過ごしているうちに、その自由の感覚も極めて限られた条件付きのものであるような気がして、興味が萎んでいった気がします。似たようなことを伝えたいはずの女の子たちが、細かいプライドの置き所の差異で見下し合う様子は、ここで得られる万能感や承認というのが、いかに脆いかを教えてくれた気がします。

「タダでやらせない」ことにプライドを置くシュガー・ベイビーや芸妓が持っている自尊心も、そのうちの一つなのでしょう。溝口健二『赤線地帯』は、売春防止法案が審議されている頃の吉原の話ですが、主婦に憧れていた娼婦が、せっかく身請けされたのに、妻だからといって無料でこき使われる自由のない生活に嫌気がさして、自由で気ままな赤線に戻ってくるシーンがあります。性風俗に勤める女性たちの間には今でも根強い専業主婦蔑視が残っているように思います。

　ガーナに「シュガー・ダディ」という言葉があることをお手紙の中で知りました。私は、「シュガー・ダディ」という言葉を、多くの米国や台湾の友人が、日本について説明する中で聞いたことがあります。彼らにとってこの言葉は、日本の若い女の子の緩やかな売春行為、つまり「パパ活」や「援助交際」と呼ばれるものを指しているようで、LA在住の台湾人の知人は、「日本人の恋人がいたけど、どうやら彼女はシュガー・ダディからお金をもらってセックスをしているようで、それを止める気がなさそうなので別れることにした。日本の若い女の子にとって、シュガー・ダディがいることは非常にカジュアルで常識的なことなのは知っているけど、僕は解せない」と話していました。

　かつての援助交際、現在のパパ活という言葉がするりと許容されてしまうのは、性行為と経済行為というトランザクショナル・セックスにおける男女の非対称性が、双方にとって大変都合よく濁されるからなのだと私は思っています。女性の売春が成立する社会の条件は権力や経済的資源が男性に偏っていることだというご指摘に異存はないですが、その現場では女性の自尊心だけでなく、男性の自尊心も紙一重の危機に曝されるように感じます。お金をもらっているからオモチャにされなくてはいけない女性側にも、お金を払っている間だけ相手をしてもらえる男性側にも、そこには厳しい条件付きの愛しか与えられません。パパ活や援助交際とすることで、男性はプロのオネエサンにお金を払って相手をしてもらっているのではなく、あくまで素人の女性との付き合いの中で、こちらに経済力があるから助けている、という虚構を生きられるし、女性の方も、自分は売春婦ではなく、セックスをした相手がお金持ちで、あくまで自分の魅力に評価をしてくれていると勘違いができます。

こうして双方勝手な文脈で、何を売っているか、何を買っているかを自分の側に都合よく書き換えながらするゲームを、かつては禁じられた遊びのように私も楽しんでいました。お金を払わないと私の愛がもらえない男性を蔑むことは、他の勉学でも仕事でもスポーツでもなんでもいいのですが、それらで男性を凌駕するよりずっと簡単に承認欲求を満たしてくれたからです。父の新訳本で思い出したのですが、昔父が翻訳したジョーン・スミス『男はみんな女が嫌い』（原題はMisogynies）（筑摩書房、1991年）を、当時まだ8歳で「嫌い」の漢字が読めなかった私が「男はみんな女がほしい」と読んでその場の失笑を買ったことがありました。

ただし、現在の私が最も肯くのは、お手紙に書いていただいた、商品としてのセックスがグレーゾーンであるという点です。私が、「セックスワークも立派な（あるいは普通の）労働である」とするセックスワーク団体と一貫してそれなりの距離をとってきたのは、そのグレーの怪しさにずっと引っかかっていたからでした。

私自身がセックスワークと呼ばれるものの一つであるAV女優出身の物書きですから、私の近いところには、売春の合法化や風俗嬢差別反対の運動に精を出す人たちが多くいます。個別には親しい人もいますし、議論に唸ることもないことはないのですが、立派な労働・普通のお仕事、と言い切ってしまうことには長く違和感を持っています。もちろん、自分の出身業界にはそれなりの愛着がありますから、廃絶すべしという立場にはありませんが、かといって何か差別的な発言が炎上するたびに沸き起こる一部の「普通の労働」論にも距離を感じ、私は私の言葉でその違和感を解そうと悪戦苦闘してきました。

というのも、私がそこで薄っぺらい、しかし特殊な自尊心を満たしていたのも、ある時期に夢中になるほどのめりこんだのも、居場所らしきものの所在を確認したつもりになっていたのも、その行為が極めて特殊なものであったからだと確信しているからです。そして、麻薬のように気持ちの良い昂揚を与えてくれるその特殊性が、極めて危なっかしいものだという予感があったからです。かといって、今更「魂に悪い」の一言で納得してやり過ごす気にもならないし、その魅力が他に代え難いものだという経験的な実感もあります。その危うさを母は「あなたの周りの怖いもの」「傷つけるもの」と曖昧な言葉で示唆して死んでいきました。それからは「どうして身体を売ってはいけないのか」について、答えを出すのが、私の物書きとしての一つの大きな仕事だと、考えています。身体を売ったらいけないなんて誰が決めた？　という精神性で夜の世界に勇んで入っていった私ですが、本当は、身体を売ってはいけない理由を知りたかったのではないかと思うこともあります。

お手紙の中で「性的価値を売り物にしなくてもほかに承認欲求のために利用可能な資源を持っている」にもかかわらず、風俗や援交の世界に入っていった私についての言及がありました。そのねじれた優越感の体得はすでに前便で書いた通りですが、結局私が「男の承認なんかいらない」と主張して生きてこられなかったのはなぜなのだろうと自分で疑問に思います。家の書庫には、上野さんの著書をはじめとするあらゆる本が並んでいたし、AV撮影やキャバクラ勤務の翌日には非常に恵まれた環境で研究ができる大学・大学院にいたはずなのに、「セックスを粗末に売り捌ける私」「セックスに値段が付けられる価値ある私」を捨てきれなかったのはどうしてなのでしょう。どちらにせよ、セックスに付けられる値段だけでは飽き足らないこともわかっていたはずなのに。

「今でも女は、自分の力で承認を獲得することができないのだろうか」という上野さんの落胆は、自分を承認するのに大変有利な環境にいながら、最もわかりやすく男が承認を与える場を長らく離れなかった私に、一番突き刺さるものです。私の世代は、男の承認だけで満足するにはあまりに恵まれた時代を生き、男の承認抜きで満足するにはあまりに貧困な自意識で生きてきたように思います。斎藤美奈子さん風に言えば「社長になるか、社長夫人になるか」がちょうど同じだけのウエイトで提示され、どちらにもなれそうだし、どちらにもなりたいという狭間で、後ろ髪を引かれながら、はっきりどちらか一つを選びきれなかった世代かもしれません。私が近著で描いた、いまだに男に「付き合ってください」と言われないと落ち着かない、しかし仕事ではしっかり出世して男を馬鹿にもしている女性たちもみんな、ロマンティック・ラブ・イデオロギーの残り香と、男の支配の焼け跡と、上の世代から手渡された尊厳と、自分の価値を自分で決められる自由を両手両足に持って、どれも捨てられずに右往左往しているように見えます。

上野さんの東大入学式の祝辞の中で、東大の女子学生は、自分が東大生であることを隠す、というお話がありました。頑張って合格した大学に入れた事実よりも、大学名を偽って得られる「無害で可愛い」という評価の方が安易に自分を高めてくれるような、その気分は、私にもわかります。友人でも、頑なに「東京女子大」出身だと言い続けている東大出身の女子がいますし、米ドラマではお見合いパーティーで「正直にパートナー弁護士だと言うとデートがゲットできないけれど、スチュワーデスだと言ったら一発でデートをゲットできた」というエピソードが出てきます。

ただ、実際に、男の承認で満足できるのであれば、短大に行って客室乗務員になることもできるわけで、かつての代表的な『JJ』読者層はそうでした。ちゃっかり東大に入ったりハーバードのロースクールに入ったり弁護士になったりしながら、場所によって顔を使い分ける彼女たちは、古臭い承認を必要としながらも、姑息に、強かに、進化しているような気もします。私にとっては、慶應生や東大院生をしながらAV女優であるということで、取り急ぎ、「可愛がられるし尊敬もされる」を文字通り体現していることが重要でした。

両方欲しいし両方捨てられない、というのは過渡期の贅沢でくだらない悩みなのかもしれません。フロムの「愛」を使えば、「愛される」ことへの執着を捨て「愛する」習練を積まない限り、東大卒の弁護士になっても、男の承認がないと完結しないままなのでしょう。実際、『非・絶滅男女図鑑』で引いた女の子たちの言葉は、ほとんどが早慶以上の大学を出て、年収八桁近く稼いでいる人たちのものです。

同じ祝辞の中で、上野さんは近年の医学部入試問題にも触れていらっしゃいました。あくまで私個人の近しい関係者に限って言えば、不正の報道があった時の反応は微妙なものでした。微妙というのは、その事実を許容するものだというわけではありません。

というのも、私の通っていた明治学院高校という中堅クラスの高校は一斉に入試をしますが、当時男女の偏差値が10近く違いました。もともと男子校だったのですが、ミッション系のイメージも手伝って、上からとったら女性ばかりになってしまうため、男女をほぼ同数に保つための措置です。これは公的に発表されているものですから、医学部の問題とは質が違いますが、女性の選択肢が極端に少ない時代を知らない私たちにとっては、「バカな男子のための救済措置」という意識が強く、同校の生徒は男子のためのアファーマティブ・アクションと呼んでいました。医学部入試問題を最初にニュースで聞いた私や元同級生は、なんとなくそれが念頭にあったため、反応が微妙になったのです。

医大や病院での機会平等を望む気持ちと、低脳な男子のためのアファーマティブ・アクションを上から目線で許容していた気持ちは矛盾なく私たちの中にあります。それは、「私の価値は私に決めさせろ」という気持ちと、「でも女としての価値がないとは言わせない」という気持ちが、侵食し合いながら共存する様子と似ています。はっきり「男の承認なんかいらない」と宣言できない弱さを持ったままですが、ニュースを聞いて咄嗟に強者としての男ではなく弱者としての男が想起されるようなところに、知らぬ間に得ていた自尊心の高さを感じないわけでもありません。

50代になった80年代の女学生たちどころか、私の同世代のなおかつエリートの女性たちが『愛の不時着』に夢中になっていました。構造としては超ロマンティック・ラブのドラマですが、韓国の女社長である主人公は、北朝鮮に不時着してしまったという特殊な状況下ではヒーローに守られ、順当なお姫様であるものの、韓国では絶大な権力を持ってその彼に色々と教え、彼は彼女の仕事での活躍をやっかまずに一所懸命応援します。そんな都合の良い男はファンタジーですが、特殊な状況でないとロマンティック・ラブの王道の展開が作れないところには時代の変化も感じます。ディズニーがプリンセス映画から女ヒーロー映画路線に主流を変更していったのと似ているかもしれません。

能力や資源が揃ったところで、「愛される」ことに執着し、男の承認を捨てきれずにいれば、せっかく入った東大の名前を気まずく隠すことに力を入れたまま、人のために「愛する」側に立つ余裕は得られません。ただ、到達点は遠くとも、辿り着くまでの足並みのリズムが少しずつ整っているような、心強さは感じています。

２０２０年10月12日　鈴木涼美

鈴木涼美さま

あなたと往復書簡を始めて半年、コロナ禍に強いられた隠遁生活のおかげで、内省が深まりました。この「自粛生活」がこの先どれだけ続くのか、そのあとにわたしの人生はどれだけ残されているのか。このままわたしの生が終わることもあるのだろうか……。

Go To キャンペーンで会食や旅行やイベントにあふれる人びとを見聞きすると、そんなにも出歩いたり、ひとと会ったり、盛り上がったり、はじけたりしたいものか……とふしぎでなりません。もともとお祭り騒ぎの好きでないわたしは、コロナ疎開の暮らしの静謐と、変化の少ない日常が好ましく、これが「老後」というものなら、そのまま人生の終わりまで続いてもよいのではないかとすら思えます。思えば前近代の人びとは、狭い世間の外を知らず、親がしてきたことを見て育ち、親が生きてきたように生きて、年ごとに同じことをくりかえして一生を終わったのでしょう。わずかに季節の移ろいを慰めとして。山の家でコロナ疎開生活を始めたころは早春でした。それが新緑になり、夏の緑が濃くなり、今は樹々の葉が色づきはじめています。これで冬を迎えれば、コロナライフは季節を一巡することになります。まさか、こんなに続くとは思わなかったけれど、今はむしろ、ふたたび春を迎えても収束するかどうかの見通しさえ立ちません。何が起きても季節の巡りは確実に来る……その事実は、なんという大きな慰めでしょう。

とはいえ、これから伸びて、動いて、育っていく若いひとたちには、この閉塞はつらいことでしょう。あなたの年齢はようやく人生の3分の1を過ぎたばかり。わたしのほうは人生の3分の2どころか5分の4ぐらいを過ぎてしまいました。コロナ禍のもとの1年が、終わりから数えるほうが早くなったわたしの人生に占める重みと、これから先これまで生きてきた時間より長い時間を生きなければならないあなたの人生に占める重みとは、おのずと違ってくるでしょう。

「自立した女」という観念に囚われていたわたしも、あなたと差はないかもしれません。

「条件付きの愛」についてあなたは書いておられましたね。フロムの言う「無条件の母の愛」は、もちろん理念にすぎません。現実の母はさまざまです。あなたのお母さまが、児童文学者として一人娘のあなたを実験材料のように観察しておられたことを、子ども心にあなたは感じていたようですね。発達心理学者の多くは、やはりそんなふうに自分の子どもを観察するもののようです。科学者としての観察と、親としての愛情をどう使い分けているのかはわかりませんが、ははーん、これが心理学に言う鏡像段階なんだな、といちいち観察される子どものほうは、それをどう感じているかも気になります。子どもをあなどってはなりません。子どもは敏感に親の感情を感じとりますから。

「条件付きの愛」についてあなたが「子供の性別」を指摘しておられたのは重要です。父と息子、父と娘、母と息子、母と娘の関係は、すべて違います。最近では介護関係について、ようやく親子というあいまいな言い方に代わって、続柄がケアの質を左右することが指摘されるようになりました。義母と嫁、実母と娘の介護関係に大きな違いがあるのはあたりまえのことですし、父親の介護と母親の介護にも、そして息子による介護と娘による介護にも、大きな違いがあります。介護関係の組みあわせとそのジェンダー差が意識されるようになったのは最近のことですが、親子関係にもジェンダー差があります。父と息子の関係は大昔から神話的な主題でしたが、母と息子、母と娘の関係にも大きな違いがあります。

　女性学は母と娘の関係を、当初から問題にしてきました。フロイトを始めとして心理学説におけるエゴとはメイル・エゴ（男性の自我）の代名詞であり、彼らは「男の子はいかにオトナの男になるか」には関心を払ってきましたが、女の子にはほとんど関心を払いませんでした。ですから母と娘の関係は心理学にとってはほぼ不在だったのです。だからこそ、母と娘の関係を研究することが、女性学には必要でした。最近になって、母を愛せない、と娘たちが口々に言いはじめることによって、母と娘の関係はこれほど問題化されるようになりました。他方、母たちも娘を愛せない、と言い出すようになりました。なら母と息子の関係はどうでしょうか。娘より息子のほうがずっとかわいい、と臆面もなく口にする母親を、わたしは何人も知っています。最近、太田啓子さんという弁護士さんが『これからの男の子たちへ』（大月書店、２０２０年）というおもしろい本をお書きになりました。ご自身、ふたりの息子を育てているママです。太田さんは、ママ友のあいだで交わされる、「男の子っておバカで乱暴でかわいいのよねえ」という「男の子あるある」話に違和感を示します。同じ時期に出た『「母と息子」の日本論』（亜紀書房、２０２０年）のなかで、著者の品田知美さんが論じていましたが、男の子を「おバカ」にとどめておくことで、母親たちはひそかに息子を自分の支配圏から自立させないように陰謀をめぐらせているのかもしれません。そうやって育った息子たちの母親観を聞いてみたい気がしますが、オトナになった男たちは、母性賛歌のほかはめったに語りません。ほんとうはもっと愛憎アンビヴァレンツがあるはずなのですが。もしかしたら語ることばを持たないほどに、息子たちに対する母性の抑圧は強いのかもしれません。

これまでも、娘が親に反抗するいちばんかんたんな方法は、性的逸脱でした。なぜなら男親も女親もそれをいちばんイヤがるからです。あなたが「条件付きの母の愛」を試すために、どこまでやれば限界を超えるのか、と母の愛を『失ってみよう』として失うことができるのかどうかを稚拙な手段で実行した」ことは、そんなに特殊なことではありません。もしあなたが息子だったら……どうだったでしょうね。母を裏切ることはできなかったかもしれません。

わたしにとっては、親の重力圏から脱出したい対象は母ではなく、父でした。母は毒親になるにはあまりに無力だったからです。無力な存在であることで、わたしに憎しみを覚えさせるほどに。「父の禁止」があったから、わたしは父のイヤがることをひととおりやりました。そのなかには性的逸脱もあります。そして、こんなにつまらないことがなぜ蜜の味なのだろうと考えながら、ほかならぬ「父の禁止」こそがその秘密なのだとわかっていました。

「条件付きの愛」に余人の及ばない激烈なしかたで反抗したのは、『だから、あなたも生きぬいて』（講談社、２０００年）の著者、大平光代さんです。背に全面の刺青を入れ、極道の妻になり、そこから立ち直って司法試験に合格して弁護士になり、大阪市初の女性助役にもなったことのある女性です。中学校時代に壮絶ないじめにあって自殺未遂し、その後も「死に損ない」といじめられ、登校拒否をした娘に向かって、母親が決定的なことばを放ちます。

「お母ちゃん、道も歩かれへん。……お願いやから学校だけは行って。恥ずかしいから」

これを聞いて娘は荒れました。当然でしょう。娘がいのちがけで学校を拒否しているのに、「お母ちゃんは私より世間体のほうが大事なんか」と。

力のある娘は、振れ幅の大きい激烈な逸脱をしてみせます。これでもかこれでもか、と限界を踏み越えて、娘は母に、あんたはいったん私を捨てたんやから、どこまでやればほんとうに捨てるんか、と迫ったに違いありません。自分も周囲もぼろぼろにする試練を経て、彼女は非行少年の立ち直りを支援する弁護士になりました。そして母とも和解したようです。わたしはついにその機会を失いましたが、早くに母を喪ったあなたも、和解の機会を持つことができませんでしたね。親子の和解のためにはお互い、長生きすることです。

ところで。

最近「わたしは……」という文章を書くたびに、「……だった」と過去形で締めることが増えたことに気がつきました。もはや人生はやりなおせず、悔いと反省ばかりが残ります。

樋口恵子さんとの共著『人生のやめどき』（マガジンハウス、２０２０年）で、樋口さんに、死ぬ前に「和解したいとか、謝罪したいとかいう相手はいます？」とふってみましたら、樋口オネエサマの答えに仰天でした。謝るどころか恨んで「化けて出たい相手がいる」んだそう。わたしなど、傷つけたことのある相手に、謝罪したいことだらけです。無知で、未熟で、傲慢でした。若いころに戻りたいなどと、決して思いません。あんなに苦しい日々はありませんでした。

童画家のいわさきちひろさんに、すてきなことばがあります。彼女が50代になってから書いた文章です。

「思えばなさけなくもあさはかな若き日々でありました。……あのころよりはましになっているると思っています。そのまだましになったというようになるまで、私は20年以上も地味な苦労をしたのです。失敗をかさね、冷汗をかいて、少しずつ、少しずつものがわかりかけてきているのです。なんで昔にもどれましょう」

「なんで昔にもどれましょう」というわたしには、あなたとのこのやりとりが、自分が同じ年齢だったころのあれこれをいやおうなく思い起こさせる、ひりひりした経験になっています。思い出したくない過去、積み残した課題、封印してきた問いをこじあけるような気分に、そして渦中にいたときには見えなかったものを内省させるような思いに、わたしを誘います。

あなたはわたしに、「なぜ男性に絶望せずにいられたのですか」と何度か問いかけましたね。若いころ、わたしは男を愛したり愛されたり、傷つけたり傷つけられたりしてきました。なにしろまわり中が男という環境で、そのころの男たちは今の若者よりもっと野蛮で無遠慮でしたから、相手にはことかきませんでした。ある口の悪い男など、こう言ったものです。「京大の女はいいのお、どんなブスにも追いかける男がついておる。」(笑)

稚純な男もいましたし、狡猾な男もいました。恋愛に尊敬が必要なわけではありません。自分が無知であるのと同じくらい、相手も無知でした。自分がたいしたことのない欠陥だらけの女であることを知っていれば、相手に完璧を求める資格などありません。欠陥だらけの若い男女のあいだで、しかしごまかしのないアイデンティティの争闘をしようとしたら、傷つくことも傷つけることもあります。わたしが恋愛というゲームのなかで、女が弱者であると決して思わないのは、女が加害者になることもじゅうぶんにあることを知っているからです。

ですが、セックスは別です。

セックスはあの当時、今よりももっと禁忌《タブー》でした。なにしろ「初夜」ということばがまだ生きていた時代ですからね。「結婚までは処女で」と親は娘に教え、婚前に性経験があれば「キズモノ」と呼ばれた時代です（だからこそあれほど激烈な性革命が、反動として起きたのでしょう)。

あなたは「『どうして身体を売ってはいけないのか』について、答えを出すのが、私の物書きとしての一つの大きな仕事だ」と、自分に使命を課しています。どうぞ当事者でなければ出せない答えを出してください。期待しています。

それに続けて、こうも書いています。「身体を売ったらいけないなんて誰が決めた？　という精神性で夜の世界に勇んで入っていった」と。そしてその「精神性」ということばに、わたしはどきり、としました。セックスワークに入っていったあなたの動機が「精神性」にあったことを、正確に理解するひとはたぶん少ないでしょう。

明治以来の文学では、男にとって「肉欲」(すごいことばですねえ)とは、「精神が身体に敗北する場所」でした。ですが、女にとってはむしろ「精神に身体を従わせる場所」だったかもしれません。そう思えば、ちょっとのあいだ眼をつむってカラダを貸してやる「援交少女」から、義理や人情や忠義や孝行から苦界に身を沈めることを決意する遊女まで、女たちは自分の身体の声を犠牲にして、精神に身体を従属させてきたのかもしれません。

わたしが「肉体と精神をどぶに捨てるような」セックスをしていたころ。わたしはいったい何をしていたことになるのでしょう？　あなたとのやりとりのなかで、改めて自問してみました。性的承認のため？　そうではありません。すでにイヤというほど、周囲から性的存在として見られていましたから。性欲から？　ううむ。というよりも、精神（観念、とわたしは呼びますが）に身体を従わせるためだった、ような気がします。

その名も『情事』（集英社、1978年）という作品で、遅いデビューを果たした森瑤子さんの小説には、「セックスを反吐が出るまでやりぬいてみたい」という印象的な一文があります。この文章が多くの女性読者の共感を呼んだために、森ファンが増えたと言われています。森さんご自身がこの思いを実践なさったかどうかはつまびらかにしませんが、それを読んだとき、わたしは、自分がその欲望を少しも抑えなかったことを自覚していました。男を調達するのはしごくかんたんでした。「したい」と言いさえすればよかったからです。

90年代初めのTVドラマ「東京ラブストーリー」で、鈴木保奈美が演じる主人公、赤名リカがカンチというボーイフレンドに、自分から「しよ」ということばを発するのが話題になりましたが、そんなにハードルの高いことでしょうか。今でも「つきあって」というひと言を、自分からは決して口にせず、男に言わせようとする女の子たちには、そうかもしれません。

80年代の英語圏のセックス調査には「Who initiates?（誰がセックスの誘いをかけるか？）」という調査項目があって、回答は法律婚の夫婦、同棲中の異性愛カップル、同性愛カップルの順番に圧倒的に男だったことに、やっぱり、と思ったことがあります。セックスは男がしかけるもの、女は受け身で待つもの、という思いこみが男女ともに強いのでしょう。ちなみにそれに続いて「Who can say no?（誰がノーと言えるか？）」という調査項目もありました。その答えも同じ順番で女のほうが「ノーを言えない」という結果でした。法律婚の妻の性的不自由さがうかがわれるような調査結果でしたが、今でもそうでしょうか。女のほうから誘えば、「ふしだら」と言われます。女から誘われたら萎える、という男さえいるとか。「どうやって男をつくればいいんですか」と無邪気に聞いてくる女性もいて、「誘えばいいのよ」と答えたら、「えー、そんなこと、できな〜い」と言われたこともあります。

なぜって、女は断られることに慣れていないからです。男だってアプローチして断られたらそりゃ傷つくでしょうが、その傷を回避したり小さくしたりする経験と訓練を積んでいます。断られたからって、自分の全存在が否定されたわけじゃなし。「あ、そう」と言っておけばよい。

これまででいちばんスマートな断り方はこんな言い方でした。

「今日はそんな気分になれないんだ」「あ、そう。じゃ、また今度ね」……このひととは「また今度」はありませんでしたが。

わたしは男から何かを引き出したり、駆け引きしたりする必要がありませんでしたから、誘うことも断られることもかんたんでした。ですが、誘いをかけたりかけられたりする男たちとわたしは、まったく違うシナリオを生きていた……文字通り同床異夢だった、と今にして思います。そしてそれは、シュガー・ベイビーとシュガー・ダディ、援交少女とそれを買う男の生きるギャップと、「同床異夢」という点では、同じかもしれません。

わたしは相手の男に、何もねだらず、何も期待せず、次の約束さえしませんでした。男にしてみれば、金のかからない、後腐れのない愛人、今で言う「セフレ」だったことでしょう。わたしのほうがフトコロ具合のよかったこともありましたから、飲み食いなどのコストをわたしが持つ場合もありました。飲ませて、食わせて、抱かせる……自分はいったい何をしてるんだろう、と思ったこともあります。相手には既婚者もいましたから、自立した女を相手にすると、今どきの男はコストをかけずに愛人を持てるんだね、と皮肉な思いを味わったこともあります。ひと昔前は、愛人を持つことは「男の甲斐性」だったのに。結婚してくれとか妻と別れてくれとは決して言わず、修羅場を演じることもなく、疎遠になれば「あ、そう」ときれいに去ってくれるつごうのよい女……こんな女は家父長制の補完物か、と思ったものです。

そう、「自立した女」。それがわたしの「呪いのことば」だったかもしれません。

わたしはその関係から何を得ていたのか？　この自立には「性的に自立した」の含意があります。その行動を通じて、性と愛が別ものであること、性が愛に従属しないこと、女も性欲からセックスをすること、女も性において能動的でありうること……を自分のカラダを使って証明しようとしていたのかもしれません。こうやって書き並べてみると、いかにもポスト近代の性についての命題群、「愛と性の一致」を公準命題とするロマンティック・ラブ・イデオロギーに負けず劣らず、観念的な命題群です。観念に身体を従わせる……その快感にわたしが酔っていたとしたら、方向こそ違え、あなたがやってきたこととどれほどの差があることでしょう。わたしは「性」関係を求めていたので、愛や承認を求めていたのではありませんでしたから、男がベッドで「好きだよ」とささやくことばさえ、けがらわしく感じたものです。わたしの性欲の純潔を穢すな、と。

敬愛する作家、富岡多恵子さんの『芻狗』（講談社、１９８０年）に、少年狩りをする中年女性が登場します。富岡さんは女主人公に「よく知らぬ他人の肉体の一部が具体的にわたしのなかに入ることだけで、はたして肉体の関係になるのかという興味があった」と言わせます。その「興味」の先は、「無関係」という索漠たる世界です。カラダの一部がつながっても、それだけではどんな「関係」も生まれません。ですが、わたしよりもうすこし年長の富岡さんの世代の女たちは、性器の挿入をしさえすれば「一線を越える」と表現された時代を生きてきたのです。彼女たちがいったんはそういう性の実験を（おそらく自分のカラダで）経由しなければならなかった……ことは、痛いほどわかります。

この経験を通じて、わたしは女も男を道具にすることもある、男につけこみ、男を消費することもあることを、知っています。ですからあなたがトランザクショナル・セックスでは「女性の自尊心だけでなく、男性の自尊心も紙一重の危機に曝される」ように感じたのもよくわかります。「どぶに捨てるようなセックス」は、自分を侮辱するだけでなく、相手をも侮辱しているのですから。

観念に身体を従わせる極北を、わたしは平塚らいてうの塩原心中事件に見ます。夏目漱石の弟子だった森田草平が、らいてうと雪の塩原を彷徨し、心中未遂に終わったことでスキャンダルになった事件です。らいてうはこの醜聞が原因で、日本女子大の卒業生名簿から抹消されました（その後、復活されましたが）。漱石はのちに『三四郎』の美禰子をらいてうをモデルに造型したと言われますが、驕慢で浅薄な美女として描かれている美禰子は、森田側の一方的な情報にもとづくもので、らいてうにとって公平とは言えません。

塩原心中事件は実のところ、「心中」ですらありませんでした。らいてうこと平塚明《はる》22歳は塩原に出かける前に「遺書」をしたためています。それにはこうあります。

「我が生涯の体系を貫徹す、われは我が Cause によって斃れしなり、他人の犯すところにあらず」

こんなことを書かれたら、男はたまりません。この文面には男に対する愛情のかけらも感じられません。このふたりには性関係もなかっただろうと言われています。自伝によればらいてうが「処女を失う」のはその後、自分から誘いをかけた禅宗の坊さんとのあいだでしたから。

おそらく平塚らいてうは日本近代フェミニストのなかで、もっとも観念的な（つまりアタマでっかちな）、形而上的な女でしょう。らいてうは自分の悟りと天才にしか興味がありませんでした。雑誌『青鞜』はもともと女性の「内にひそめる天才を開花させる」ために刊行された文芸誌でした。そのらいてうを「闘うフェミニスト」に変身させたのは、『青鞜』が受けたオヤジメディアからのからかいと強烈なバッシングでしたから、クソリプ（クソったれなリプライ）も役に立つことがあるものです。

草平はらいてうという知性も教養もプライドも高い女にちょっかいを出して、試してみようとしたのでしょう。ですが、らいてうのほうでも、私は私の意思に従うが、おまえはどこまで覚悟があるのか、と男を徹底的に試したことになります。こんな試練に堪えきれる男はめったにいません。草平はしょせん、らいてうに釣り合う男ではありませんでした。器《うつわ》の小さい男のほうが尻尾を巻いて逃げだした、というのがこの「心中未遂」事件の顚末だったとわたしには思えます。（ちなみに女から全身全霊を賭けて迫られた試練に向きあって、最後まで逃げなかった稀有な男が『死の棘』の島尾敏雄です。）

もしこの「心中」が未遂に終わらなかったとしたら……相対死《あいたいじ》にしたふたりの男女は、まったく異なる理由で（文字通り「同床異夢」で）死んだことになるでしょう。そして遺書がなければ、このふたりのシナリオの決定的なずれを、後世の者は知ることもないでしょう。いや、たとえ遺書があっても、それを解読する能力のない者たちは、キツネにつままれた気分のままかもしれません。

心中はふつう男が女を道連れにあの世へ旅立つと考えられてきました。ですが、女には女で、男とは別に死ぬ理由があり、女のほうが男をひきずりまわして死へと追いつめたというのが、富岡さんによる『心中天網島』の解釈です。相対死には、少しも愛の完成を意味しません。男と女は違う理由から死に赴き、違うシナリオのもとでベッドをともにします。

「性的自律」を sexual autonomy と訳します。ポストエイズ時代の大規模な疫学的調査が、フランスやイギリスで何度か実施されました。フランスの調査は90年代から２０００年代にかけて3次にわたって実施されていますので、経年変化を見るのに役に立ちます。その調査グループのひとり、Michel Bozon からフランス女性の sexual autonomy の指標について聞いたことがあります。性についてリベラルで進歩的な考えを持ったフランス女性ほど、性的パートナーの数が多かったのです。わかりやすすぎて、思わず笑ってしまいました。その点では、自己決定のもとに自分の身体を使用しているセックスワーカーも、ある意味「自立した女」にあてはまるでしょう。それが彼女たちのプライドのもとになっていることも。

性革命のあとで、性は性、愛は愛、一致することもあるしないこともある、というあたりまえのことがあたりまえになりました。のぞんでそうしてきたのに、索漠とした思いは消えません。

愛はあいかわらず困難ですし、他方で性のハードルはおそろしく下がったのに、そのクオリティが高くなったとはとうてい思えません。性と愛の一致を壊そうとしてきた世代の実践と、性と愛がべつべつのものであることが自明になった世代の実践とは、当然違います。あなたたちの世代の課題は何でしょうか。


加齢にしたがって、わたしは身体のままならなさを感じるようになりました。そして「観念に身体を従属させる」ことは、身体に対する虐待にほかならない、と思うようになりました。観念に身体を従わせる極限は、自殺です。自殺ほど、自己身体に対する虐待はありません。特攻兵の死も、自己身体に対する虐待でしょう。トップアスリートに対する賛嘆は、自己の意思のもとに身体を完全にコントロール下に置くという達成に対する驚嘆と敬意ですが、彼らは同時に身体がコントロールできない限界をも、よく知っているはずなのです。

身体は自分の思うようにならない、身体は自分にとって最初の他者だ、と思うようになったのは、障害者のひとたちとつきあうようになってからでした。あのひとたちは、長期にわたってままならない身体とつきあってきています。他人とはままならないものですが、それ以前に自分の身体というままならない他者とつきあわなくてはなりません。加齢とは、誰もが中途障害者になるようなものです。そして年齢を重ねるにつれて、わたしは精神も身体も、壊れものだと感じるようになりました。乱暴に扱えば、心もカラダも壊れます。壊れものは壊れものらしく扱わなければなりません。思えば、どんな無茶をしても自分も相手も壊れない、と思っていたころは、どれほど傲慢だったことでしょう。

わたしはひとからよく、「打たれづよい」と言われます。そんなことはありません。誰だって好きで「打たれづよく」なる者はいません。打たれたら痛むし、傷つきます。そして度を越せば、壊れます。

壊れものは壊れものとして扱う。

自分にも、他人にも、それが必要だとわかるようになるまで時間がかかりました。愚かなことでした。

2020年10月18日　上野千鶴子

7

仕事

上野千鶴子さま

前回いただいたお手紙には、上野さんの傷とその痛みが体温が残るままに包まれていた気がして、とてもヒリヒリした気持ちで読みました。「壊れものは壊れものとして扱う」ってなんて力強い言葉だろうと思いつつ、でもその壊れを自分で認めることはなんて難しいんだろうとも思いました。

私は色々な虚勢を張って生きてきましたが、その中で最大のものは傷つかない／傷ついていないというものだった気がします。被害者扱いされたり、弱いものと見做されたりするくらいなら、自分の傷はないものとして見過ごしたくなるという話は最初にウィークネス・フォビアの時にもしました。身体と精神の関係でも、そういう誤魔化しを常に重ねてきたような気がします。痛みを無視することにだけ達者になると、しばし自分自身の強さに酔いしれることができますが、向き合うべき時に向き合わないと結局そのコントロールを失うのかもしれません。

『五体不満足』（講談社、1998年）の乙武洋匡氏の小説『車輪の上』（講談社、2018年）に、「乗り越えた人」という言葉が出てきます。小説の中では、明るいLGBTQのお店のママの自死を知った主人公が「僕、聖子さんは『乗り越えた人』だと思っていたんです。もちろん、葛藤した時期、苦しんだ時期もあったんだろうけど、もうそのへんのことは乗り越えて、逞しく生きてる強い人なんだなって」と発言するのですが、逞しく生きようとするマイノリティや女性たちに向けられる気分を説明するのに、とてもわかりやすい描写だと感じて印象に残っています。実際は小さな壁を日々乗り越えて生きてきても、山を乗り越えきるようなことはありませんね。

かつて「アダルトビデオに出演したことを後悔していますか？」という質問をよくされた時期がありました。誘導尋問のように正解がわかる質問で、「後悔もありますが、AV出演

自分の人生にどれだけ「女」を混ぜるか、女学生たちの正直な悩みでしょう。

がなければ今の私はありません」と答えることが想定されているのだと感じていました。世間は、出演強要で酷い目にあった被害者か、一般的に負の過去とされるものを乗り越えたり糧にしたりして前向きに生きる強い女性か、のどちらかに私たちを振り分けようとしますが、多くの女たちが、その日の気分によって、二つの間の細かいグラデーションの中を行ったり来たりしているような気がします。少なくとも私はそうです。

傷を過小評価して自分はうまくやっていると思い続ければ、社会にとって都合の良い存在であり続けるだけだし、かといって傷を過大評価して傷ついたふりをさせられるのもしゃくだし、自分の壊れ具合を正確に把握し、正確に表現するのはとても難しいと実感します。時々筆が走って何かと向き合った気になっても、昨日書いた自分の傷の大きさは、今日になってみれば大袈裟に感じる、そんなことを繰り返してきました。「自立した女」が図らずも都合の良い愛人になるのも、「乗り越えた人」が自分の傷すら認める機会を失うのも、身体を精神に従わせたはずの援助交際少女がオヤジの幻想を強固にしてしまうのも、自己決定したはずのAV女優が被害者の立場に立てないのも、自分にかけた呪いのせいで立ち往生している点では似ているのかもしれません。

性と愛がべつべつのものであることが自明になった私の世代の課題は、それが完全に一致していると見做されていた時には直面せずに済んだ孤独を自分で噛み締める方法を見つけることでしょうか。性を明け渡してしまえば愛が約束されることも、愛の中にいれば性に迷わずに済むこともありません。女も性に能動的になれるし、性を愛から切り離すことはできるけれど、愛に従属していた頃の性が約束してくれた、性と引き換えに手にできる安心や満足が得られるとは限りません。その時に満たされないと感じたり、不安に思ったりしないでいられるほど、成熟しているとも思えません。ロマンティック・ラブが満たしているように見えた場所を自分で満たせるようになるのか、それがどのような形で可能なのか、そもそも満たされる必要があるのか、わかっていないからどこか満たされない気分が拭えず、割と古臭いロマンティック・ラブを捨てきれなかったり、結婚制度に過度な期待があったり、あるいは仕事やSNSでの承認を必要としたりしているのかなと思うことがあります。

新聞社を辞めた後に、フリーの物書きとして仕事を始めて少し経つと、結婚してしばらく仕事をしていなかった友人や子供が小学校に上がった友人ら数人から、ライターや出版関係のアシスタントなどの仕事をしてみたいと相談されることが続きました。文章書きというのは資格も資金もいらないですし、特別な技術がいらないように見えるだろうし、社会復帰として思いつきやすいことも大きいのでしょうが、それに加えて一般に表現の欲求がとても膨らんでいるように思いました。すでにブログやTwitter、今ではnoteなどに文章を書いているからどうせなら本格的に仕事にしたいという女性もいました。経済的にはそれなりに安定した家庭の主婦をやっている場合は特に、ライターではなくとも、名前が出るような仕事に興味が湧く人は多いのかもしれません。

私は、文を書く仕事をしていることはとても幸運だったと思います。おそらく、文章など書いていない女性たちも同じだけ葛藤を通過しているだろうし、自分に向き合ったり向き合わなかったりする時期を経て色々なことを考えて生きているのだろうと思いますが、本や雑誌に自分の書いたものが残ると、一つには自分の意識の変遷や気分によるムラを、わかりやすく見返すことができるので、自分が全く「乗り越えた人」でもなければ、コントロールの利いている状態でもないことがよくわかります。おそらく書く対象が何であれ、少なくとも仕事としてこなすことで自分を疑う癖がつきますし、どんなことを言うと今嫌がられて、どんなことを言うと誰が喜ぶのかということが、意外性を伴ってわかることも時々あります。そういう意味では、時間に余裕ができたことで、文章を書いてみたくなったという彼女たちの気持ちはわかるし、ブログにポエティックな自分語りを書くよりは、仕事として映画レビューでも車の記事でも、対象を与えられて書く方が、意外と自分が何を考えたのかがわかることもある気がします。

ただ、私自身の話をすれば、研究職ではなく、新聞記者のような会社員ライターでもない現在は、自分の、あるいは自分の書いたものの消費のされ方にもう少し意識を向けた方がいいのだと、昨年くらいから思うようになりました。文章屋はつい、言いたいことは文章に書いているから、と安心しきって、ＡＶ女優やモデルに比べて、自分が何に使われているのか無頓着になりがちなのかもしれません。書いた内容が、ちょっと切り取って、不本意な場所で都合よく使われることに、もう少し思慮深くなろうと最近心がけています。

売春でもブルセラでも水商売でも、私は当事者にしかわからないとか語る資格がないなんてことは全く思わないけれど、少なくとも自分自身が当事者として語れるということが、少なくとも一部の読者に向けた時には大変特権的なものなのだとは思います。踏み込んだことを言っても、良くも悪くも当事者がそう言ってるんだから、となんとなく納得させてしまいます。現在はそういうタブー系の仕事でもＬＧＢＴＱでも、内部の語り部は増えてはいるものの、それでも数に限りがある中で、当事者の多様性が確保できるとは限りませんし、自分の本意とは逆の議論を単に補強してしまうことも多く感じます。あるいは、裏切り者のレッテルを貼られることもあるかもしれません。

３年ほど前にコメディアンのとんねるずのコント「保《ほ》毛《も》尾《お》田《だ》保《ほ》毛《も》男《お》」が炎上したことがありました。30年以上前に番組で放送していた、ゲイ男性を気持ち悪くておかしいキャラクターに仕立てて笑いをとるコントを、スペシャル番組で再登場させたものでした。当時、大衆の知識が浅はかだった時代の差別的表現を、わざわざ復活させる悪趣味、として話題になっていたと記憶しています。その時、ドラァグ・クイーンのミッツ・マングローブさんが週刊誌の連載で、「『ホモやオカマはNGでゲイやオネエはOK』なんて、いったい誰がいつ決めたことなのか？」「『差別的なものに蓋をする』だけでは、何の意味もないことにそろそろ気付かないと」と、繰り返される決まり文句のクレームに疑問を投げかけたところ、当事者が番組を擁護した、と安心したように賛同する意見が多数集まっていたのだそうです。

記事自体は、別にコントを取り立てて擁護するものでもなく、クレームの内容への違和感を実体験に基づいて書かれたものでしたし、以前たまたまご縁があってご本人にお会いした時に、「結局、みんな当事者がそういうことを言うと安心する。でもそれもちょっと違う」とおっしゃっていたのが印象的でした。原文を読まずにネットニュースやツイートしか見ないで二次引用をする人が増えたことも一因だとは思います。私自身も、自分が擁護した覚えのない議論や反対した覚えのない運動などについて、「元AV女優が擁護／反対」と歪曲された記事は何度も見たことがあります。ただ、ネットニュースのせいだけにもできず、私は自分の文章が過度に持ってしまう意味があることを、もう少し自覚して仕事をするべきでした。

その作業は億劫で複雑なことなのだと感じます。物書きは隙間産業のように、今話題になっている事柄についてまだ言われていないことを探してしまうということもありますが、当事者だからこそ、時々的外れな支援者にちょっと皮肉を言いたくなることもあるし、大枠としては差別表現を責めている側の味方ではあってもそちらにも細かい違和感があることもたくさんあります。

先日、ストッキングのメーカーのイラストが、性的消費なのでは、と抗議を受け、企業が掲載イラストを取り下げました。その時に、「女性がおしゃれや防寒のために買う商品なのに男性が喜びそうな性的なイラストを載せるのはおかしい」と言った人に対して、つい「パンストを顔芸に使う芸人も、パンストを大量に破くAVメーカーの男性ADもアツギの優良顧客だよ」と反射的に筆が走りそうになりましたが、何も抗議の自由を侵そうなんて思っていないのに、「元AV女優がエロイラスト擁護」と言われたくなくて躊躇しました。以前ならすぐ口に出していたかもしれません。表現者として不自由になったととるか慎重になったととるか、私にはまだよくわかりません。付け加えれば、性的消費自体は注意して取り下げても絶対になくならないような気がしているので、つい、真っ直ぐなクレームに横槍を入れたくなるのかもしれません。

以前からお聞きしたいな、と思っていたのですが、男ばっかりの職場に女性として入っていき、それまで女性が見せたことのない成果を上げていった際に、「女が書いている」「女性研究者が、セクシィ・ギャルについて書いた」ということが、男性のズリネタになっているような感覚はあったのでしょうか。言おうと思っていることを淀みなく言っているのに、別のところに注目がいくような消費のされ方をした時、こちらにどんな選択肢があるのだろうと気になっています。社会学を学ぼうがフェミニズムを学ぼうが、男性がそれを生活のレベルまで噛み砕いて理解しているかには疑問が残るので、最高学府の職場であっても、男性の視点は必ずしも学んだ理論のようではなかったのではないかと推察します。

学生時代に、ゼミの講義にゲストでいらっしゃったリリー・フランキーさんが、その日の流れを説明する学生の緊張をとろうとしたのか、「あなたが一所懸命話しても、僕はあなたの巨乳しか見ていませんよ」と言って学生を笑わせたことがありました。私自身がそういう若干悪趣味な冗談を多用するのですが、文字通り、本当に胸しか見ていないようなおじさんだらけの場所が今もきっとあるのだろうとは思います。胸を見せないようにしたところで、今度は隠しているところがなんともいやらしいと言うかもしれません。女が働くという時に性的に消費されることは避け難いと思いますし、私はその点についてはアツギのストッキングの場合と同じで、男性はブルセラショップでパンツを被ってあられもない格好でオナニーして帰るような生物だから、取り締まることができないという諦めが先行してしまうところがあります。前回のお手紙で答えてくださった、男性になぜ絶望しないんですか、という質問をしたのも、男性の「肉欲」への私自身の蔑視があるからなのだろうと自分では思います。男性にとっては失礼な話かもしれませんが。だから、その、女の私にはよくわからないけれども男の変え難き性質をつい諦めてしまい、共存しようとする癖がありましたが、上野さんがどのような不本意な目線にどのような態度で向き合っていらしたのか、伺ってみたいと思いました。

上野さんは、研究者や本の著者としてのキャリア以外に、別の道をお考えになったことはあるのでしょうか。学生時代に学問の道を目指さない選択はあり得ましたか。その時、選び得る職業にどんなものがあったのでしょうか。

今現在、というか、私が学生の頃というのも最早20年近く前になってしまいましたが、その頃からすでに似たような学校の女性たちは、学部の違いはあれ、職業選択の幅はとても広く、企業や専門職、研究職や起業も含め、色々な仕事の中から、色々な価値判断をして仕事を選んでいました。もちろん、やってみたい仕事を思い浮かべながらでしょうが、その上で、女性が中心の仕事、女性であることが重要な仕事、重要どころかネックになる仕事、結婚偏差値が高い仕事、結婚に不向きな仕事、などの緩い分断の狭間で、どの価値に重きを置いて良いのか、今ひとつ摑めず右往左往している女性が今でも多い気がします。

やりたい仕事と、歩みたい人生に向いている職場が一致する場合もあれば、そこに違いがあれば何を優先するか、見落としている視点はないか、今はいいけど30歳の時に同じ価値観でいられるか、と色々なバイアスを加味して、自分なりの価値基準を持って仕事を選ぼうとする場合もあるのだと思いますが、その際の寄るべない気分もまた、性を自分の手に持って、結婚神話が強固ではなくなった女性たちの課題の一つのように感じます。社長と社長夫人だけじゃない、もっと細かく選択肢の分かれた状況の中で、自分の人生にどれだけ「女」を混ぜ込むのか、というのは、学生時代の正直な悩みでしょう。

新聞社に関して言えば、私のいた日経は東京本社配属の割合が高いけれど、普通は20代がほとんど地方にいるというライフコースなので、OB・OG訪問などで学生に会うと、「やってみたいけど結婚できなそう」という悩みを聞くこともあるし、同期の友人と、学生の時は妊娠の年齢なんて考えていなかった、などと話し合うこともあります。会社は地道に妊娠や出産のサポート体制を改善し続けていますが、出会いやモテやどんな男性に選ばれるか、というのはそういったサポートの外にありますし、あらゆる要素を考慮した、結構重要な選択を、21歳や22歳ですることに無理があるようにも思えます。日本の職場が、もう少し人が流動的であれば少しは気が楽になるかもしれません。

そう言えば、女子大生のバイブルと呼ばれてかつては80万部近くも発行していた『JJ』

がついに月刊発行を終了しました。『ＪＪ』が迷いなく提案したような上昇婚神話を、今の女学生は自分から、もう必要ないと手放したのかと思うととても感慨深い反面、強烈な価値基準のない中で、幅広い選択肢を与えられる女学生たちの、途方もない気分は少し想像してしまいます。はっきりした職業の希望や、成し遂げたいことを言い得る人には、鼻で笑われるようなことだとわかっていても、そして最先端の場所で勉強していたのだとしても、以前の価値観の残り香があらゆるところにこびりついたまま、自分の選択に不安があるというのがごく普通の感覚のようにも感じます。

ちなみに、私が修士を出て就職をした時の仕事選びは、なるべくＡＶ女優のイメージから遠く、過去が払拭できる上に、まさかこんなところにいるはずない、とバレないであろう場所、そして文系院生に門戸を開いているところ、という条件があったので、結婚やモテは自ずと優先事項から押し出されて考えてもいませんでした。女の人生以前に、元ＡＶ女優の人生があったことは、そんな意味では幸運だったのかもしれません。

２０２０年11月11日　鈴木涼美

鈴木涼美さま

あなたとのやりとりのなかでは、これまで誰にも、どこでも、言わなかったこと、書かなかったこと、をつい書いてしまいます。

研究者であるわたしは自分のプライバシーを切り売りする必要がなく、またそうするつもりもなく、「考えたことは売りますが、感じたことは売りません」と言ってきました（何度か、禁は犯しましたが）。ですが、「往復書簡」というスタイルが誘導するのでしょうか、公開を前提としたものでありながら、あなたと1対1で向かい合っていると思うと、ごまかしや言い逃れがきかないような気分になります。SNSとショートメールの時代に、こんな悠長なセッティングを思い付いた編集者の仕掛けに、まんまとはまったようですね。

「乗り越えた人」に対する違和感に、共感しました。ひとは階段を上がるように1ステップずつ変化するわけではありません。そしていったん変化したら、決して後戻りしないわけでもありません。あなたが自分の過去を現在の自分に統合することができているのは、たとえば性暴力被害者が、その経験をなかったことにしないで現在の自分に統合できているのと似ているでしょうが、だからといってその経験がなかったよりあったほうがよかったかどうかは、誰にも言えませんし、その「統合」というものも、いつでも崩れるようなもろいものでしょう。プラスの過去もマイナスの過去も含めて現在の自分をすべて肯定できる……のは理想でしょうが、そんな理想にたどりつけるひとがたくさんいるとは思えません。

加齢したからといっても、同じです。多くの高齢者とつきあってきて、そして自分自身も高齢者と言われる年齢になってみて、あるとき「歳をとることと、成熟とは何の関係もないのね」としみじみ思ったことがあります。高齢になってから書かれた本のなかで、著者が「今の自分がいちばん好き！」とか言うのを聞くと、すぐに「嘘つけ」と毒づきたくなります。

デビュー時のわたしは、「男目線を利用した」「商業主義フェミニスト」と呼ばれました。

そういえば、今回は「仕事」がテーマでしたね。

あなたのその後、を見ていて、このひとはこれからどうするのだろう、物書きとして生きていくのだろうか、でもどんなものをどんなふうに書いて？　と案じてきました。

『「AV女優」の社会学』で、修士論文が単著になるという、社会学徒としては幸運なスタートを切ったあなたが、その後、学位をとって研究者の道に進むのか、と思ったらそうはなりませんでした（もちろんいつからでも再スタートはできますけれど）。大新聞の記者職だと知って、このひとは書くことが好きなんだな、と思っていたら、その職も辞してしまいました。大手メディアの記者職は、男女雇用機会均等法以後に開かれた女性の花形職でしたから、そのまま在職することもできたでしょうに。それとも過去の経歴をアウティングされて、とうてい社内にいられない雰囲気だったのでしょうか。

今のあなたは、ときどき夜のお仕事もするフリーランスのライターということになるのでしょうか。前者の仕事は、あなたが書いていた「年功逆序列」によってやがて市場価値がなくなるでしょうから、いずれ「ライター」稼業で生きていこうとお考えでしょうか。

ライターという肩書きを持っている女性はいっぱいいます。言語は誰にでもアクセス可能なもっとも安易なツール、マンガを描くようなスキルも、デザインのセンスも要りません。そしてコラムでも映画評でも、「署名のある文章」を書きたい、と思う女性がたくさんいることは、わたしも知っています。わたしの世代の女たちにとっても、いったん家庭に入ったあと、諦めきれずに自己実現したいと思ったときの、もっとも手近なツールが「文章を書く」でした。そうやって雑誌の埋め草を書いたり、地域の情報誌を出したり、自分たちで編集プロダクションをつくったりした女性がいっぱいいます。そのなかには、署名記事を書くようになったり、ルポライターとして名前のある仕事をするひとたちも登場しましたし、そういう女性たちがあとからくるひとたちのあこがれでした。酒井順子さんや島﨑今日子さんが、そういうロールモデルになりました。

時代は雑誌文化の隆盛期でした。書き手も読み手も雑誌が大好きだったのです。その当時デビューして雑誌文化の波にのり、脱サラしてフリーのライターになったひとも知っています。

ですが、出版市場のピークは90年代の半ば、もはや紙媒体の時代は終わりました。当時は取材費も潤沢で、原稿の単価も高かったのに、それがどんどん切り下げられているという愚痴を、そのひとたちから聞くようになったのはいつごろからだったでしょうか。業績や名前があれば、ふつう仕事の単価は上がります。なのに、フリーランスのライターになったばかりに、出版不況とともに仕事の量が減り、単価が変わらないどころか低下するようになるとは、彼女たちは予想していなかったのでしょう。

本が好き、雑誌が好き、編集に関わる仕事がしたい、という若いひとたちは今でもいます。上野ゼミの学生が、そういう出版社からの内定をとってくることがあります。そういうとき、わたしはいつもこう言ったものです。

「おめでとう、よかったわね。でも、あなたの会社、いつまであるかしら」

もちろん媒体がプリントメディアから電子媒体に変わっても、コンテンツ産業は不滅です。ですが、電子媒体では、さらに目に見えるきびしい競争に書き手はさらされます。ウェブニュースの署名記事はアクセス数で評価され、無名のYouTuberでもアクセス数さえ稼げばいちやく有名人にもなれます。メディア環境がわたしたちの時代とは、大きく変わってしまいました。


あなたは自分の書いたものがどんな文脈で消費されるか、を危惧すると書いておられましたね。それ以前に、あなた自身がメディアにおける消費財であることを自覚しておられますか？　そして消費財である限りは、いつでも使い捨てられる運命にあることを。

書き手は媒体を選ぶことができません（よほど売れっ子でない限り）。媒体が書き手を選びます。つまり注文がない限り、書けない、ということです。たぶん今のあなたは、媒体からの注文が引きも切らず、むしろ多忙すぎるくらいで、自分に注文が来なくなる状態を想像もできないかもしれません。

上野ゼミはこれまでもユニークな書き手を何人も送り出してきました。売れ始めた大学院生たちに、わたしがいつも言ってきたのは、「使い捨てられないように」という忠告でした。

若くて無名なひとたちは、自分に需要があると思うとうれしくなります。ましてやそれが他人の目に留まったり、評価されたりしたら、舞い上がります。お金になればなおさらです。編集者は売れそうな人材に目をつけますから、そういう編集者に唆《そそのか》されると、その気になって迎合さえします。ですが、旬が過ぎれば、それまで。弊履のごとく使い捨てられるでしょう。自分がそういう立場にいたから、よくわかります。だからこそかれらには、時代と流行に左右されない、きちんとした仕事の蓄積をつくれ、と口を酸っぱくして言ってきたのです。

編集者にとって書き手は商品にすぎません。書き手と心中しようなどという奇特な編集者はいないでしょう。商品は売れなくなったら見放す、のはあたりまえです。わたしの編集者に対する最大の褒めことばは、「ハイエナのような」という形容詞です。腐肉をも喰らうハイエナは、書き手のいちばんきわどく危ないところを察知して、それに商品価値をつけて売り出すからです。あなたの「元ＡＶ女優の」という枕詞は、彼らにとっては、おいしい付加価値だったことでしょう。

でも。いつまでその枕詞をつけて、仕事を続けますか？

「元AV女優」の経歴はもはやあなたにとって過去、経験は更新されることがありません。AV業界も次から次に新しい才能が現れ、また制作現場も変化していくことでしょう。当事者としての価値には、賞味期限があります。乙武さんには「障害者としての当事者性」、また伊藤詩織さんには「性暴力被害者としての当事者性」があります。しかし、そういう当事者性は一度書けば終わりです。ひとは自分史を何度も書くわけにはいきません。

どんなひとも一生に一度は傑作を書くと言われますが、職業的な書き手は、一度ではなく、何度も継続して書き続ける必要があります。そうして一生に一度のベストセラーではなく、イチローのように毎シーズン打率3割の安定したバッターであり続ける必要があります。

こういうときほど、自分が社会学者であってよかった、と思うことはありません。その裏側にあるのは、作家でなくてよかった、という感慨ですが。もちろん自分に作家になるほどの才能があったとは思いませんが、作家は自分を実験場にして切り刻むような仕事、それにくらべれば社会学者は他人の集合である社会を実験場にします。自分の足元をいくら掘っても退屈なだけ、だから他人という戦場に赴くのだ、と思ってきました。そして他人という存在は無尽蔵ですから、社会学者の仕事にはタネが尽きるということがありません。わたしは想像力は身の丈を超えない、現実のほうがはるかに想像力を超える……と思っている人間なので、フィクションに対する要求水準がきわめて高く、小説をおもしろいと思ったことがめったにありません。つまらない小説を読むと、「時間を返せ！」と言いたくなりますし、反対にどんなつたない論文やノンフィクションでも、知らない事実を知ったときの喜びのほうがまさります。

あなたは編集者から、「小説を書きませんか？」とささやかれたことはありませんか？

それほど小説とは誰にでも書けるものだと思われているだけでなく、誰だっていつかは制約を離れて自由にのびのびと自分を表現したくなるものだ、その形式が小説なのだと思われているようですが、大いなるカン違いだと思います。そのささやきに乗せられて小説を書いてしまったひとを何人か知っていますが、まったく感心しませんでした。そういうひとたちを見ると、このひとも小説を書くという誘惑に抗することができなかったのか、という思いと、このひとにはもう小説しか書くことがないのか、という思いの両方が浮かびます。村上龍の『13歳のハローワーク』（幻冬舎、２００３年）にある「作家」の項目に、「死刑囚でもできる仕事」とあって、感心しました。作家はおそらく、書きたいひとが選ぶ、最初で最後の仕事なのでしょう。

それなら物書きとして生きようとするあなたは、何を、どのように、どんな文体で書き続けるのか、30代ならそろそろ照準が定まってもよいころですね。

なら、わたしはどのように職業を選んだのか？　反対に問い返されることになりますね。「学問の道を目指」したか……と言われれば、なかった、というほかありません。それどころか何の展望もなく、自分が働いて生きなければならないとさえ考えていなかった、うかつな娘でした。向学心も向上心もなく大学院に「モラトリアム入院」したのは、就活をしたくない一心からでした。その背後には、敗北で終わった大学闘争の苦い経験がありました。大学院に合格したとき、それを知り合いの教授のところへ報告に行きましたら、「で、キミは修士が終わったらどうするの？」と訊かれました。「先生、わたし、なあ〜んにも考えていないんです」と正直に答えたら、「ああ、女の子はそれがいい」と反応が返ってきました。それが性差別だとすら感じていなかった時代のことです。

「学問の道を目指さない選択はあり得」たかですって？　そういえばハタチのころ。20代という年齢がうとましく、一足飛びに30代にジャンプできれば、と思ったものですが、30代の自分自身についてのイメージは、場末の一杯飲み屋のおかみでした。そのころ、京都大学周辺には、お金のない学生さん向けに、座れば黙って二級酒（そんなものがあったのです！）を出してくれる、安酒場があちこちにありました。家では親の手伝いもしたことのない娘だったわたしは、そういうカウンターに座っては、「おばちゃん、それ、どないしてつくるん？」と訊ねてお惣菜を覚えたものです。わたしが今でも、ごはんのおかずになるよりは酒の肴になりそうな薄味の京都風のおばんざいがつくれるのは、そのおかげです。郷里に帰れば、金沢の繁華街の裏通りに、屋台すれすれの小さな居酒屋がありました。そういう店を切り盛りして、客の顔を見ては値段を変える、ちょっとくたびれた飲み屋のおかみ……これがハタチの娘の将来像だったと言えば、笑い話ですけれど。当時30代はじゅうぶんにオバサン、そのイメージの傍らに夫の影も子どもの影もなかったのは、そのころから家族をつくる気持ちがなかったからでしょう。

女が大学院へ行っても、就職のない時代でした。大学で教わる社会学はちっともおもしろくなく、自分が研究者に向いているとはまったく思えず、ありとあらゆるアルバイトをしましたが、食えなかったので、大学院を中退しようと二度までも思いました。そのつど思いとどまったのは、奨学金という金づるがあったからです。親の金にはヒモがつくのに、奨学金はヒモがつかないお金でした。

ムスメからオンナであることを飛び越して、いっきにオバサンになりたい……そのくらい、自分が女であることがイヤだったのでしょう。そのわたしが20代後半に、初めて出会ったのが女性学です。そうか、自分で自分を研究対象にしてよいのか、と目からウロコでした。生まれて初めて、他人に言われてではなく、自分からすすんでやりたいことが目の前にありました。それで食えるとはこれっぽっちも思っていませんでしたけれど。そして思ったのです、わたしが研究に向いていないなら、研究のほうをわたしに向かせてみよう、と。こういう不遜と自恃だけは、失業者同然の暮らしをしていたころにも失ったことがないのは、ふしぎなことですが。

それから時代の波がわたし（たち）を押し上げました。わたしだけでなく、わたしの世代の多くの女たちが、ウーマン・リブやフェミニズムに夢中になり、読みたい本を求めたからです。そしてわたしたちが読みたいと思うような本が（翻訳書を除いては）当時の出版市場に出回っておらず、同じ志を持った女性の編集者たちが、わたしたち若い書き手にチャンスを与えてくれました。

それでも当時も今も、出版界は男の世界。そこでわたしがどんなふうに「消費」されるかは、予想できました。わたしの処女「喪失」作、『セクシィ・ギャルの大研究』（光文社、1982年）は若い女が書いた下ネタ本として売れましたし、フェミニズム論集だった『女という快楽』（勁草書房、1986年）も、編集者が提案したきわどい題名でした。そのあとに出した『スカートの下の劇場』（河出書房新社、1989年）はパンティの研究でしたし、『女遊び』（学陽書房、1988年）では、序文に「おまんこがいっぱい」という文章を書いて「4文字学者」と呼ばれました。わたしが「社会学界の黒木香」と呼ばれたのはそのころのことです。『女遊び』を出したときには、友人の男性が長距離トラックの運転手の立ち寄る食堂で食事しながら読んでいると、おっちゃんが寄ってきて、「ニイちゃん、何読んでるんや、『女遊び』か、ええもん読んでるな」と言われたそうです。「上野さんの本は、カバーをつけないと持って歩けない」とこぼされたこともあります。

こうやってタイトルを並べてみると、なかなか壮観ですね。「男目線を利用した」と言われればそのとおりです。女を売り物にする「商業主義フェミニスト」とも呼ばれました。売れてなんぼ、口惜しかったら売れてみろ、と思いましたが。年長のオバサマ方からは、「近頃、下ネタを売り物にする若い女の社会学者が出てきたんですって？」と眉をひそめられました。ですが、たとえ読者がまちがって買っても、読んで真意が伝わればよい、と思ってきました。ありがたいことに、誤解や誤読が生じる以上に、まっしぐらにストライクゾーンに届いたと感じるような、すぐれた読み手に恵まれました。誤解を怖れていてはひと言も発することはできません。正解と誤解、両方が生まれて、それが8分2分どころか6分4分でも、引き算すれば誤解より正解のほうが多い、そう思えるだけで、書き続ける勇気をもらったものです。読者のいないところに読者をつくってきた、読者とともに育ってきた、そして書き手もともに送り出してきた……女性学のパイオニア世代は、そう誇りを持って言えると思います。書き手を育てるのは読者です。読者を決してあなどってはなりません。そして、すぐれた編集者にも恵まれました。あのひとも、このひとも、育ててもらった編集者のご恩は忘れません。

意識的にやってきたのは、軟派の本を出すときには同時に硬派の本も出すようにしてきたことです。誤解を招くような著作を出せば、同時にそれとは別の学術的な仕事もしてきました。「この本、同じひとが書いてるの？」と言われることは快感でした。硬派と軟派、A面とB面、上半身と下半身、と呼んできましたが、業績目録には下ネタ系の著作をすべて削除しても、じゅうぶんな数がありました。採用人事が起きるたびに業績目録から後者を削除し、「ないものと思ってもらえば」と言ってきましたが、「残念ながらそうはいきません、ゼロではなくマイナスになるのです、分野外のひとはこちらであなたを知っていますから」と言われました。わざわざひんしゅくを買うような仕事をしてきましたから、当然の報いでした。

90年代の初め、青天の霹靂で東大教官になったとき（そのころはまだ「官学」でしたから「教官」なのです）、ある学生から「上野先生、どうやって東大に職をゲットしたの？　カラダ使ったの？（笑）」と言われました。口にしたのは女子学生、もちろん冗談だとわかっていたけれど、まだそんな冗談が冗談として通用する時代でした。言ったのが男子学生なら、問題だったかもしれません。

大学の教師ってヘンな職業です。「教育と研究の一致」なんて絵空事にすぎず、自分のたった今やっている研究テーマを学生に向かって話しても、ほとんどの大学では学生に理解してもらえません。「研究者」と呼ばれているけれど、研究でどれほど業績を上げても給料はびた一文増えるわけでなし、とりわけ私学にいれば、この学生たちの親が支払っている学費が、わたしの給料の原資だということは、骨身に沁みてわかります。わたしが一時在籍していた私大の新設学部は、完成年度になるまで私学助成金がまったく入りませんでしたから、わたしの給料は１００％、学生の親のフトコロから出ます。大学教師とは教育サービス業者だということを、このときほど強く感じたことはありません。官学へ異動してみると、先生方に「教育サービス業者」の自覚が薄いことに驚いたものです。

あるとき、学生が４年間に払う学費と、取得する必要のある単位に要する授業のコマ数とを、割り算で計算してみたことがあります。そうすると１コマ当たりの単価が５千円、という結果が出ました。日本の学生は「来週は休講」と告げると、手を叩いて喜ぶと言われますが、アメリカの学生はブーイングをします。というのも私立で年間４００万円程度の学費を払っている彼らには、サービス受益者としての自覚が強いからです。ふと、考えました。授業料をまとめて払っているからそう思わないけれど、これが毎回、授業を受けるたびに５千円のチケットを払うとしたらどうだろう？　わたしはそれだけのコストに値する授業をしているだろうか、と。

教師は、自分では、もっともやりたくない職業のひとつでした。学校がおもしろかったことがなく、教師を尊敬したことがなかったからです。大卒女子は公務員か教師、と言われていた時代に、「でもしか教師」になるのがイヤさに、退路を断とうと教員免許をとりませんでした。たんに怠け者だっただけですけど（笑）。そのわたしが、よりにもよって教師になるなんて。考えてみれば、大学教師って、教員免許がなくてもなれる唯一の教職です。相手は子どもではなくオトナ。教師を選べない小中高と違って、大学では学生は教師を選べます。イヤならわたしを選ばなければいい……それを言えるのが、わたしにエクスキューズを与えました。それでもわたしを選んでくれた以上、給料分のしごとはしよう、彼らの期待と信頼は裏切らないようにしよう……そう思って働いてきました。結果、わたしはすぐれた学生さんたちにも恵まれました。教師を育てるのは学生たちでもあります。とりわけ大学院とは、真近い将来に自分のライバルになるかもしれないような研究者を育てるところでしたから、真剣勝負でした。

退職の際、これまでの大学教師は「○○先生還暦記念論文集」といった本を出して、そこに弟子筋がよいしょ論文を集めるという慣行がありました。わたしが東大を退職するとき、学生のひとりが「センセイ、指導学生による『退職記念論文集』はつくらないのですか？」と訊ねてきました。「イヤだ、そんなダサいの」とにべもなく答えると、代わりに提案してきたのが、『上野千鶴子に挑む』（千田有紀編、勁草書房、２０１１年）です。リプライでこう書きました。

「わたしのもっとも身近にいて、わたしの論文の長所も欠点も知り抜いているかれらが、わたしのもとで研いだ刃で、わたし自身のアキレス腱を突こう、というのです。……こういうひとたちにわたしは選ばれたのか、とふかい喜びを感じます」

同僚に献本したら、「この本のおかげで、これからの退職記念論文集のハードルが上がった」という反応が返ってきました。

すすんで選んだ職業ではなかったけれど、結果として教師という職業はとてもよい職業でした。なにしろ、若いひとも、若くないひとも、わたしの目の前で筍が皮を剝ぐようにぐんぐん育っていく姿を見ることができるのですから。彼ら彼女らを見ながら、子どもを産んだことのないわたしは、こう思ったものです、「他人さまの産んだ子どもをかどわかして……」。気分はハメルンの笛吹き男、でした。親たちは小さな子どもが育つ姿を見ることができても、彼らがオトナになる過程で知的な成長を遂げるプロセスに立ち会うことはめったにないだろうからです。

近く、これもユニークな働き方をしてきた現・立命館アジア太平洋大学学長の出口治明さんとの共著、『あなたの会社、その働き方は幸せですか？』（祥伝社、２０２０年）が刊行される予定です。出たら、お届けしますね。そこでわたしも出口さんも、これまでの自分の働き方について語っています。あまり訊かれたことがないのでよそでは話したことのないことも、話しています。ふと思ったのが、もしわたしが20年か30年遅く生まれていたら……あなたが『JJ』の休刊に際して持った感想、女の子がセレブ婚で社長夫人をめざすだけでなく自ら社長にもなれる時代に、「幅広い選択肢を与えられる女学生たちの、途方もない気分」を、わたしも味わったでしょうか。

とはいえ、世の中の変化はいつも中途半端です。あなたが書くように「女性が中心の仕事、女性であることが重要な仕事、重要どころかネックになる仕事、結婚偏差値が高い仕事、結婚に不向きな仕事」などのなかで「右往左往している女性」も多いのでしょう。「飲み屋のおかみ」をイメージしたように、わたしは接客業もキライではありませんし、サービス業者としてのサービス精神にもあふれていることは、わたしの学生たちが証言してくれるでしょう。世が世なら……わたしは企業のマネジメントで出世してたかもなあ、と思わないでもありません。それがわたしのやりたいことかどうかは別ですが。

そのなかでフリーになることを選んだあなたは、いわば保証のない人生を選んだことになります。わたしは給料取りになり、あまつさえ一時は国家公務員の職にさえありました。給料取りになったときに、毎月決まったお金がもらえるなんて、なんていい身分だろうとびっくりしたことを覚えています。組織が好きではないわたしが組織人として生きてきました。出口さんも同じです。共著の書名に「あなたの会社」とあるのは、わたしも出口さんも勤め人だったからです。フリーランスになる選択肢がなかったわけではないのに、わたしが組織を離れなかった理由は、出口さんとの共著に書きました。

「国民健康保険のひと」とわたしはフリーのひとたちを呼んできました。自分が「会社」を辞めて国民健康保険の被保険者になると、組織がどれほどひとを守ってきたかという恩恵を肌身で感じます。とりわけ組織は無能なひとを守ります（今どきの企業はもはやそんな余裕を失ってきているかもしれませんが）。それがくっきりと目に見えるようになったのがコロナ禍でしょう。コロナ禍で職を失った非正規職や自営業のひとたちを見るたびに、荒野に徒手空拳で立ち向かうようなきびしい状況に立たされているのだと思わないわけにいきません。

あなたの選択があなたにとってプラスに働きますように。祈るような思いです。

２０２０年11月20日　上野千鶴子

8

自立

上野千鶴子さま

前回のお手紙で研究の道に進まない選択があり得たかを質問したのは、時代的な背景への興味はもちろんありましたがそれ以上に、個人的に大学の先生でも研究者でもない上野さんの姿を想像できなかったからなのですが、場末の一杯飲み屋のおかみとは、とても意外なイメージでした。私が水商売をしていた時の仲間で、数は少ないですが実際に小さな飲み屋の店長や「ママ」になっている女性がいますが、考えてみれば、女を売り物にするといえばその最たるものである水商売の世界にとどまり続けた彼女たちは、キャバクラにいたほかの誰よりも、女を簡単に売り物にしないタイプの人が多い気もします。若さや初々しさで簡単に消費されない心得があるからこそ、その世界で生き残れるのかもしれません。

余談ですが、水商売のおかみ、女主人を、マダムではなく母親を意味する「ママ」と呼ぶ慣習が以前からマザコンぽくて気持ち悪いのですが、これも男性がオミズの女を、口説く対象の生娘か、上がった女である「ママ」に峻別しないと安心できないせいでしょうか。そう考えると「自分が女であることがイヤだった」とおっしゃるハタチの頃の上野さんが、生娘を求められる若い女をジャンプして一気におかみさんになることをイメージしたというのは、筋が通っているように思いました。

また、読み手に恵まれたことで誤解以上に正解があったというお話、それから軟派の本を出す時に同時に硬派の本も出すようにしてきた、と教えていただいたのは私には最も大きな気づきでした。『「ＡＶ女優」の社会学』を出版した後、『身体を売ったらサヨウナラ』というエッセイを書いた時、渋い顔をする母に、私は似たような説明をしましたが、実行する力がありませんでした。

上野さんからのご返信に私の現在は「ときどき夜のお仕事もするフリーランスのライターということになるのでしょうか」とご質問がありましたが、私は夜のお仕事はもうずいぶんしていません。新聞社を退職した直後は、歌舞伎町に住んでいたこともあって懐かしい水商

使い捨てのフリーランスライターがいつ蓄積となる仕事をすればいいのか、難題です。

売の空気を吸いに稀に飲み屋に出勤することがあったのですが、母親の病状が深刻になって足が遠のき、彼女が他界してからは仕事としての夜の世界は完全に卒業してしまいました。以前上野さんにご指摘いただいたように「親の禁止」が蜜の味だったのだとしたら、彼女の死のタイミングが夜の仕事との訣別と一致するのはちょっと出来すぎている気がしますが、それ以上に、単純に、私の加齢によって、家で原稿を書くことに比べて、店に出勤することが割に合わなくなってしまったのです。「やがて市場価値がなくなる」というより、とっくに大暴落は始まっているという感じでしょうか。

私は「ママ」になるほどきちんと接客業をする水商売の女ではなく、若さや初々しさを安易にお金に換えていただけの夜の女でしたから、夜の世界での値打ちは30歳を過ぎると年齢に反比例して綺麗に下がっていきました。そうなってくると、自分に値段がつく夜の世界独特のすがすがしさは急速に色褪せて、毒々しさだけが残ります。かつて強烈な魅力で私を捕まえていた夜の街ですから、今でもお客や単純な友人・通行人として出入りはしますし、いまだに、その魅力や怖さ、汚らしさなどの形を把握してみたい、言語化したいという欲望はありますが、若い女だった頃に比べれば少なくとも働くことは魅力的なものではなくなりました。ですから、私は大まかに言えば、夜の仕事（AVと水商売）をしている学生↓新聞記者↓フリーの文筆業という経歴です。

上野さんご自身も「モラトリアム入院」とおっしゃっていましたが、私が大学院に進んだ理由は、「夜の世界からまだ抜けたくはないけど、一生いるつもりもない」からでした。就職をすれば時間的な制約でキャバクラやAV業界に出入りするのは難しいと思いましたし、かといって大学を卒業して専業のホステスやAV女優になるのは、感覚として危なっかしいと若いなりに思っていたような気がします。以前、この往復書簡でお話しさせていただいたように、若かった私にとっては昼にも夜にも浸かりきっていないことと、その両方に足場がある自分というものが重要で、その両方を失わない唯一の手段が、学生期間を延長する、というものだったわけです。だから学部も1年延長して5年、大学院に2年通いながら、「昼の世界にいても夜の世界にいても、私の世界はここだけじゃないと思える」状態を維持していました。

しかし、その間に、まず最初は自分の価値が高くなくなったAV業界が怖くなり、次に水商売でも単純な若さだけを売りにできない年齢に差し掛かり、今度は、夜の世界から抜け出すために就職しなくては、と思うようになったのが、新聞社に入った理由です。夜の世界で年齢を重ねるくらいなら、昼の世界で年齢を重ねた方がまだマシとも思えました。大学院時代は銀座の小さいクラブでずるずると働いていたのですが、やはり結構居心地が良く、このまま博士課程に進学しても、私は水商売を辞めないだろうし、ここはガラッと生活を変えてみたいという単純な憧れもあった気がします。

新聞社の仕事は、それなりに楽しかったし、私は小学校の文集にも将来の夢のところに文章を書く仕事と書いていたので、大まかに満足でした。そして何より、日本で生きていく限り、会社員ほど素晴らしく生きやすい方法はない、とも思いました。父親はずっと大学の教員でしたから給料取りではあったものの、物心ついた時には母はすでに会社員を辞めて翻訳をしながら研究者になっていましたし、親族にもいわゆる企業の社員という人があまりおらず、どちらかというとネガティブなイメージがあったのですが、とんでもない、という感じでした。

企業に居続けるという選択肢はなかったわけではありません。日本の会社員は一度ドロップアウトすると戻ろうと思った時に大変不利ですし、生きる上で賢い選択は明らかに残ることだったとは今でも思います。仕事自体も不得手なものではなかったのですが、30歳が近づいてくるにつれて、訣別したはずのヒリヒリした感覚が恋しくなり、ちょうど修士論文の書籍化のタイミングが重なったので、次第に会社員という立場が窮屈に思えるようになりました。ショートパンツやハイヒールがはけないことも、好きなだけあちこち旅行に行けないことも、立場を気にせずに柄の悪い場所に出入りできないことも、多くの会社員が大人になることで折り合いをつけながら諦めることでしょうし、私も最初のうちはこれが生きていくということだと納得していた気がするのですが、やっぱり不自由だと思えて結局、原稿料でなんとかやっていけそうな目処がついたところで辞めてしまいました。修論を出版したことが社内で知れて、こっそり別名義で原稿を書いていることも噂になり、過去の経歴を含めてそろそろ何かバレそうだから逃げておこうという気持ちもありましたし、訣別した夜の世界の空気を久々に吸いたいとも思いました。一度下着まで脱ぐ仕事をしていると、お金に困ったら脱げば、以前ほどではないにせよ多少の凌ぎにはなる、とどこかで考える癖がついてしまっていたことも、退社の決断を後押ししました。

ただ、簡単に辞めてしまえたのは、なんだかんだ家族との関係が良好で、いざという時の経済不安がないことと、途方に暮れても帰る場所があることが一番大きかったような気もします。母はよく日本でフリーランスで仕事をしたいのであれば、正規雇用の人間と結婚するのが無難だとアドバイスしていて、実際彼女は父親が大学の正規教員になったタイミングで企業を辞めたのですが、私は結婚を現実的に考えたことがあまりなかったので、ひとまず実家を頼りにすればいいか、というくらいの考えでした。後悔しているかと問われれば、後悔する時もたまにある、という感じです。第一に頼みの綱の母が他界してしまったこと、第二に父親が大学を定年退職したこと、第三に母の死後に父が新しい家庭を作ろうとしていることによって、なんとなくずっとそこにあるような気がしていた実家がなくなるかもしれないという不安に直面すると、窮屈でハイヒールが履けなくて旅行に行けない会社員でも、あそこにいれば不安が薄れたなと感じます。

若い時、あまりに不健康な生活を送っていたせいで、長生きできると全然思わなかったことが、将来より現在の心地良さを常に優先する選択をしてきてしまった要因の一つかもしれません。なんとなく、親が長生きして、自分が短命であるような勝手で漠然としたイメージがありました。でも運よく（運悪く？）長生きしてしまうかもしれないし、健康ではない状態で生き続けなくてはいけないかもしれないわけで、そう考えるとフリーランスの売文業はあまりに危なっかしい立場ではあります。先行きのなさはAV女優よりは少しマシかもしれませんが、消費されて使い捨てされる身である点で両者は私にとってとても似ています。ですから、作業自体は新聞社の仕事の方に似ていても、気分はAV女優の頃の方に似ています。

「いつまでその（『元AV女優の』という）枕詞をつけて、仕事を続けますか？」というお尋ねがありました。私にとっては、とても難しい質問です。つけたいと思ったことは一度もありませんが、つけられてしまうのは、私の仕事が、その枕詞をつけない限り価値がないと思われているからでしょうし、それだけ「元AV女優の」という枕詞が「おいしい付加価値」だからなのだろうと思います。よく、一生かけてその枕詞をとることが目標ですと答えますが、それを凌駕するほどの別の付加価値なんてあるかなぁとも思います。AV女優になりたいという女性たちに、AV女優は辞められても元AV女優は一生辞められないから再考した方がいいのではとつい言ってしまうのは、それだけこの肩書きを超えるのが難しいと思うからです。

週刊誌にアウティングされたのは、2冊目の著作の出版が決まって日経を退職したタイミングでしたから、その週刊誌の記事がなければ私にどれだけ仕事が回ってきたのか、どんなものを書いていたのか、時々想像します。元AV女優だからできなかった仕事もありますが、ライターとしては元AV女優だからもらった仕事の方がずっと多いでしょう。当事者の価値には賞味期限があるとご指摘がありましたが、元AV女優の賞味期限は私が想像したよりもむしろ悪い意味でとても長く感じます。そして払拭しようとすればするほどその枕詞との乖離が面白くなって、余計に見出しをつけられるという場合もあり、全く違う分野で著しい実績を積めば、そこに注目されなくなるかと言えば、そう簡単でもないような気もします。私が会社を選んだ時には、元AV女優であるとバレなそうな場所であることが重要だったと以前書きましたが、私のことを書いた週刊誌の見出しは「日経新聞記者はAV女優だった！」でしたから、私が、そのままAV業界にとどまっているか、何の仕事もせず、目立ったことをしないで生きていれば、あるいは元AV女優に相応だと世間が認めるような会社に入っていれば、「元AV女優の」とつけられることはあまりなかったように思います。アウティングされ、おいしい付加価値としてその呼び名を使われるのが、悪目立ちした人や、AV女優の過去を払拭しようと別の分野で仕事を始めた人であるのは皮肉にも思えます。

つい話が逸れてしまいましたが、元AV女優とつけられるのは一生だったとしても、それに価値を見出してもらえる期間はとても短いであろうこと、学者ではなくただの物書きになったせいで消費されきって使い捨てられる身であることはご意見に全く同意ですし、ゼミ出身の方に言ってこられたという「時代と流行に左右されない、きちんとした仕事の蓄積をつくれ」という言葉は身につまされます。奇しくも母が生前最後にくれた手紙に同じようなことが書いてありました。「気の利いたエッセイ集のひとつやふたつは簡単に作ることができるかもしれません。それはそれで楽しんでいいと思うよ。でもそれはただの花火であってそれ以上のものではありません。どうかそれ以上の後から来る人のための道路であり橋であるいは道標、あるいは避難所、もしかしたら物見の塔となるような仕事をしてください。師を求め、友を求め、しっかりとした、花火ではない本を待ってるよ」と書いた母はその半年後に永眠したので、私の、使い捨てられた後はいざとなったら実家に帰ればいいという依存心を見抜いて釘を刺していたのかもしれません。編集者さんからこの往復書簡のお話をいただいた時に、師を求めなさいと言った母に知らせたい、と強く思いました。

当初、新聞社で5年半新聞記事ばかり書いていたから、今後5年半は柔らかい文体ばかり書きたいと思っていたのですが、実はこのコロナ禍で退職後6年が経ってしまいました。3年前に夜の世界関連の連載依頼を断ることにしたら、今度は恋愛とセックスのエッセイにばかり仕事が偏ってしまい、1年前に恋愛とセックスの話の連載依頼を断るようにして、自分が最も小手先でこなしてしまうライティングを避けるようにはしても、AV業界で需要が尽きる前夜に逃げ出した時のように、需要が尽きる前に逃げ出しているだけなのは自覚しています。夜の世界には中毒性がある、と色々なところで言ってきましたが、ご指摘にもあった通り、「若くて無名なひとたち」にとって、書くことにも中毒性がありますね。楽しい話を書きながら、蓄積となる仕事もできれば、と考えていたけれど、そう甘くないとつくづく思います。会社員を辞めてしまって、小手先のライティングが生活手段になってしまったのは、やはり失敗だったのでしょうか。でも、日々食べるための仕事をしている多くのフリーランスの女性（男性もですね）にとって、いつか需要が尽き、使い捨てられることがわかっていて、なんとかしなくちゃとは思っていても、そこから抜け出すようなしっかりした蓄積となる仕事をするというのは、なかなかの難題です。日本で、会社員ではなく、自立して、親から結婚という受け皿をあてにせず、仕事をするというのは現実的ではないのでしょうか。と書いたところで、失業保険その他で悠々自適に暮らしつつ、この期間に力をつけて大きな仕事をすると言ってもう何年も何もしていないように見えるフランス人の（自称）映像作家の友人を思い出して、社会保障制度だけの問題ではないような気もしています。
「自立」をテーマに伺ってみたいことが色々あったはずなのですが、前置きだけで長くなってしまいました。いまだ「結婚」以外にどうも安心の要がない私の世代の女たちに何が必要なのか、そんなお話をまた次回以降させていただければ嬉しいです。

２０２０年12月3日　鈴木涼美

鈴木涼美さま

「自立」がテーマでしたね。

今回のお手紙で「大学の先生でも研究者でもない上野さんの姿を想像できなかった」とありましたが、はたから見たら順調に高学歴エリート街道を歩んできたように見えるのでしょうね。

大学院へは向学心も向上心もなしに、ひたすら就職から逃げたいだけの「モラトリアム入院」をしたことは話しました。親がまちがって学歴をつけてくれたおかげで、そしてそれだ

行き先を決める必要はないけれど、新しい対象と文体に挑戦してごらんなさい。

けの経済力をたまたま親が持っていたおかげで、大学という学歴社会で生き延びることができました。

　そういえば18歳のとき、もうひとつの選択肢は医者になることでした。父親が開業医で、きょうだいのなかでは比較的成績のよかったわたしには、医学部へ行くことが期待されていると感じました。ですが、そうなれば地元の金沢大学医学部へ進学するほかなく、家から脱出する選択肢はなくなります。祖母と母は折にふれ「女もこれからは手に職を」と言い続けてきました。母にとっては、夫に経済的に依存するほかない人生への怨嗟から出たことばでもあったでしょう。なのに実際に娘の進学が目の前の課題になると、急に手のひらを返すように、「女の子は短大でいい」などと言い出すようになって、「お母さん、今まで言ってきたことはなんだったの？」と思ったものです。思えば娘が急速に親離れをするようになったことに、危機感を抱いたのかもしれません。後日、わたしが結婚もせず、家庭もつくらない選択をしたことを、彼女は自分の人生が否定されたように受け取って、うらみがましいことを口にしたこともありました。

　それだけでなく、医者になると思うと、それからあとの人生がさーっとレールを敷かれたように見えて、「食いっぱぐれのない人生って、つまらんもんやなあ」と思ったのです。こんなことばを口にすると、貧しい家庭で育った友人から「お金の苦労をしたことがないからそんなことを言えるんだ」と猛反発を受けました。まだ女子の大学進学率が低かった時代。同世代の女性で、「親の苦労を見てきたから、母のようにだけはなりたくないと思って、必死に勉強して専門職に就いた」などというひとを見ると、まぶしさに目を開けていられない気分になります。

そういえばあなたのお手紙を読んで、わたしの情けない古傷が疼きました。せっかく入ったブランド企業を「簡単に辞めてしまえたのは、なんだかんだ家族との関係が良好で、いざという時の経済不安がないことと、途方に暮れても帰る場所があることが一番大きかった」と書いておられますね。どんな窮状でも「なんとかなるさ」と思える楽観性は親が与えてくれたギフトだと思いますが、その背後にあるのは甘えというものでした。あなたが「実家を頼りにすればいい」というように、無謀な旅の行き先でお金に詰まり、「カネオクレ」の電報を出したこともあります。こっぴどく叱られましたが、親からお金を送ってこないことなどありえないという信頼がありました。

実は内緒にしていることがあります。わたしのキャッシュカードの暗証番号は、一時期実家の電話番号でした。その暗証番号でキャッシュを引き出すたびに、そっか、実家に頼ればなんとかなるという甘えを、この歳になってもわたしはまだ持っているのだなあ、とチクリと苦い思いが胸を刺しました。てゆうか、その苦さを自戒として味わうために、とっくになくなってしまった実家の電話番号を、久しく暗証番号として使い続けていたのかもしれません。

両親は愚かな親心から、娘が何をしようが許してくれました。このひとたちはきっと、子どもが殺人を犯して逃げてきても受け容れるだろうなあ、とすら思ったものです。あなたが「不健康な生活を送っていたせいで、長生きできると全然思わなかった」ことにも、笑いました。娘の最大の反抗は、親が大切にしている自分自身を思いっきり粗末に扱うことです。そしてそれができるほど、逆説的に親の愛を信じていられたんですね。

親より先に死ぬ、と思っていたんですって？　死ぬのは生まれた順、それがひっくり返るのを仏教の用語で「逆縁」といいます。そして子に先立たれるほど、親にとって人生で大きな不幸はありませんし、子どもの側でも親不孝はありません。親を見送ったとき、さる方から「親より先に死なないのが子の役目。りっぱに役目を果たされましたね」と言っていただいたことが忘れられません。そして他人にそう言えるひとになりたい、と思ったものです。あなたはお母さまを見送られたのだから、責任の半分は果たしたことになります。

長じてのち、親に愛されずに育った子どもたち、それどころか疎まれ、虐待され、家に居場所のない子どもたちのその後を見てきました。親が大きく、強く、壊れない存在だと思えたからこそ、わたしたちの世代は「家族帝国主義粉砕！」などと叫べたのだと、今さらのように思います。社会学者としてその後の家族の変貌を見ていると、家族がもろく、小さく、壊れやすいものになったと痛感します。子どもたちはその家族の綻びをとりつくろうために、裂け目を自分のカラダでふさぐようにしてまで、必死になって家族が壊れないようにがんばっているのでしょう。

こんなことを考えたのは、澁谷智子さん編の『ヤングケアラー　わたしの語り』（生活書院、2020年）を読んだからです。澁谷さんは「ヤングケアラー」という概念を日本語圏に紹介することで、ケアの必要な親をケアする役割を背負わされた（18歳未満の）子どもたちの存在を「見える化」しました。まだまだ自分自身がケアされなければならない年齢なのに、周囲から「えらいね」「がんばってるね」と言われて「自分がしっかりしなきゃ」と泣き言も弱音も吐けない子どもたち、クラスメートから理解も共感もされないために、沈黙し孤立した子どもたち、助けを求めるための情報も知恵もなく、助けを求めたのに得られなかった子どもたち、そして目の前のケアのニーズから逃げなかった子どもたち……この子たちにとっては親は頼る相手ではなく、頼られる相手です。そういう家庭や子どもたちはこれまでもいたでしょうが、そのひとたちの存在が「見える化」したのは、「ヤングケアラー」という概念が登場したからこそ、でした。その（もと）子どもたちに、オトナになっても決着のつかないさまざまな思いに、口を開かせたのは澁谷さんでした。ここに至るまでにどれほどの関わりがあったのだろうと思わせる労作です。

まことに子は親を選べない、としみじみ思います。親の側にしてみれば子は選べない、と思うでしょうが。とすれば、「実家を頼りにすればいい」と思えたあなたやわたしは、たんに幸運だっただけ、ということになるでしょうか。「英雄とは運命を選択に変えた者のことである」ということばがあります。選べなかった運命を自らの選択に変えた者たち……目の前のケアのニーズから逃げなかった子どもたちは、「運命を選択に変えた者たち」だと思えます。この書にあるヤングケアラーたちの「私の語り」のひとつひとつが、深い感動をもたらすのはそのためです。

ですが、自分で選んだわけではない出自を恥じる必要はまったくありません。親の愛というギフトのおかげで「なんとかなるさ」という楽天性を与えられたわたしは、未知の世界や新しい経験を怖れないという気性を持つことができました。あなたのなかにある無頓着さや無謀さも、そういう親からのギフトかもしれませんね。

テーマは「自立」でした。

vocation（天職）とprofession（職業）とjob（仕事）は違います。この3つが一致すれば幸運でしょうが、そういうひとはめったにいないでしょう。天職はカネにならなくてもてもやるしごと、職業は専門性をもとにそれで食えるしごと、ジョブは好きでも嫌いでもひとに言われてやる有償のしごと。そのほかに趣味というものがあって、こちらは持ち出しでもやる活動のことです。わたしにとって職業は教育サービス業、そのための資格があるわけでも訓練を受けたわけでもありませんが、オン・ザ・ジョブでスキルを身につけて、給料分のしごとをする程度にはなりました。女性学とジェンダー研究は今では天職といえますが、最初のころはたんなる「趣味」でした。「趣味的女性学論」などというエッセイをミニコミ紙に書いていたくらいです。天職は他人に命じられなくても自分からすすんでやりたいと思える課題です。おカネのためのジョブはいろいろやりました。セックスワークはやりませんでしたけれど。

あなたにとって売文業は、その3つのうちのどれでしょうか。

生きていくためには食べなければなりません。そのためには、自分にマーケットニーズが必要です。おカネは他人のフトコロから出してもらうものですから、他人の役に立たなければ出してもらえません。わたしはシンクタンクの研究員のアルバイトもしましたから、情報がカネになるという経験をしました。そして、情報をカネにするにはどうすればよいかも学びました。ですが、しょせん「お題」は他人から降ってくるものでしたから、「他人のふんどしで相撲をとる」ようなものです。そのために社会学のスキルは役に立ちましたから、これを「職業」にする選択肢もあったかもしれません。食えない大学院生時代、生まれて初めてのヘッドハンティングを受けたことがあります。大阪にある新興のシンクタンクから、「即戦力がほしい」と言われて、就職を勧められたのです。1日考えて、お断りしました。京都の北端から電車に乗って大阪まで通勤しなければならない……朝、起きるのがイヤ、というとんでもない理由からでした。思い出しても冷や汗が出ます。

女性学という趣味が天職になったのは、時代の偶然のおかげです。ですが、「運命を選択に変える」のと同じように、「偶然を必然に変える」ことができたのは、僥倖でした。とはいえ、前便で書いたように、たんに時代の波に乗っただけでなく、波そのものを起こしてきた自負もあります。

わたしも「ものかき」という名の売文業をやってきましたが、文章とは実に便利なツールです。「書く」という行為のなかには、趣味も天職も、職業もジョブも含まれます。わたしはそれを文体で使い分けてきました。

あなたはすでに「書く」快楽のなかで、自己表現の歓びを味わってしまっていることでしょうね。書くことはスキルです。スキルは磨けます。そのなかで最大の罠は、あらゆるクリエイターにとってと同様に、自己模倣です。あなたに市場価値が生まれたら、買い手（編集者）は二匹目、三匹目のどじょうを狙って「……のようなもの」を依頼してくるでしょう。

それが安全牌だからです。ですが、それに応じれば応じるほど、あなたの市場価値は逓減していくことでしょう。

あなたのお母さまとわたしは、同じアドバイスをあなたに向けたのですね。しかも「後から来る人のための道路であり橋でありあるいは道標、あるいは避難所、もしかしたら物見の塔となるような仕事」という、卓抜な表現を以て。わたしは「時代と流行に左右されない、きちんとした仕事の蓄積」と表現しましたが、さすがに文学者です、この表現力には脱帽です。何度でもくりかえしますが、こんな文章をやりとりできる母―娘関係とは、ねたましいというほかありません。（うっとうしいだろうな、という感慨とともに。）

歩く道は、歩いたあとにしかわからないものです。あなたがこれから先に歩む道筋や行き先を今から決める必要はないけれど、新しい対象と文体に挑戦してごらんなさい。新しい対象は、かならず新しい文体を要求します。あなたに何ができるかは、やってみたあとでなければわかりません。あなたは恵まれた環境のおかげで、無頓着さと無謀さをギフトとして与えられたのだから、それを生かしなさいな。そのうえ、その恵まれた環境からわざわざ逸脱してまで、屈折と傷を経験したのだから、あなたにはほかのひとにはない財産があるといえます。

たったひとつだけ、アドバイスをするとしたら、決して読者をあなどってはなりません。

読者をあなどったときから、書き手の退廃は始まります。そしてあなどった対象にふさわしい器を持つことしかできなくなります。いつも学生たちに言ってきたことは、誰に届けたいか、文章の宛先 addressee に、できれば顔の浮かぶ固有名詞を持った誰かを想定して書きなさい、ということでした。彼ら彼女らの論文のファースト・リーダーはわたしでしたから、彼らにとってわたしが「宛先」にふさわしい読者であることができるだろうか、とつねに考えてきました。学生や大学院生にとって最大の不幸は、指導教員が「宛先」として信頼も尊敬もできない、ということです。それにもうひとつ付け加えたのは、あなたがほんとうに届けたい相手は、アカデミアのような狭い世界にいると思うな、ということでもありました。論文の主査や副査の意見に右往左往する学生に対して、与える必要のあることばでした。

文章は、「まだ見ぬ相手」に向けても届けられます。そういえば、先ほどあげたヤングケアラーの「わたしの語り」が与える感動は、それがどこにいるかわからない、自分と同じような経験をしているほかのヤングケアラーたち、「いまだ見ぬ読者」へ、向けて投げられている、という感触です。あ、この文章は「遠くまで届いている」と思えることでした。

天職も職業も仕事も、誰かに代わってやってもらうことはできません。

それにしてもあなたの手紙の終わりのほうに「いまだ『結婚』以外にどうも安心の要がない私の世代の女たち」とあって、やれやれ、です。しごとはどんなものでも、ひとを育てます。行き詰まったときや、壁にぶつかったとき、どんなに親しいひとが身近にいようとも、それを突破できるのは自分だけ。ぎりぎり追いつめられてそれを乗り越える経験は、自分だけの力でしかできません。それによってひとは達成感を味わいますし、自信をつけていきます。それに評価が伴えばもうけもの。その評価がおカネならもっとラッキーです。若い女性たちはそういう達成感を味わう機会を持たないのでしょうか。

あなたのご友人のエピソードにも笑いました。「失業保険その他で悠々自適に暮らしつつ、この期間に力をつけて大きな仕事をすると言ってもう何年も何もしていないように見えるフランス人の（自称）映像作家」は、「あるある感」が。まだ社会保障にゆとりがあったころの80年代のイギリスで、失業保険で生活保障を受けながら音楽活動や演劇活動をしている若者たちに出会いました。ビートルズのような活動も、そのようなイギリスの若者文化のなかから生まれたのだと感じました。そのとき、なるほど、文化というのは経済的保障と時間がないと生まれないのだな、と思いましたが、カネとゆとりは必要条件であって十分条件ではない、ということがよくわかります。では、何が違うのか？

カネになるしごともカネにならないしごとも、最大の報酬は自分の達成感です。それを味わえばやみつきになる……研究のおもしろさはそこにあります。自分のためでなく、他人のためのしごとでも、達成感が味わえます。何かをなしとげてそれ以前の自分から脱皮したと思える成長のよろこび。それをわたしの年齢でも味わえるのですから、あなたのように伸びざかりの年齢なら、なおさらでしょう。あのときのわたしと今のわたしは違う……といえる姿を見てもらいたいひとが、もうこの世にいないことは残念ですが。

親と教師は、あるとき子どもや学生から「長いあいだお世話になりました、明日からあなたはもう要りません」と言ってもらうために存在する、と思ってきました。それからあとは、自分を育てるのは自分だけです。あなたにはじゅうぶんわかっていることでしょうが。

2020年12月14日　上野千鶴子

9

連帯

上野千鶴子さま

新年の幕開け間もなく緊急事態宣言下の生活が再び始まりました。職業によっては仕事や暮らしのあり方が大きく変化する中、私の住む都心部の様子を見ていると、多くの人はどんな状況でも、誰かと会ったり話したりしたいのだなと感じます。土曜日だった今日、コーヒーを買いに入った喫茶店では、ほぼ満席の店内でマスクをつけているせいか普段よりも少し大きい声で話す女性たちの声が逞しく響いていました。レジ近くのテーブルからたまたま聞こえてきたのは「卵子凍結」の話題でした。

前回いただいたお手紙を読んで、未読だった『ヤングケアラー　わたしの語り』を読みました。編者の澁谷智子さんが以前、中公新書から出版された『ヤングケアラー　介護を担う子ども・若者の現実』（2018年）も改めて手にとってみたのですが、目の前の事情と必要に迫られて、自分の成長に集中することができなかったかつての子供たちの言葉は、広く社会に、とりわけ「ヤングケアラー」であるという自覚はもちろんないまま現在進行形で運命を受け入れている子供たちにこそ届いて欲しいと感じます。そういえば昨年大ヒットした『鬼滅の刃』でも、病気の親の介護に悪戦苦闘する中で追い詰められて鬼になってしまうキャラクターが登場しましたし、主人公も病気で父を亡くして母や妹弟たちの面倒を見ているケアラーでした。

ＡＶ業界には限りませんが、夜の世界では、元ヤングケアラーと言っていい境遇で育った人や、進行形で親をケアする必要に迫られている人に、男女問わず相当数出会いました。十分な教育やトレーニングを受けなくとも足を踏み入れやすいのもありますが、シングルマザーにとってそうであるように、ケアラーにとっても夜の世界のフレキシブルな勤務形態が都合が良いという事情もあるようでした。家族が病気や依存症でケアを必要としている場合もあれば、経済的な面で親に延々と寄生されているような場合もあり、さまざまですが、総じて大学院や新聞社の同級生・同僚たちに比べて、夜職の友人・知人たちの方が、自分が生ま

女同士の友情はかけがえがなくとも、「家族」ほどには万能に思えません。

れ育った家族のための自分の役割を自明なものとして受け入れている傾向が圧倒的に強かったことを思い出しました。

夜の世界のケアラーたちは、素直な同情を引くような姿をしておらず、自分自身の生活は不真面目で、異性を平気でだまし、ギャンブルや酒で遊びまくっているようなホストが、一般的な感覚では驚くほどの金額を毎月親に送り続けていたり、金遣いが荒く、勤務態度も悪い風俗嬢が、シングルマザーだった依存症の母親を引き取って家で面倒を見ていたりするのをよく目の当たりにしていました。当時、傍から見れば「酷い親」のようにすら思える親にいつまでもお金を与え続けたり、あるいは逃げ出してもよいような家庭環境から大人になっても逃げ出さずに、粛々とその境遇を受け入れ続けたりしている知人たちを見て面食らうこともあったのですが、上野さんの「家族の綻びをとりつくろうために、裂け目を自分のカラダでふさぐようにしてまで、必死になって家族が壊れないようにがんばっているのでしょう」という言葉はとても合点がいくものでした。

家族が磐石だと思えた私は、大きく強い親とその親が作った家族を壊そうとしたり、試そうとしたり、粗末に扱ったりしましたが、「家族がもろく、小さく、壊れやすいもの」である場合には、子供は、選べなかった親がたとえ自分に十分なケアや教育を与えてくれなかったとしても、家族を守ろうとするものなのですね。先日、『新宿・歌舞伎町』(幻冬舎新書、

2020年）という本を出版されたホストクラブ経営者の手塚マキさんと対談した際も、親のギフトをふんだんに受けたとは言い難いホストたちが異様なまでに親を大切にする傾向について少し話題になりました。

私にとって親との関係をある意味で壊すために入り込んだ世界が、ある人にとっては親を守るため、ケアするため、大切にするために入り込む世界であるというのは、当時の私が肌で感じていたことです。私が次第に夜の世界に所在なさというか、居心地の悪さを感じ出したのは、ここでしか生きられないからこの場所を選んで、その「運命を選択に変えた者たち」と言ってもいい友人たちもいる中で、ここでしか生きられないわけではなかった者として、劣等感を持っていたからかもしれません。その世界にいた頃の私は、運命を受け入れる形でその場所にいる人たちに比べて、自分がその場所にいる必然性が薄いことや、運命を受け入れないがためにその場所に入ったように見えることを、どこかで恥じていた気がします。今思えば、その劣等感こそ甘えのようなものだったのかもしれませんが、20歳前後だったその頃は所詮お嬢さんの反抗期のように思われるのが嫌で、出自についてはあまり口にしませんでした。若者特有の、不幸や闇に憧れる気分が大いにあったことも否定はできませんが。

自分の与えられたギフトをむしろ大いに活用したいし、与えられた境遇による責任もあるはずだと考えられるようになったのは、ずいぶん最近になってからです。「自分で選んだわけではない出自を恥じる必要はまったくありません」という前便の一文はそういう意味で今の私にとってはとても心強いものでした。

私にとって売文業がvocation、profession、jobのどれであるか、という問いを投げかけてくださいました。大学院と新聞社でのトレーニングを経てprofessionにしたと言いたいものですが、前回、母の手紙を上野さんのアドバイスに重ね引用しながら、ここ数年、むしろ「書く」ことをずいぶんjobとしてこなしてきてしまったことを反省していました。

『「AV女優」の社会学』を書いた時、私にはかなり明確なaddresseeがいて、それは、夜の世界にいる私たちについて、応援したり同情したり批判したりしながらずいぶん好き勝手に語ってきた（多くの場合男の）学者やジャーナリストたちでした。ブルセラ時代からキャバクラやAVの世界にいた頃、私たちは私たちの与り知らないところで、多くの男性論客（女性もいますが）に勝手に代弁される対象でした。特に、それこそ親をケアするためにその仕事についている者たちに比べて、傍から見れば取り立てて理由もなくその世界に入っていった私のような若い女について、多くのジャーナリストが取材し、時には『朝まで生テレビ！』などで、勝手に熱血討論までなされていました。反抗心のある若い女としては、けしからんと怒られることは想定していて、そんな批判に中指を立てて勝手に生きるつもりでいても、逆に気持ちを代弁されたり、庇われたりすることに、なんとも言い難い気持ちの悪さがあって、なぜか私たちの側に立って庇っているつもりなのかわかっているつもりなのか知らないけど熱弁を振るうおじさんたちの頭を、後ろから撃ち抜きたいという思いが、修論執筆の強い動機になりました。

新聞社退社直後に週刊誌に過去のAV出演をアウティングされた際、たくさんの知らない人がなぜか私の味方になってくれて、時折見当違いな代弁で職業差別的な報道を批判してくれた時にも、実はそれに似た感覚があって、勝手に代弁されたくないから書く、というのが少なからず執筆の動機として機能していた時期があります。今思えば、以前この書簡でご指摘を受けた私のウィークネス・フォビアが底にあったのでしょうし、守ってくれようとした人を後ろから撃つようなことになりますから、嫌われることをしてきた気もしますが、それでもその時には、勝手に語られていることの、語られていない部分を書きたいという思いがありました。

それはあくまで初期衝動であって、日々の執筆に追われるうちに、ずいぶんその、誰に向かって何を届けるか、という明確な動機が薄れていた気がします。出自を恥じないでいい代わりに、自分のギフトの中でどんな責任を果たせるかを考え直したいと思います。

前回のテーマは「自立」でしたが、今回のテーマは「連帯」で、セットで考えたい話題でもあります。前便でやれやれ、とさせてしまいましたが、同世代の女性たちと話していて、なんだかんだ「結婚」をしないと安心感がないという印象は拭いきれません。周囲の友人たちは何も、仕事で達成感がないとか、経済的に自立していないとかいうわけではなく、むしろ、一般的な基準で言えばかなり高収入で、いかにも達成感ややりがいのありそうな仕事を持っている女性たちこそ、40歳手前の今の話題が「結婚」と「出産」に集中しがちであることは、考えてみれば不思議です。もちろん、年齢的な気楽さがあるとはいえ、まだ仕事のベクトルも定まっていない、何者にもなっていない若い女性たちの方が、結婚やパートナーづくりから自由に見えます。

コロナ禍でより顕在化したように、経済的な不安は多くの人の抱える問題ではありますし、大きな会社で重要なポストについていても先行きは不透明で、専門職につくスキルや資格を持っていたとしても、国に対して抱える漠然とした不安から、将来的な安心があるとは言えません。その不安は結婚したところで変わらない気もするのですが、それでもお正月にたまたま4人の独身の友人と神社に行ったところ、全員がなんとなく良縁成就の木札を購入していて自分らで苦笑しました。全員、編集者や新聞記者や音楽関係の大企業勤務など、いかにもやりがいも収入もある仕事をしていて、それなりの評価を得ている人たちなのですが。

悪意なく植え付けられた家族の単位や結婚して完成するような幸福神話をそう簡単に砕けないということもあるでしょうが、それでも私たちの気分として、家族というユニットに属さないことがこんなに不安になるとは、学生時代は全く予想していませんでした。むしろやりがいのある仕事を見つけられるだろうかとか、好きな仕事で稼げるだろうかとか、そんな心配の方がよほど大きかった気がします。親が老いる前や他界する前は、少なくとも自分が生まれ育った家族があるから、自分が家族を作らなくともあるいは孤独な気分に陥りにくかったことも一因なのだとは思います。私個人的にも、母や祖父母が他界し、父が新しいパートナーと家族になりつつあると、お正月に帰省先がなくなってしまったなという疎外感はあります。

社会全体の構成から見てかなり恵まれた境遇にある女性たちがこんなにも家族を欲していることに、仕事による自立の限界を感じることがあります。十分自立したように見えて、仕事によって自信がついても、経済的に余裕ができても、社会に承認されていると実感できても、独身貴族になりきれない女たちの中にいて、周囲の持ち出す取り急ぎの解が、結婚を前提としたパートナーを除けば、スピリチュアルな趣味かペットの飼育くらいしかないので、これ以上何が与えられると結婚による安心を必要としなくなるのか、正直全くわかりません。30代になった頃までは少なくとも、独身の友人たちの話題は「親が結婚しろと煩い」くらいだったのが、今では親にせっつかれるまでもなく、私たち自身が漠然とした焦燥感の中にいるように思えます。

仕事による自信と自立がその焦りや孤独を埋めてくれない時、それでも何か結婚以外の繋がりを模索しようとすれば、女性同士の友情による連帯が思い当たります。そしておそらく、私や私の友人たちが、なんとなく安心を得られないけれど、苦しいほど孤独ではないのは、連れ立って神社に行ったり、仕事以外の時間を共にしたりする友情のおかげなのだとは思います。

友情がかけがえのないものでありながら、それでも異性との一対一のマッチングの方が万能に思えてしまうことにはおそらくいくつかの原因があり、結婚のような紙切れの契約がないことや、経済的な依存が発生しにくいことも一つだとは思いますが、中でも最近感じるのは、結婚による友情の変質が、いまだに女性間の方が男性間に比べて現実的に大きいことです。同窓会や同期会などで遅くまで飲んでいる時、男性は既婚者も独身も偏りなくその場にいるのに、女性陣を見渡すと全員独身であるということが多々あります。先日も、20人近くいる食事会で、男性は既婚者が8人、独身が5人、女性は6人全員が独身ということがありました。それだけ、既婚者の女性たちが、家庭内で請け負っている役割がいまだに多いのだろうと痛感します。育児のアウトソーシングが根付かない日本では、それだけの既婚者男性が夜に出歩いているということは、女性パートナーが家で子供といるということでもあるのでしょう。

そうなってくると、女同士の友情は、片方が結婚することによって時間的な融通が利かなくなるため、例えば仲良しのコミュニティがあっても、一人また一人と結婚していくと、取り残される不安は男性よりも大きいのかもしれません。であれば、家庭内の負担割合が是正されたり、子育ての負担が解決されれば、女性同士の支え合いによる孤独感の解消はもっと大きく作用するような気もします。

紙切れ一枚とはいえ、契約をかわして経済的に一体化する夫婦に比べれば、友情が継続するためには勇気や努力が必要だと思います。女性同士の共助が、それぞれ仕事によって経済的には自立した女性たちの安心の要になり得るのでしょうか。また、上野さんご自身は、ご友人との関係や助け合いの意識は、どのように位置付けられていますか。

女の連帯とはとても難しいものです。まさに上野さんの女性学やフェミニズムが発見し、繋いだ、かつて相容れなかった女同士が微かに共有できる細い糸は、常に分断され、再び繋がれ、また分解され、再び求め合うことを繰り返すはずです。SNS社会で、言葉による連帯感は持ちやすくなったけれど、本来は似たような痛みを持っているはずの者同士が言葉の切り取り方の違いで安易に分断されやすくもなりました。それでも、フェミニズムが登場する前は、見えもしなかったその糸を、大切にしたいとは思うのですが、友情の話で長くなってしまったので、その話題はまた次回、「フェミニズム」をテーマに色々とお伺いしたいと考えています。

２０２１年１月11日　鈴木涼美

鈴木涼美さま

涼美さんは今30代半ば。ちょうど同世代の女たちが出産・子育てのまっさいちゅうですね。平均初婚年齢男性31・2歳、女性29・6歳（2019年）で結婚して、結婚1年以内に大半が出産して（それどころか妊娠先行型結婚が6組に1組の割合ですから、ほとんど出産前提に結婚するようなものだということは前にも言いました）、それから数年おいて第二子を出産すれば、30代半ばには6歳と3歳とか4歳と2歳とかの二児を育てるのに無我夢中になっている年齢でしょう。

人生に同行者がいることが幸福なこともあれば不幸なこともある。でもさいごは「ひとり」です。

今から半世紀近く前。20代後半だったわたしは、週日のデイタイムに京都の繁華街、河原町を歩いていて、同世代の女たちの姿が、まるで潮が退いたようにきれいさっぱり消えたことに気がついて、愕然としました。若い女たちは小売店の店頭やオフィスにいました。年配のご婦人たちもショッピングや町歩きをしていました。せわしなく歩いている営業マンらしいオジサンの姿もありました。なのに20代後半、ちょっと薹《とう》の立った年齢のわたしと同世代の女たちの姿は、どこにも見当たりませんでした。「女の子はクリスマスケーキ」と言われて24歳までに結婚するのがあたりまえ、と思われていた時代です。25歳を過ぎると「年増」と呼ばれました。

平均初婚年齢が24歳だったわたしの同世代の女たちは、そのころ、ひとりひとり家にとじこもって子育てに没頭していたのです。

保育園も今のようにじゅうぶんにはありませんでした。保育園に子どもを預けるには、「保育に欠ける児童」という、認定を受けるための就労証明書が必要でした（今でも、「保育を必要とする」証明が必要です）。保育園児は「かわいそうな子どもたち」で、そこに子どもを預ける母親たちの理由は、夫の失業や病気などの「やむをえない事情」か、さもなければ働きたい女の「わがまま」とされました。保育所に子どもを預けるくらいならあなたが仕事を辞めなさい、と若い母たちは周囲から責められ、そのくらいならわたしがめんどうをみてあげると夫の母や実家の母の介入を受けました。それどころか地方出身者が多く、きょうだいの数が多かった団塊世代の若い親たちには、祖父母の援助を受ける選択肢もありませんでした。

「ワンオペ育児」ということばもありませんでした。女が子育てしてあたりまえ、あたりまえのことには名前がつかないものです。「ワンオペ育児」ということばが登場したときには、感慨を覚えました。ワンオペことワンオペレーションは、ひとり職場の疎外と孤独を表す用語です。ワンオペ育児ということばには、たったひとりの母親の孤立育児はおかしいじゃないか、という告発が含まれていました。

「三歳児神話」が流通していました。人格形成期の三歳までを母親の手で育てないと子どもはゆがんだ育ち方をするという神話、すなわち根拠のない思いこみのことです。幼稚園も保育園も三歳児から。それまで女たちは狭い家のなかに子どもとふたり閉じこめられて、ワンオペ育児に必死で耐えていたのです。

その「三歳児神話」があっけなく壊れるのを、目の当たりにしました。育休1年で復帰したい働く女たちが「待機児童ゼロ」を要求したとき、「三歳児神話」をタテに彼女たちを非難する声はメディアからも識者と言われる人びとのあいだからも聞かれなかったからです。

90年代以降長く続いた不況のなかで、男性の賃金は上がらず、家計を維持するために妻の就労はマストになり、子どもが1歳になれば職場に復帰したいと思う働くママを非難する声はもはやどこにもありませんでした。それだけでなく、少子化のもとで逼迫する労働市場に直面して、政府も企業も「女に働いてもらいたい」「女を使わない手はない」と考えていました。なあんだ、「三歳児神話」なんて現実が変わればこんなにあっけなく消えてしまうのか、母性をとりまく規範は、なんとまあごつごう主義なんだろう、と感じ入ったものです。

そういえばもはや「過去のひと」になった安倍晋三という政治家（二度と復帰してほしくありません）が首相のときに、「3年間抱っこし放題」育休を唱えたとき、猛反発を喰らいましたね。もしかしたらかれのアタマのなかには「三歳児神話」が残っていたのかもしれません。「3年なんてとんでもない」「そんな長期休業をのぞんじゃいない」という女性たちを、諫める声は聞かれませんでした。あの「三歳児神話」はどこへ行ったのか、と思ったものです。神話は神話に戻ったのでしょう。

いくら「負け犬」の数が増えたとはいえ、今でも同年齢集団を見ればあなたの世代でも結婚し、出産する女性たちのほうが多数派です。子どもを産めば、子育てと家族が人生の最優先事項になるのはあたりまえのこと。生活の大半がそれで占められ、アタマのなかはそれでいっぱいでしょう。父親になった男がそうならずにいられる理由がわたしにはわかりません。1日でも放っておけば死んでしまうようなあんなに無力でひ弱な生きものを目の前にして、しかもその生命を生み出す原因の半分を背負いながら、なぜふたりがかりでもたいへんな子育てを、「キミに任せるよ」と妻の「ワンオペ育児」に委ねてきたのか。そして子どもにトラブルがあると、「子育てはキミの責任だろう」と冷たく言い放つことができたのか。子どもに障害や難病があると、逃げたり否認したりできるのか……日本の男たちは子捨てをしてきたのだ、と思わないわけにいきません。ですが、そのツケは確実に彼らにまわっています。

「ワンオペ育児」ということばがなかった時代には、「密室育児」「母子密着」ということばがありました。わたしたちは登場しはじめのコインロッカーに子どもを捨てた母親の世代です。追いつめられた若い母親が子捨て・子殺しをしました。2020年秋に、港区の公園から就活中の女子大生が産み落とした嬰児の遺体が発見されるという事件がありました。半世紀……何も変わらないのか、と慄然としたものです。

夫や妊娠させた男が責められることはほとんどありませんでした。わたしと同世代の作家、村上龍に『コインロッカー・ベイビーズ』（講談社、1980年）という長編がありますが、それは元コインロッカーベイビーズだった青年たちが、長じてのち、自分を拒絶したこの世に復讐するというものでした。男には、あの時代に生きていれば、自分があかんぼをコインロッカーに捨てた女を妊娠させる側にいたかもしれない、という想像力が働かないのでしょうか。子捨て・子殺しについて男たちから反省の声を聞いたことがついぞありません。

つい回り道をしました。子育てについて語ると、日本の男たちの無責任さにふつふつと怒りが湧くので、筆がそれました。言いたかったのは次のことです。同世代の女たちが結婚と出産によって友人のサークルをひとり去り、ふたり去り、していくのはたしかです。そして出産育児期に、女にとってそれが人生の最優先課題になるのは当然でしょう。たまに出会っても話題は子どものことばかり、ママになった友人たちが子育て話で盛り上がるなかで、ひとりとりのこされた気分になるのも無理はありません。あなたはその年齢のまっさいちゅう。わたしも同じような経験をしました。ですが、もっと長く生きてみるとわかったことがあります。そんな時期は人生の一時のものだ、ということです。

子どもはせいぜいひとりかふたり。それもあっというまに育ち上がります。あと5年か10年もすれば子どもたちは親と行動を共にするのをイヤがるようになるでしょう。そうすれば彼女たちも誘えば夜にも出てくるようになるし、泊まりがけの旅にもつきあってくれるようになります。なかには子育ての終了とともに、あるいはそれを待つまでもなく、シングル・アゲインになるひともいます。そういう女性たちに、わたしはこう言ってきたものです、

「おかえりなさい、おひとりさまライフへ」と。

そしてつくづく思うのは、男友だちはひとり去り、ふたり去りしていなくなるが、女友だ

ちはいなくならない、という真理です。

それだけでなく、わたしには歳をとってからできた女友だちがたくさんいます。高校生や大学生に向かって「今が生涯の友をつくる大事な時期だよ」と言うひとを見ると、若いときにしか友人をつくれないと思っているのか、かわいそうに、と感じるくらいです。年齢を重ねてから親しくなったひととは、「若いときに会わなくてよかったわね、きっとそのころに会えばお友だちにならなかっただろうから」と顔を見合わせて笑いあうこともあります。

自分が未熟ではりねずみみたいだったころを知っていてそれを許しあった若いころの友人も大切だけれど、年齢を経て経験に鞣《なめ》された女性の知遇を得ると、ほんとうに豊かな気持ちになれます。知己を得る、というべきでしょうか。知己、おのれを知る者とは、よくぞ言ったものです。年に一度も面と向かって会うことがなくても、ましてこのコロナ隔離のもとでは対面することがかなわなくても、あのひとがあそこで生きている、と思えるだけで、大きな安堵がありますし、もし、まんがいち、あのひとがいなくなったら、と考えるだけで、その喪失感にうちのめされそうになります。なるほどなあ、長生きすることのつらさのひとつはこれなのか、おのれを知るひとがひとり去り、ふたり去りするたびに、そのひとと共にした経験ごと、わたしの一部があの世へ持っていかれてしまう……そうやってわたしが少しずつ削られていく、という経験なのか、と。高齢のひとが知友を失ったときの慟哭に何度か立ち会ったことがありますが、家族を失う哀しみとはまた別の喪失経験なのでしょう。だから、あのひとには、そしてこのひとにも、たとえ寝たきりになってでも生きていてほしい、と頑是無い子どものように願わずにはいられません。

女同士は、子どもと家族の話題がなければ話すことがないんじゃないの？　とばかなことを言うひともいますが、そんなことを話さなくても、話したいことはいっぱいありました。わたしの友人の女性たちは、子持ちの既婚者が圧倒的に多かったけれど、わたしには夫の話も子どもの話もめったにしませんでした。おひとりさまのわたしに対する配慮や忖度があったのでしょうか。それとも夫や家族の話は、他人にしても詮ないことと思う節度と、自分で解決するほかないという自恃との、ふたつともがあったからでしょうか。ある女性など、40年間もつきあっていたのに、連れ合いが亡くなったと聞いて初めて彼女が既婚者だったことを知ったぐらいです。それほど彼女の生活のなかに夫の影が薄かったのか、それともそれがわたしに対する彼女の配慮だったのか。わたしは彼女たちの「夫との関係」「子どもとの関係」には興味があったけれど、夫という名の見たこともないアカの他人の話を聞かされても退屈なだけ。それにわたしの友人の女性たちは、いろんな選択や決断をするのに、「帰って夫と相談します」とは決して言わないひとたちでした。

ちなみに友人がカップルなら、夫とより妻と親しいほうがずっとその家の居心地がよいのはたしかです。結婚した親しい男友だちの新居を訪ねたときには、初対面の妻に気を遣って疲れましたが、反対に妻のほうが親しい場合には、台所へ遠慮無く入ってキッチントークができます。ある仲のよいカップルの妻が夫に先立たれたあと、そのお宅へ伺うのはずっと気楽になりました。やはり夫がいると夫に気を遣っていたのですね。友人がカップルになると、あなたとはお友だちだけど、あなたの夫とお友だちになりたいわけじゃない、といつも思います。それにすてきな友人がすてきな夫を選ぶとは限りませんしね（笑）。そういうときには、日本が欧米のようにカップル文化でなくてよかった、と胸をなでおろします。妻の行くところにいつでも夫がついてくるなんて、うんざりですからね。

いずれにしても「さいごはおひとりさま」です。早いか遅いかの違いだけ。

同志のように思っていたパートナーと死に別れ、50代ではやばやと「未亡人」（この名称、なんとかならないものですかねえ）になった女性もいますし、どこに行くのも一緒だった仲のよい夫を60代で見送って、どんなに落ち込んでいるだろうと心配したら「あのひとは、わたしに時間を贈ってくれたのよ」と元気に活躍している女性もいます。かと思えば、「早く死んでほしい」とさんざん夫の悪口を言っていた女性が、夫を失ったあと、まさかと思う虚脱状態に長く落ち込んだのを見て、夫婦ってわからないものねえ、と思ったこともあります。

朝日新聞土曜版にもう1年近く「月夜の森の梟」を連載している作家の小池真理子さんのエッセイからは、配偶者ロスとはこんなに胸を抉られるような痛みなのかとせつせつと伝わってきます。藤田宜永さんと小池さんの作家カップルは、たしか子どものいない夫婦。「さいごはおひとりさま」の運命は、わたしと同じです。

あなたのお父さまには新しいパートナーがいらっしゃるのですね。娘がメディアで物書きをしているばかりに、プライバシーをあばかれる親も迷惑でしょうが、新しく家庭をつくった父親の家から成人した娘の足がとおのくのは無理もありません。でもあなたのそのよるべない気持ちが「結婚と家庭」に向かうのは、ちょっと待ったと言いたいですね。結婚も家庭も女の人生の「安全保障財」にはならない、ということは、それを「卒業」した女たちが腹の底から味わったことですから。

そういえば、男と別れて京都を離れ、親を見送ったあと、一時期、わたしは親しい女友だちに「おうちがない、おうちがほしい」とつぶやいていたことがあります。これでとうとう「帰る場所」がなくなった、という感慨からでした。東京に住まいはありましたが、いつまでも「仮住まい」意識が抜けず、東京は仕事があるからそこにいるだけの「出稼ぎ」の場で、暮らしの場所じゃない、と思い続けていました。今コロナ疎開をしている山の家の土地を、衝動的に買ったのはそのころです。自分が土地を買って家を建てるなんて、それまで想像し

てっ持、のいい「、てれわ問と」？のるすうどてっ買てんな地土「。たしでんせまりあもとこた

るだけで」と答えたのを覚えています。わたしのメンタルヘルスのため、と。

わたしを今の土地へ導いてくれた友人は、その地にすでに永住している女性でした。彼女に「ここに家を建てるひとって、どんなひと？」と訊ねると、「そうねえ、東京で家を建てるのを、諦めたひとたちね」という答えが返ってきました。そのとおり、この地では東京のマンションよりうんと安い値段で土地付きの家が手に入ります。わたしの「おうちがほしい」病の治療薬にしては、安い投資でした。とうぶん寝かせておこうと思った土地に結局家を建てたのは、正解でした。「会社」を辞めたあと、研究室にあった厖大な書籍をすべて撤去しなければならず、半分ぐらいは処分しましたが、残りを置く場所を確保する必要がでてきたからです。都内で坪単価数百万もするマンションに、これだけの本を置いておくスペースはありません。今の山の家は本で埋まった書庫のような建物。だ〜れもいない図書室のような空間で、ひとり読み書きするのは至福の時間です。

そういえば、女友だちについて意識してきたことがあります。それは10歳ほど年長の女性とつきあおうとしてきたことです。年齢差が20歳、30歳とあると、20年後、30年後の自分は想像しにくい……ですが、10歳ぐらいだと、そうか、10年経つとこうなるのか、と想像の射程に入ります。そのように、30代のときには「40代になったらラクになりますか」、40代に

は「50代になったらラクになりますか」と訊ねてきましたが、さる尊敬する女性の答えが忘れられません。「そうねえ、40代には40代の、50代には50代の、つらさがあるわねえ。にんげん、いくつになっても、ラクにならないわね」と。この女性は、晩年という年齢になってから、周囲の手ひどい裏切りにあって筆舌に尽くしがたい苦しみを味わいました。

彼女が70代を前にして書いた「帰路」と題する詩に、こんなフレーズがあります。

さてここからどこへ行こうか
帰路は何と長いことか

高齢になっても「帰る場所」はなさそうです。家庭も子どもも「帰る場所」にはなりません。人生の途上に同行者がいることもあればいないこともある。同行者がいることが幸福なことも不幸なこともある。同行者がいることが人生の彩りをふかくしてくれることもある。ですが、さいごに立ち戻るのはいつもひとり。

そう覚悟が決まれば、おのずと選択も決まるでしょう。

２０２１年1月26日　上野千鶴子

10

フェミニズム

上野千鶴子さま

今現在、まさに友人たちが子育ての真っ最中、あるいは40歳を手前に再び周りで結婚ラッシュが起きている私には、前便の「そんな時期は人生の一時のものだ」というお話は、心強いものでした。私も含めて周囲の同年代の独身女性が、ついつい「やっぱり家族を作らないと不安」とか、「いい加減、結婚しないとまずいんじゃないか」という考えに立ち戻ってしまうのは、周囲から「おひとりさま」が減っていくから、というのが大きな理由の一つだと思うので、子供が成長したり、離婚や死別で次第に「おひとりさま」が戻ってくるようになるというのは明るい希望になりそうです。

パートナーと子供がいないことに対する不安のもう一つは、親がそこそこ高齢になってきて、入院したり通院したり、あるいは死ぬのを見たりすると、現状では病める時におけるサポートのほとんどが家族によるものだというのを具体的に目の当たりにするからで、例えば私の場合は、母の闘病において父や私が担った役割を担ってくれる人が、私にはいないということに一時期は強く怯えていました。ただ、そんな不安も、家族を作ったところで解消されるものではないというのは改めて感じたところです。

コインロッカーのお話を読んでいて、そういえば3年ほど前にも、歌舞伎町のコインロッカーで生後間もない女児が遺体で発見される事件があったなと思い出しました。よく覚えているのは、たまたまそのコインロッカーが、私の親しい友人が店を構えるビルの真向かいに設置されたものだったため、歌舞伎町に住む友人たちの間で一時期話題になったからです。「好きで好きで仕方なかった」と言ってホストを刺した女性の事件の時もそうでしたが、狭い歓楽街の中では、加害者は誰々の知り合いらしい、被害者はどの店に勤めていたらしい、という噂はすぐに広がります。もともとそんな性質の街で、SNSの普及は噂の拡大を十倍速にしました。

それで、コインロッカーの事件の時も、母親は死体遺棄容疑ですぐに逮捕されたのですが、

女を楽しみたい人にもアクセスできるフェミニズムであって欲しいと思います。

当時、歌舞伎町周辺を行動範囲とする女性たちの間では、しきりに「父親はあそこの店の誰々らしい」という父親探しの噂が駆け巡りました。噂レベルで固有名が飛び交うのは、時に関係のない人を巻き込むのでとても危険ではあります。ただ、妊娠は男がいないとできないはずなのに、漫画喫茶で危ない思いをして産んだのも、殺してコインロッカーに放置したのも女で、もし殺さなければそこから「親」になっていたのもおそらく女一人である、という不当さに、静かな怒りを感じた女性はその時も多かったのだと思います。

今週も、22年前の乳児遺棄事件の母親が、最新のDNA鑑定で特定されたというニュースがありました。そんなことが可能なテクノロジーがあるなら、父親も特定せよという主張はSNSでも多く散見されたように思います。

産む性が変わらない以上、育てるにせよ堕胎するにせよ、男がそこに経済面であれ、実際の子育て参加であれ、介入するか否かが個人の意志に任されていて、養育費も中絶費用も、言ってみれば善意のようなものを頼りにしなくてはいけないのはあまりに危なっかしい気がします。その善意のようなものを一応法的に縛りましょうというのが結婚なのでしょうが、女は善意なんてあろうがなかろうが、妊娠してしまったら産むか堕ろすかしなきゃいけないわけで、男の方だけ勝手に選択制のようになっている。ただし私個人的には、個別の男が無責任を正すことに期待しても無駄だな、と感じてしまうので、非婚シングルマザー支援や貧困女性の出産・中絶支援を、大胆に、大幅に拡充するしかない、と考えていました。夜の街にいると、シングルマザーであるが故に時間の融通が利かないから、という理由で、出勤がフレキシブルな風俗に勤めている人によく遭遇します。シングルマザーに育てられたが故に早くに自立しなくてはならなかった性風俗産業の従事者も男女ともに多く見てきました。

私が、最も必要な子育て支援はシングルマザー支援だと考えるのはそれ故で、そういうところにこそ、行政の力を割くべきだと思うのですが、以前上野さんが古市憲寿さんとの対談で、（女性が一人でも育てて生きられるようにする非婚シングルマザー支援が、男の側にも「逃げやすくなる」というメリットがあるという話の流れで）「じゃあ、男をもっと無責任にするための制度整備をしようっていうわけ？」と指摘なさっていたのを読んで、確かにそういう風にも考えられる、と項垂《うなだ》れてしまいました。そして、この書簡でも何度か書いてきたように、私の考えることの根底には、多くの場合に男への絶望と諦めがあって、彼らに期待しても無理、と片付けてしまうことで結果的に現状を変えたくない男にとって都合の良い思想に陥りがちだと改めて思います。私は男の無責任を自明のものとして諦めていたのだな、と気づかされました。

具体的に友人が一人ずつ結婚生活や子育て期間に突入する寂しさに加えて、私と同年代の

40歳手前の友人たちの結婚願望が消えないのは、ちょうど青春時代に、当時米英などを中心にポストフェミニズム系などと呼ばれたエンタメが流行したことも関係があるかもしれません。日本でも、2000年代前半に雑誌『CanCam』の大ブームなどに後押しされ、ネオ保守なんて言われたロールモデルが多く散見されました。私は援助交際ギャルの世代でもありますが、『CanCam』ブームの折にはちょうど読者層ど真ん中の大学生でしたから、日本的バックラッシュの煽りをわかりやすく受けた世代とも言えるのかもしれません。

今、SNSのハッシュタグ運動などで活躍している女性たちの中心は、私よりさらに若い世代が多く、もちろんSNSネイティブで反射神経がいいということもあるとは思いますが、自分たちの青春時代に比べて、フェミニストと名乗ることを恐れない空気が醸成されつつある、むしろ米国でのセレブリティ発信型のフェミニズムブームなども手伝って、そう名乗ることこそクールであると考える女性はとても増えたと思います。

反面、以前、SNSに「私はフェミじゃないけど」という前置き付きで女性差別を糾弾したり、不当な扱いに抗議したりする声が多いということが注目されたことがありました。そういった前置きは、若い世代よりも俄然私や私の少し上の世代が使いがちで、フェミニストというレッテルは貼られたくない、でもクレームはちゃんと言いたい、というその心理はいかにも2000年代初めに大人になった世代的と感じます。その前置きに続いて語られる言葉は、正しくフェミニズム的であることが多いので、多くの女性が、フェミニズムそのものではなく、フェミニストという呼称に壁を感じているのかな、と思った記憶があります。

その「フェミじゃないけど」の「フェミ」が指しているものは、おそらくかなり狭義のラディカル・フェミニズムであったように思います。そして、学習機会や雇用環境で顕著な女性差別を経験していないから父権制批判の必要をそんなに感じないし、犠牲者化されるのは時代の気分ではないし、表現規制にそれほど興味もない、つまり自分はそこに含まれない、恩恵は受けたけれどももう必要じゃない、と感じる女性が多かったことは、その世代にある者としては想像しやすい現象です。米英でポストフェミニズム系と呼ばれた女性たちの感覚と近いのでしょうか。

90年代後半から2000年代の大衆文化では、「フェミニスト」はしきりにかなり限定された極端な形にステレオタイプ化され、私も少なくとも大学に入るまでは、フェミニズムが自分の生活や人生と接続されるとはあまり思っていなかった記憶があります。抑圧されている者がいて、それを是正しようというのは、私たちの世代を救う思想ではないな、というくらいの軽い認識でした。そしてその後、ずいぶん損していたな、と感じました。今私が持っているフェミニズムの印象はというと、薄くて大きいカラフルなカーペットのようなもので、その中に織り込まれるあらゆる糸のうち、いくつかの端は、自分に接続されていると思っています。

理想を言えば、もっと早く広い土壌の中の糸一本を掬い上げる能力があれば良かったと思います。今、東京に暮らす女性の中に、フェミニズムの恩恵を少しも受けていない人はいないわけですから、トピックによっては主張が八方に分かれるほど豊かに発展してきたフェミニズムの議論の中で、言ってみれば最も自分らと接続されにくい、とっつきにくいとされる箇所が、悪意あるステレオタイプ化をされたことで、損や回り道をした女はとても多いでしょう。外からのスティグマ化が原因だとは思いますが、それにしてもどうして「フェミニスト」のステレオタイプが、例えばセックス解放ではなく、表現規制の方に作られてしまったのでしょうか。米国のリーガルドラマでは一時期、ポルノ規制や職場のセクハラを訴える「フェミニスト」のキャラクターが繰り返し登場しました。あれのせいで不幸にもフェミニズムを学びそびれた、という人は私の世代に多いはずです。

それでも、今回、森喜朗発言の直後に広がった抗議の中では、「別にフェミじゃないけど」という前置きが目立った印象はありませんでした。森発言と一連の騒動は、選択肢が多様な中で多様な選択をしている女性たちが、女であるという点で何かしら似たようなことを感じる時がある、ということをわかりやすく象徴していた気がします。こういう時に、女性たちをかろうじて繋ぐ細い糸のようなフェミニズムなら、障壁を感じる女は最早いないでしょう。

#MeToo運動もそうでしたが、こういった運動は、瞬間風速的な力は強く、心理的なハードルなく自分ごととして参加できる代わりに、一過性の祭りになりがちだという特性はあるとは思いますが、いずれにせよ私はフェミニストという言葉自体の持つイメージは、それくらい細い糸のように、比較的誰でも届きやすく握りやすいものであって欲しいと願っています。

ここ数年、私のところに届く、主にSNS上の見知らぬ他人からの批判（と呼ぶには抵抗がありますが、もっと安易でカジュアルな悪口?）は、「過度にフェミ的である」というものと、「アンチフェミ的で名誉男性的である」というものが、綺麗にほぼ半数ずつあります。若いというだけで自分につけられた不相応な価値を利用して楽しんだ、と書く私は確かに女性差別の共犯者ですが、そんな世界で間近に見た男の加害性を書く私は男の敵にもなり得ます。首尾一貫したところがなくのらりくらりとしているのだとは思いますが、こういう立場の人です、と標榜するのは昔から苦手です。はっきり何かを標榜したりしないから、文脈によって「この人はこういう人だ」と抱かれるイメージがずいぶん違うのだと思います。

十数年前、大学院生だった頃、研究でポルノや売春を扱っているというと、こいつはポルノ規制派なのか表現防衛派なのか、売春反対派なのか売春擁護派なのか、どっちの立場なのか、と見極めようとする人がとても多かった記憶があります。マッキノンは好きなんですか、『ポルノグラフィ防衛論』（ポット出版、２００７年）のストロッセンには同意できますか、廃娼論はどう思ってるんですか、セックスワーク論を支持するんですか、と踏み絵のように聞かれました。大学院で学ぶ者の宿命ではありますが、特に売春は研究者の中でも、意見が大きく分かれて割と熱を持って議論されるし、反対の論理と擁護の論理が両方わかりやすいから、立場をはっきりさせて欲しいと言われることの多いトピックだったのだろうと思います。修論が本になった時にも、これはどっちの立場から書いた本なのか、をまず最初に知りたがる人が多かったのは割と記憶に新しいものです。レイプや児童虐待を擁護する人なんていうのはちょっと普通では考えられないのに対して、援助交際やポルノは嫌悪感を示す人と同じくらいのボリュームで、きっぱり擁護する人もいるからでしょうか。90年代は、検閲賛成派と反対派の人気が二分していた気がするので、その直後の大学は特に、まずどっち派なのか答えろ、という空気だった記憶があります。援助交際女子高生を語る、というブームを経験したからかもしれません。

私は、「売春はあんまりよくない」と思っている点で、当時から日本で発言しているセックスワーカー団体の人とは相容れないことが多かったけれど、「売春稼業は結構楽しい」と思っている点では彼女たちと話が盛り上がることもありました。でも、当時は誰もが話題にしがちだった、河合隼雄氏の「魂に悪い」という言葉に、私はそれなりに感じるところがある、と言えば、彼女たちには一気に敵として認定されました。性を売ることに対する嫌悪感があることは全く否定しない、と私はよく言っていたので、セックスワーカーの権利や脱スティグマに興味がある人には大抵嫌われました。あるいは、「AVを題材にするなら、検閲賛成派の活動の一部はもちろん重要なことではあるが〜みたいな留保を適当に挟んでいた方が変に突っ込まれないよ」とアドバイスをしてくる先輩もいました。個人的には、そういう大きいグループは、どっちの言い分もわかるし、どっちにも解せない部分がある、と思っていたのですが、そんな経験から、なになに派ですとか、このグループですと一切言わず、のらりくらりとしてしまう癖があるのかもしれません。

トピックによってはこの人は嫌いでトピックによっては好き、というのは当たり前ですが、最近になって「この前までは逆向きだったのに寝返った」「フェミに媚を売ってる」「今回は男に媚を売ってる」と言われることがよくあります。フェミニズムの中で議論が活性化されるのはいいことだと思うのですが、相手をブロックして内輪のグループをあまりに簡単に固めてしまえるSNS社会で、片方が片方をあいつらはフェミニストじゃない、とレッテル貼りして排除しようとすると、細くて長い糸になり得るフェミニズムが過度に切断されて、あらゆるトピックで意見が一致する小さいグループだけを認める傾向が進み、再びかつて10代だった私たちが感じたように、フェミニズムが非常にハードルの高いものにされてしまうのではないかという不安を感じる時もたまにあります。

90年代のポルノトピック周辺でも規制派と表現の自由派は、どっちもが相手を「真のフェミニストではない」としていたのと似ていますが、わかりやすい強い主張が人気を集めるSNSでは、再び検閲好きな人の方に分があるような気もしています。一つの女性差別的な画像、あるいは人種差別的なヘイトスピーチ、あるいは政治家の失言を取り上げて、「これは不快ですよね？　クレームを言いましょう」という署名運動にSNSは非常に向いていて、それはいいことだと思うのですが、反対に時々検閲が暴走しているのではないか、踏み潰された表現があったのかもしれないという議論を深めるのにはそれほど向いていないかもしれない。その不均衡に気づかないままだと、高校生の私が見て魅力をあんまり感じなかったようなステレオタイプが再びエンタメに登場するのではないかと懸念します。

そう思うのは、人生の局面によっては、本来もっと手の届く場所にフェミニズムの言葉があれば救われる人が多くいるんじゃないかと感じるからです。今になって女子高生時代、あるいはキャバクラ嬢やAV女優時代と振り返って、当時フェミニズムが自分を救ってくれると思ったことは少なく、むしろ私たちの語りをうまく利用して、主体的だとか逆に犠牲者だとか言っている学問だと感じることも多かったのですが、そんな日常は女の人生のごく一部だったとつくづく思います。楽しい非日常を生きている時、特に問題を感じない時に思想が必要ないのはある意味当たり前かなと思うのですが、そういうお祭り騒ぎの後にも人生は続くし、お祭りとお祭りの間に苦しい日常が挟まることもあります。性の二重基準を設定する男の女性差別的な思想にかつて加担した身体を抱えて生きてはいるけれど、その選択をした時の私の自由と、フェミニズムが矛盾するわけじゃないと思うようになってずいぶん気が楽になりました。

自分の境遇には概ね満足している、女としての楽しみを謳歌したい、時には男女不均衡さえも楽しんでいる自分がいる、セックスの解放は別にしたくない、抑圧されていたわけじゃない、ポルノも含めた色々な表現を楽しみたい、と感じたことのある女性が、だから自分はフェミニストに含まれない、と認識してしまう社会は勿体ない気がします。そう思うことを反省するのではなく、抱えたままアクセスできるのが、広い絨毯のように色々な糸が織り込まれているフェミニズムの魅力だとも思います。自分が日常を生き抜く際に、何かしら感じる不自由が、必ずしも男性による女性差別のせいだ、と思えなくても、実はフェミニズムの中にある思想が救ってくれることがある。

だから、機会の不平等もだいぶ是正されたし、あとは一部に残る問題に対処する人たちが個別にやればいいよね、ありがとうさようならフェミニズムだ、ポストフェミニズムだ、と感覚的に言ってしまうのは私としても抵抗があります。多様な選択をする女性たちそれぞれが、結構ちゃんと言葉とそれを話す場所を持っている昨今、連帯を設定する難しさは確かにあると思います。それでも、フェミニズムは卒業するものではなく、多様な色が織り込まれたカーペットから、必要な時に自分にとって救いとなる糸を拾い上げられるものであって欲しいし、多くの、それほど不自由ではなくても、もう少し自由になりたいと感じている女性を、何か限定したトピックにおける意見の相違によって排除せずに、掬い上げられるものであって欲しいと切に思います。

２０２１年２月11日　鈴木涼美

鈴木涼美さま

この往復書簡も10回目、いよいよテーマは「フェミニズム」ですか。

あなたの考えの根底に「男への絶望と諦めがあって、彼らに期待しても無理」と思い、「男の無責任を自明のもの」としてきた、とありましたね。

なるほど「夜のお仕事」の授業料のひとつは、こういう男に対する侮蔑を学習することだろうと察しがつきます。おそらく女性の「夜のお仕事」の職場に来る男たちは、カネと権力を背景に、女につけこもう（それももっとも安直なしかたで）とする陋劣な部分をさらけだす

フェミニズムは活発な言論のアリーナ。異端審問も除名もありません。

でしょうから。彼らにももしかしたら気概や稟性《ひんせい》があるかもしれませんが、そういう部分を発揮する場面を「夜のお仕事」の職場では女性たちは目撃することがあまりないでしょうし、むしろホンネやだらしなさを無防備にさらけだすために、彼らはわざわざおカネを払ってまで夜の街に繰り出すのかもしれません。

書いているうちに、なあんだ、ホステスと妻は同じか、という気がしてきました。どんなに仕事のうえで凜々しく頼もしい社会人の男性でも、その姿を妻や子が目にすることはめったにありませんし、むしろウチでは無責任でだらしない姿をさらすことでしょう。ヒーローと呼ばれるひとたちの公的イメージと、家族からの評価の落差は驚くほどです。たいがいの妻たちは「自分勝手でどうしようもないひと」だと思って夫に仕えていることでしょうし、場合によっては殴られたり蹴られたりしてもいることでしょう。

わたしの父がそうでした。「外面《そとづら》のよいひと」という表現があります。社会的には紳士的でやさしい男性と言われましたが、ウチでは亭主関白の暴君でした。彼が亡くなってから葬儀に参列した元患者さんたちに出会って、彼がどれほど患者から信頼されていた医者だったかをあとから知りましたが、そんな姿を家族は目にすることがありません。そういえば、大阪二児置き去り死事件のシングルマザーが、最後に頼って断られた父親は、高校ラグビー部の指導者として尊敬されていた高校教師でしたね。実の娘を性的に虐待しつづけてきた父親が、地元の名士だったというケースもあります。

それにしても、なぜ男はあれほど無防備に、自分のなかのもっとも自分勝手で卑劣な部分を女に向かってはさらけだすことができるのでしょう？　そして臆面もなく、その無理無体な要求をまるごとすべて受け容れよと、女に求めることができるのでしょう？

「カサンドラ症候群」ということばを聞いたことがありますか。発達障害の夫を持った妻たちの苦難を指すことばだそうです。カサンドラは、ギリシャ神話に出てくるトロイアの王女。トロイアが陥落する際に凌辱され、さらにアガメムノンの戦利品として連れ帰られてアガメムノンの妻、クリュタイムネストラに殺される受難の女性です。

「カサンドラ」たちのレポートには、自分流儀のこだわりを捨てない夫が、それを妻に押し付けることに耐えつづけてきた妻の悲鳴があふれています。[*1] 自分のつごうを最優先し、妻や子どもに関心を示さず、具体的な指示をしない限り動かない夫。複雑な相談事には口をつぐみ、石のように押し黙る夫。なかには想像を超えた、あぜんとする事例もあります。冷蔵庫の整理のしかたにこだわって、妻が買ってくる要冷蔵の食品をそのつどすべて外に出してしまう夫。「子どもを安心して預けられない夫」は、子どもを置いて外出すると、そのあいだにジョギングに出かけていたそう。不安で夫に子どもを預けて外に出られないという妻には、ほかにも会ったことがあります。自分たちでつくった子どもさえ信頼して預けられない男と、セックスして妊娠することはできるのですね。誰でもとつぜん親になれるわけではありません。女だって、経験から学びながら親になっていきます。男にも学習能力がないわけではないのに、夫に対する期待値が低すぎるためになにもかもワンオペでかかえてしまう妻は、カサンドラの妻に限らないような気がします。

話を聞けば聞くほど、「あるある」話ばかりで、カサンドラの妻とふつうの家庭の妻がどう違うのかわからなくなります。「オレサマ」が家の中心、オレサマの流儀やこだわりには家族の誰も楯突くことは許されず、それが容れられなければ暴力か無視で応じる……そういえばDV夫もそうでした。目黒区で虐待死した結愛《ゆあ》ちゃんの義父、船戸雄大は、自分が家にいるあいだは、家族の者たちが何をさしおいても自分を最優先することを疑わず、それを強制しました。逆らえば待っているのは暴力と長時間に及ぶ説教でした。[*2]

発達障害の男性でも結婚できるのは、彼らが社会人として職場で通用しているからですし、少なくとも結婚前には妻にそういうふるまいをしなかったからです。結婚して日常生活を共にしてから、妻は夫の奇行や異常を発見して愕然とします。専門職は発達障害は病気だから病人として扱いなさいと助言しますが、たとえ病人だろうが、妻の人権侵害にあたるような行為は許されるはずがありません。家庭の外で社会人として他人に気を遣って生きられるなら、家庭のなかでもそうすべきなのです。なのに、今度は、発達障害の夫は家庭の外で緊張を強いられているから、家庭に戻ったら妻はその緊張を解いてあげなければならないのだ、というアドバイスを受けます。これなど、「男は外に7人の敵あり」だから、家では緊張をほぐしてあげるのが妻の役目、という従来の「女房役」と変わりません。いったん「ミウチ」になった女とは、どんな汚物も無限に処理してくれるつごうのよい浄化槽のような存在になるのでしょうか。そういう姿を見せつけられたら、女が男を尊敬できなくなるのはあたりまえです。女に尊敬されたかったら、尊敬されるようにふるまえ、と言いたい思いです。

そういえば「夜のお仕事」でした。男にも（女にも）高潔なひとも卑劣なひともいます。同じ人格のうちにも、高潔なところも卑劣なところもあるでしょう。「夜のお仕事」をする女性のなかには、「社会勉強のためにホステスになりました、来店する財界トップの方たちは、教養があり座持ちがよくて私たちにも配慮があり、ほんとうに勉強になります」という女性もいないわけではありませんが、おそらく同じくらい、あるいはそれ以上に、彼らのイヤな部分も見ているに違いないのです。

「しょせん男なんて」と言う気は、わたしにはありません。「男なんて」「女なんて」というのは、「人間なんて」と言うのと同じくらい、冒瀆的だからです。人間は卑劣で狡猾でもありますが、高邁で崇高でもありえます。社会学者は統計的傾向を見る癖があるので、離婚した男の無責任さなどを見ると、「ふーん、男ってほんっとにどうしようもないね」と思うことはしばしばですが、もちろんすべての男がそうなわけではありません。石牟礼道子さんの作品に出てくる男女を見ると、「人間て、けなげだなあ」とその必死さに打たれますし、中村哲さんのようなひとがいると思うだけで、粛然とした気持ちになれます。中村哲さんが「夜の街」に来ることはありそうにもないでしょうが、そういう尊敬できる男女には書物のなかで出会うことができます。

心理学者の霜山徳爾さんの書物を読むたびに、わたしはしんとした気持ちになります。[*3] 霜山さんは「自灯明」ということばを遺されました。暗闇を歩くときに自らの足元を照らすわずかな灯明を頼りにすることを言います。そのとき燃やしているのは己のいのちかもしれません。わたしには、暗闇のなかをそれぞれがわずかな灯りで自分の足元を照らしながら歩んでいる姿が目に浮かびます。そのひとりが霜山さんです。そして、こういうひとが生きていたと思うだけで、人生は生きるに値すると思えます。

あなたは何度も「上野さんはなぜ男に絶望せずにいられるのか?」と訊ねてきましたね。ひとを信じることができると思えるのは、信じるに足ると思えるひとたちと出会うからです。そしてそういうひととの関係は、わたしのなかのもっとも無垢なもの、もっともよきものを引き出してくれます。ひとの善し悪しは関係によります。悪意は悪意を引き出しますし、善良さは善良さで報われます。権力は忖度と阿諛《あゆ》を生むでしょうし、無力は傲慢と横柄を呼び込むかもしれません。わたしはイヤなヤツには相手以上にイヤなヤツかもしれませんし、狡猾さも卑劣さも持ち合わせていますが、自分のなかのよきものを育てたいと思えば、ソントクのある関係からは離れていたほうがよいのです。

今度の書簡であなたは「別にフェミじゃないけど」という表現について書いておられましたね。男社会にむかつく、その気分は共有するけれど、フェミニストと呼ばれたくないし、自分でもそう名のりたくない。そういえば最近、“I'm not a feminist, but...”を話題にする機会がありました。写真家の長島有里枝さんとの対談のなかです。長島さんの著書、『「僕ら」の「女の子写真」から　わたしたちのガーリーフォトへ』（大福書林、２０２０年）という本の書評を書いたことがきっかけで、長島さんを、わたしが主宰する認定ＮＰＯ法人ウィメンズアクションネットワーク（ＷＡＮ）の上野ゼミ書評セッションにお招きし、あれこれしゃべったあとにまだ話したりないから続きを、と請われて対談したものです。[*4]

そのなかで90年代に脚光を浴びた彼女たち若い女性写真家が、フェミニズムからどのように距離をとったかを話してくれました。

90年代、ちょうどあなたがいうように彼女もまた「顕著な女性差別を経験していないから父権制批判の必要をそんなに感じないし、犠牲者化されるのは時代の気分ではないし、……恩恵は受けたけれどももう必要じゃない、と感じる女性」のひとりだったのでしょう。もう女、女というのはたくさん、フェミニズムは終わった、と「ポストフェミニズム」という用語が登場した時代です。男のなかにも「キミたち、まだそんなこと言ってるの、フェミニズムは時代遅れだよ」と言い出す者たちもいました。わたしが『ニュー・フェミニズム・レビュー』（学陽書房）全6冊を出したのは1990年から95年まで。その際、「ポストフェミニズム・レビュー」と名付けようという提案もありましたし、事実「ポストフェミニズム」と題する本も出ましたが、わたしは「ちょっと待って、ポストというのはまだ早い」と考えました。ジェンダーという用語も定着しておらず、セクハラやDVがようやく人口に膾炙し始めたところでした。

データを見れば日本社会に女性差別がなくなっていないことは如実にわかります。世界経済フォーラムのジェンダー・ギャップ指数世界ランキング121位（2020年）は、「この印籠が目に入らぬか」というわかりやすい切り札になりました。あのころには、「日本の女はじゅうぶんに強くなった、これ以上強くならなくてもいい」などというおっさんのディスコースが流通していたものですが、今日「日本に女性差別は存在しない」と言える者は誰もいなくなりました。そして東京五輪・パラリンピック組織委の森喜朗元会長の発言に見るように、あの発言を「女性差別」だと認識するのはあたりまえになりましたし、それを指摘することにいちいち「フェミではないけれど」と前置きをする必要もなくなりました。

“I'm not a feminist, but…”には前史があります。ウーマン・リブが登場したとき、多くの女たちが“I'm not a lib, but…”を口にしたからです。彼女たちの言い分には共感するけれど、彼女たちと同じには見られたくない、と。リブは「黄色い声」だの「ブスのヒステリー」だの、さんざん揶揄され、スティグマ化されました。“I'm not a lib, but…”と答えた女たちには、“I'm a feminist.”という名前が用意されていました。リブよりフェミニズムのほうが、歴史的に正統化された用語でもありましたし、ちょっと知的で品良く聞こえたからでしょうか。そのことを根に持っているリブの女性たちは、今でも「リブとフェミニズムとは違う」と主張します。スティグマを引き受けて果敢に闘った誇りがあるからです。リブの女たちは、ビッチとか魔女とか呼ばれましたから、自ら「魔女」を名のって「魔女コンサート」を主催する女性たちもいました。

“I'm not a lib, but…”と名のった女性たちは、ただちに仕返しされました。フェミニズムもまたスティグマ化されたからです。その後、ジェンダーという学術用語が入ってきたために、自分は中立で公正なジェンダー研究をやるのだ、そのためにはフェミニストである必要はない、という者まで現れました。ジェンダーはほんらい男女の非対称な権力関係を表す用語ですから、「中立・公正」であるわけもなく、フェミニズムは女性解放の思想と実践、ジェンダー研究はそのための理論的武器として両者は車の両輪、というべきなのですが、カタカナことばに幻惑され、学術用語の体裁をまとったために、フェミニズムよりジェンダーのほうを歓迎する人びともいました。「女性学」を名のるより（女性学は「二流の学問」と思われていました）「ジェンダー研究」を唱えるほうがカッコいいと思う一群のひとたちがいたせいで、あえて旗幟《きし》鮮明に「フェミニスト研究」と名のるひとたちすら現れました。そのうちにジェンダーもスティグマ化され、誤解と曲解にもとづく「ジェンダーフリー・バッシング」が吹き荒れたあと、「ジェンダー」も使えなくしようという攻撃が登場しました。

それ以前にすでに「男女平等」ということばは、よくわからない「男女共同参画」に置き換えられ、行政用語からは消えていました。各地の「女性センター」は軒並み「男女共同参画センター」に看板をつけかえ、男も施策の対象なのだから、とそれでなくても少ない女性政策関連予算が配分されて、「男の料理教室」などが各地で開催されました。そのあいだにも女はじゅうぶんに強くなった、「女性センター」などもう要らないという声はくりかえし登場し、女性センターを統廃合する動きが各地に起きました。もし行政の出先機関である女性センターが、その設置の根拠となる政策目的を鮮明に示すためなら、女性センターは、男女平等センターどころか、「女性差別撤廃センター」と名付けるのがいちばんよかったのです。女のやることはなんであれ、スティグマ化され、二流化され、黙殺され、押し返されてきました。

あなたにとってはまったく別世界のようなジェンダー業界界隈のことを話してきたのは、あなたたちの世代はこういう動きとの接点がまったくなかったように思えるからです。団塊ジュニア世代の雨宮処凛さんと対談したとき[*5]、「フェミニズムはかすりもしなかった」と聞いてショックを受けました。女性センターが対象としたのは地域にいる既婚の女性たち。働く女性やシングル女性には使い勝手が悪く、対象となるプログラムもありませんでした。地域の全日制市民と定時制市民とは、夕方5時できれいに入れ替わり、彼女たちのあいだに接点すらありませんでした。

そのころ、地方の女性センターに行くと、担当者が「このへんじゃ、ジェンダーを知っているひとなんていませんよ」とこぼしました。ジェンダーもフェミニズムも知らなくても、若い女性がのびのびと自分らしく生きられればそれでいい。フェミニストを名のってても名のらなくてもいい、名前じゃなくて実質なんだとわたしは思っていました。

長島有里枝さんが若い女性写真家として登場した90年代に、日本でも東京都写真美術館が設立、写真がアート界の市民権を獲得しました。そこにアメリカから帰ったばかりの笠原美智子さんがキュレーターとして活躍の場を得て、次々にジェンダー関係の企画展を積極的に推進しました。わたしを写真界に目覚めさせてくれたのは、このひとです。91年に「私という未知へ向かって　現代女性セルフ・ポートレイト」、96年に「ジェンダー　記憶の淵から」、98年に「ラヴズ・ボディ　ヌード写真の近現代」……こうやって並べてみると彼女がどれほど精力的に仕事をしたかがわかります。その笠原さんに『ジェンダー写真論　1991―2017』（里山社、2018年）というそのものズバリの題名の著書があります。その本のなかには、長島さんやHIROMIX、蜷川実花さんなど、写真誌が「女の子写真家」としてもてはやした若い女性写真家はひとりも登場しません。わたしは笠原さんのこの沈黙の理由を知りたいと思いました。その笠原さんが長島さんの著書のコメンテーターを引き受けてくれたので、この書評セッションに乗り気になりました。

長島さんとの対談のなかで、同時代に活躍した笠原さんの企画展を知っていたかと訊ねました。美大デザイン科に在籍していた長島さんには少しも情報が届かず、当時は映画に熱中していた彼女には関心もなかったといいます。同時代に写真家志望だった別の女性に聞くと、「知ってはいたが、距離を置いた」という答えが返ってきました。笠原さんがもっとも精力的にメッセージを送っていたときに、それは届くべきひとたちに届かなかったのです。なんともったいないことを！　とわたしは思いました。

長島さんたち若い世代の写真家が笠原さんとつながらなかったというだけではありません。笠原さんが紹介した海外の女性写真家たちが、自分たちと同じように悩み、同じような課題に直面し、どんなふうに生き延びているかを目の当たりにできたでしょうに。そこで生まれるのが「ムーブメント」です。女性運動も運動（ムーブメント）ですが、そこには「わたしたち女性」という集合的アイデンティティの確立が不可欠です。そしてその女という集合的アイデンティティは、見たことも会ったこともない他人とも想像的に構築することができます。わたしたちはそうやって、外国にいる女たちが悩んだり苦しんだりしたことに共感し、「私も #MeToo」と叫んできたのです。

長島さんはアメリカの「ガーリーカルチャー」には共感したといいます。それが彼女の書名の「わたしたちのガーリーフォトへ」という自称に反映されています。同じように、若いひとに「フェミニズムってどこから知ったの？」と聞くと、「エマ・ワトソンの国連スピーチから」「韓国の動きから」という答えが返ってきます。ロクサーヌ・ゲイの『バッド・フェミニスト』（亜紀書房、２０１７年）とかチママンダ・ンゴズィ・アディーチェの『男も女もみんなフェミニストでなきゃ』（河出書房新社、２０１７年）が翻訳されて読まれましたが、とりたてて新しいことが書かれているとは思えませんでしたし、こんなこと、わたしたちは半世紀前から言ってきたのに、という思いがしたものです。第三波フェミニズムとか第四波フェミニズムとか呼ぶひともいますが、世界の見方を変えるようなパラダイム転換が起きたとも思えません。

　情報が届かない、無知だったという以上に、若いひとたちの声を聞くと「フェミニズム」に対する拒否感がフェミニズムとの距離をもたらしたもののように思えてなりません。メディアがフェミニズムのイメージをつねにスティグマ化してきた、フェミニストが「怖い女」「イヤな女」として描かれてきた、「男を敵にまわすとソンをする」と叩きこまれてきた……などなどさまざまな理由があるでしょうが、結局わたしたちの声は届かなかったようです。

　声の出し方が悪い、メッセージの伝え方がへただ、とも批判されました。芸がなくてすみません、というほかありません。２０２０年度のＷＡＮのシンポジウム「フェミニズムが変えたこと、変えられなかったこと、そしてこれから変えること」[*6]にご登場ねがった日本のリブの旗手、田中美津さんは、「リブとフェミニズムは違う」が持論。小難しいことをカタカナことばでいう「お勉強フェミ」じゃなくて、女がとりみだしながら腹の底から出す声は届くとおっしゃいますが、そういう田中さんの声だって、結局はどれほど届いたでしょうか。

　時代は変わりました。ＴＶで「ザ・フェミニスト」として知られた田嶋陽子さんを知らない若者たちもたくさん生まれ育っています。

　長島さんの世代の女性写真家たちがつながれなかったのは、外から男目線で「女の子写真家」としてひとくくりにされたせいで、かえって「私は違う」と言わなければならなかったから。多くの女性アーチストたちが、「女とアート」展への出品を拒んできた歴史を知れば、彼女たち、誇り高いクリエイターが、「女たち」とひとくくりにされるのはまっぴらごめん、と思ったことがわかります。ですがその「女たち」とは、男がまなざした「あの劣った（二流の）集団」の代名詞で、そのミソジニーにまみれた男の視線を女性たち自身も内面化していたことになるでしょう。

昔も今も、ミソジニーは女を分断支配します。最近では五輪組織委を辞任した森元会長の発言、「(うちの女性理事たちは）わきまえておられる」が象徴的でした。この発言を逆手にとって「＃わきまえない女」が急速に拡がったのは痛快でしたが、「わきまえる」というキーワードを踏み絵として、「＃わきまえる女」は侮蔑に甘んじ、「＃わきまえない女」は制裁を受けます。どちらにころんでもミソジニーの効果を受けるのは同じ。さまざまな女性の発言のなかに自分にも「わきまえ癖」がついていた、というものがありましたが、こんな発言が女性から出てくるときには、痛みを伴わずにはいません。男仕掛けのルールに乗ろうが乗るまいが、どちらにしても女性は傷を負うでしょう。ですが、救いは「わたしは別」という差別化の代わりに、わきまえようがわきまえまいが、「わたしは女」という集合的な自称詞が登場したことでした。

「私は傷つかない」と被害者化を拒否する女たちも、その罠から自由だとはとうていわたしには思えません。そういえばずいぶん昔に援交少女たちに向かって「魂に悪い」といったオジサン、河合隼雄さんにあなたは言及しておられましたね。リアルタイムで記憶しておられたのでしょうか。それに対して『制服少女たちの選択』（講談社、１９９４年）の著者、宮台真司さんが、援交しても「魂は傷つかない」と反論しましたが、わたしはどっちもどっち、男たちが当事者の代弁をして代理戦争するのはやめてくれ、と思っていました。フィールドワーカーである宮台さんの前で「私の魂は傷ついたりしない」と口にした少女もいるかもしれません。ですが、あなたもご存じのとおり、インフォーマント（情報提供者）はインタビュアーの隠れた期待に応じるものです。それに社会学でいう「動機の語彙」のなかには、相手に理解しやすい、受け容れられやすいボキャブラリーを選ぶ傾向があることもわかっています。元ブルセラ少女だったあなたの口から、河合さんの「魂に悪い」には「それなりに感じるところがある」と聞くと、ふ〜ん、そうかもねえ、と思います。あのときのあれはいったい何だったのか、いつか当事者だった元少女たちが、自分の経験と感情を言語化して、きちんと表現してくれることを期待しています。そしてどんな経験も感情もひといろではなく、そのなかにいくぶんかの自恃やプライド、慚愧や後悔など、複雑ないろあいが含まれることは、あたりまえのことなのですが。

それにしても。あなたが書くように、フェミ業界の白か黒かの踏み絵はほんとに困ったものです。「売春稼業は結構楽しい」と言ったとたんにセックスワーク容認派として認定され、反対に「性を売ることに対する嫌悪感がある」と言えば「一気に敵として認定され」るとは。「嫌悪感がある、だから、楽しい」なんていうこともある、人間は複雑な生きものなのに。「表現の自由」論争では、わたしはフェミニストのなかでは「(法的)規制反対派」という少数派なので、反フェミ認定をされたり、AV業界のひとが寄ってきたり、男性の「表現の自由」派からまちがって味方と思われたりします。フェミ業界に限りません。「正しい」ことを追い求めるひとたちは、それ以外の少しでも「正しくない」ことにはどこまでも非寛容になりがちです。人間の歴史には、異端審問と魔女狩りがあふれています。

フェミニズムはそれからまぬがれていると、わたしは思ってきました。なぜならフェミニズムは自己申告概念だからです。フェミニストと名のったひとがフェミニスト、正しいフェミニズムとまちがったフェミニズムがあるわけじゃない。フェミニズムには「党中央」もなく、教会もなく司祭もいない、中心のないムーブメントですから、異端認定をする者もいませんし、除名もありません。それにフェミニズムは問いを入れたら正解がぽろ〜んと出てくる正答マシーンではない……そう思ってきました。だからこそ、フェミニズム業界はこれまでも、論争の絶えない活発な言論のアリーナでありつづけてきましたし、これからもそうでしょう。なのにいちいち外野から「フェミか反フェミか」という白黒認定を受けるんですね。ばかばかしい、わたしはわたし、と放っておきなさい。

ですから、上野は差別主義者だとか、反日だとか、いろんなことを言われても、わたしがフェミニストを名のることを誰も妨げることはできないし、わたしはこの看板を下ろすつもりがありません。というのも、わたしはフェミニストを名のる女たちのことばからあまりに多くを学んできたからです。わたしのことばのほとんどは借り物です。自分でつくったことばなど、ほとんどありません。そもそも「フェミニズム」も「ジェンダー」もカタカナことば、残念ながら日本の女がつくったことばではありません。

「ジェンダー」という概念は、フランス語の「ジャンル」から来ています。もとは文法用語、名詞に女性名詞と男性名詞のあるフランス語には関係しますが、英語には関係ありません。ある国際シンポの席上で、いじわるそうなフランス人のフェミニストが、その場にいた世界的なジェンダー史の研究者、英語圏のジョーン・スコットに言ったことばが忘れられません。

「ジェンダーはもともと英語になかった概念。それがあなたたちに何の関係があるの？」と。

その場にいたポストコロニアル・フェミニストのガヤトリ・スピヴァクが、ただちに応答しました。

「誰がつくったものであれ、使えるものは何でも使えばいいのです」

英語圏で研究者として活躍しながら、インドの国籍を捨てなかった旧植民地出身知識人、自分の教養のほとんどを英語圏の知識が占めているとしても、それを逆手にとって「敵の武器をとって闘う」と言った女性のこの果断な反応に、わたしは息を呑みました。スピヴァクもフェミニスト、スコットもフェミニスト、いじわるな質問をしたフランス人女性もフェミニストでした。

この半世紀、わたしはこういう刺激的な場に臨んできました。そしてこういう論争の場で、きたえられてきました。「わたしは彼女たちに負っている」……その思いが、わたしがフェミニストの看板を下ろさない理由です。

「巨人の肩の上に乗る」という表現があります。自分が小人でも、巨人の肩の上に乗れば大きな視界が拡がります。そのように後から来る者は、つねに先を歩いた者の「肩の上に乗る」特権を持っています。それを使わない手はない、なんともったいない……それが先行の世代に楯突きながら自己形成し、ようやく自分も歴史のなかに組み込まれていると自覚しつつあるわたしの感慨です。

２０２１年２月25日　上野千鶴子

＊1―真行結子『私の夫は発達障害？　カサンドラな妻たちが本当の幸せをつかむ方法』すばる舎、2020年。
＊2―船戸優里『結愛へ　目黒区虐待死事件　母の獄中手記』小学館、2020年。
＊3―霜山徳爾『霜山徳爾著作集』全7巻、学樹書院、1999―2001年。第6巻「多愁多恨亦悠悠」に上野が解説を書いている。
＊4―上野千鶴子「写真史の her story」『新潮』2020年7月号。対談「連帯《ムーブメント》はおもしろい」は『新潮』2021年4月号に掲載。
＊5―上野千鶴子・雨宮処凛『世代の痛み　団塊ジュニアから団塊への質問状』中公新書ラクレ、2017年。
＊6―シンポジウムの動画はWANサイトで配信中。https://wan.or.jp/article/show/9218

11

自由

上野千鶴子さま

前回いただいたお便りで、私が長らく最もお聞きしたいと思っていた、「なぜ上野千鶴子さんは長く男の加害性を目の当たりにしても、男の情けなさを本で指摘しても、男に絶望せず、男を舐めきらず、男との対話を諦めないでいられるのか」という疑問に、真摯に答えていただいてとても嬉しかったです。30代後半の今、私の大きな課題の一つが、自分の中にある男への諦めと向き合うことなので、どうしても伺ってみたいと思っていました。

怒ったり抗議したりはしても諦めないし笑わない、というのは、私が今SNSを使って抗議活動などを展開している若い女性たちを見て感じる態度でもあります。私自身の、諦めているし嘲笑はするけど怒ったり抗議したりあまりしないで生きている、という自覚も、彼女たちの姿を見て改めて気づかされたことでもあります。それでも半分は彼女たちがまだ若く汚れていないから、男に絶望しないで済んでいるのだろう、と懐疑的でした。30歳を過ぎて35歳を過ぎたら、きっと彼女たちもスレて「この生物には言っても無駄」と匙を投げるのではないか、と。ただ、考えてみれば、上野さんや小倉千加子さんの本を読んで、「しょせん男なんて」言っても無駄、という態度を感じないわけで、やっぱりさっさと絶望して冷笑的になって男との対話を諦めている私自身の問題と向き合いたくなったのです。

前便冒頭の『夜のお仕事』の授業料のひとつは、こういう男に対する侮蔑を学習することだろう」というご指摘が、まさに私がこの往復書簡の中でも、それから広く自分の執筆活動の中でも、年々より強く自覚している事態です。ただの性格や夜のお仕事よりもっと前の生育環境も関係しているかもしれませんが、ブルセラショップでマジックミラーの向こうにいた情けない男性像が、常に私の男性観の起点となっていて、「あんな動物とわかりあうことはないし、平等になりたくもない」とどこかで蔑んでいる気がする、というのは以前もお話ししたかもしれません。

それは、私が前回、援助交際に関する河合隼雄さんの「魂に悪い」という発言を「それな

女性の味方をする男性ライターの文章より川端文学の方が人間を知ることができます。

りに感じるところがある」としたこととも繫がっています。援助交際でも夜のお仕事でも売春でもAVでも何でもいいのですが、その最中にいた時には「魂に悪い」なんて言われても全くピンと来ず、「?」という感じでした。ですから宮台真司さんにインタビューされて「私は傷つかない」と答えたであろう少女たちのことはよくわかるし、私も当時たまたま渋谷で彼とすれ違っていたら、そう答えていたでしょう。

私はAVを引退して今年で15年、クラブやキャバクラなどの水商売から完全に足を洗って5年ですが、今になって、「魂に悪い」という言葉で言わんとされていたことがどういった事態なのか、少しだけわかる気がします。魂という語、あるいは悪いという語がしっくりくるかどうかはさておき、人の、特に男の、社会生活では曝されない姿ばかり間近で目撃し続け、またその情けない姿によって自分の商売が成り立つという構造を受け入れ続けることで、本来失わないでいい希望や信頼が猛スピードですり減ったような気がします。スレるとか現実を知るとか言ってしまえば単純ですが、もっと根本的な人を尊び敬う態度を放棄してしまう側面があるのかもしれません。

もしかしたらその辺りが、私が10代の頃からずっと探し続けた「売春をしてはいけない理由」を立ち上がらせるのかもしれない、という気が、最近しています。人が売春行為に対して持つ嫌悪感、親たちが娘に売春をして欲しくないと感じる拒否感を作り出しているのは、はしたないとか危ないとか自尊心が汚れるとかいう理由以上に、他者に対して持つリスペクトがねじれてしまうことへの危機意識なのかもしれません。私がブルセラ少女だった時、大人たちはそれを禁止したり戒めたりこそすれ、禁じられるべき明確な理由を教えてはくれませんでした。私はその大人たちよりはわかりやすい言葉でそれを語れる大人になりたいと思っていましたが、ほんの少しだけ最近、そのための光が見えるようになってきた気もします。上野さんの「しょせん男なんて」というのは冒瀆的だという言葉をいただけてよかったです。

もちろん、よく言えば学習、普通に考えれば後遺症のようなものの存在を感じたところで、なかなか自分の感じ方というのを転換するのは難しいし、生きる態度を改めるのも簡単ではありません。「尊敬できる男女には書物のなかで出会うことができます」と書かれていたのを読んでハッとしました。一人の本好きとして、私もおそらく書物の中に尊敬できる人間を見つけたことだってあるはずなのに、私の中で読書というのは圧倒的に人の醜さや愚かさを目の当たりにする行為という印象の方がずっと強かったからです。高校時代に好きだった川端康成や志賀直哉を読んで、あるいは三島由紀夫やドストエフスキーを読んで、ブルセラの客が可愛く思えるくらい、男って自分勝手で病んでいて愚かで救いようがないと思っていました。その愚かさを愛することが、世界と対峙する唯一の方法だとすら思っていました。思えば結構若い時から、絶望しがちというか、愚かな側面を先に受け入れてしまう癖はあったのかもしれません。
そういえば「カサンドラ症候群」という言葉を私は知りませんでしたが、相手が発達障害であるかどうかにかかわらず、いわゆる「モラハラ」に悩まされている友人はものすごくたくさんいます。言葉の暴力で相手の尊厳を傷つけ、妻や恋人をゴミ扱いすることでスッキリする男の人は、若い時も今も、周囲に絶えません。彼女たちはある時は「それでも年齢的にそろそろ子供が欲しいから」、またある時は「一人になるのは怖いから」と理由をつけて彼らを受け入れることがありますが、どこかに私と似た「どうせ他の男も似たようなものでしょう」とか「反論したり文句を言ってもどうせ変わらない」という諦めがあるのかもしれません。そして「男なんて変わらないよ」と感じた時点で、フェミニズムの言葉はすっかり乾いて虚しく響くのかもしれません。

リブ、フェミニズム、ジェンダーと、スティグマ化とのイタチごっこによって勿体無い機会喪失や女性同士の誤解が生まれ続けたことは、改めて受難の歴史だったのだと実感し、また『バッド・フェミニスト』や『男も女もみんなフェミニストでなきゃ』が今更ベストセラーになることに、新しさを感じないことも同意します。「#わきまえない女」なんてキャッチフレーズは、『青鞜』の「新しい女」の概念にそっくりだし、SNSでのフェミニスト・

バッシングもウーマンリブ・バッシングと何も言うことが変わっていません。

上野さんをはじめとする先人たちが「こんなこと、わたしたちは半世紀前から言ってきたのに」と感じられるのは間違いないのでしょうが、最も大きな違いは参加者の幅と量なのだろうと思います。SNSにあるフェミニズムの言葉は最早一部のインテリの、あるいは余裕のある主婦の、あるいはエリート職業婦人のものではなく、階層に関係なく手にとれるものになったとは思います。SNSは良し悪しだと個人的に思いますが、少なくとも決められたヒール靴を拒否する運動のように、ヒール靴を無理やり履かされたことのないインテリ層からは生まれようがない運動もよく見かけるようになりました。既視感ばかり目につく反復の中で、遠心力のように輪が大きくなるのであれば、50年前と比べて新しさがないような反復にも大きな意義を感じます。

私や雨宮処凛さんは、血を流しながらフェミニズムを最初に回転させた世代でも、反復の辛さを噛み締めながら輪を広げている今の世代でもなく、むしろ反動で戻ってきた振り子に身を任せて一緒に揺り戻しに加担してしまった世代かもしれません。別に卑下するつもりではなく、むしろその代わりに、女性の置かれている立場について、自分らもそれを望んできた歴史があるということを誰しもが自覚している点で世代的な強みを感じることはあります。

そうそうフェアになることなんてできないけど、若い女性たちの声とバッシングの声の狭間で、両方の言語を少しずつわかる世代と言いたいところです。

私にとって刺激的だったこの往復書簡も、今回を除いて残り1回となりました。「自由」というテーマをひとまずつけましたが、以前から表現の自由と「正しさ」についてはお話を伺いたいと思っていました。

五輪組織委の一連の騒動を見ていて、森喜朗発言のようなものがいまだに現実に垂れ流されることには呆れても、その後の抗議や反論の広がりは心強く、あんな発言はあんまりもう怖くないのかも、とも感じました。ものすごく幅の広い年代、階層、立場の女性たちがそれぞれ反論する言葉を持っている今、表現の自由についても少し明るい希望が見える気がするからです。

物書きの端くれとしては表現規制に対してアラージックな反応をしてしまうし、基本的に表現の自由を金科玉条のように捉えてしまうのですが、それでも困難な立場にある人や、弱き者の声が奪われた状況では、表現できる者の自由も少しは抑制的でも致し方ないとは思っていました。表現の場を持つ者にその自覚がないと、ゆくゆくは法的規制という茨の道を進んでしまう気がするからです。そして逆にいえば、抗議の輪が広がりやすく、弱者の声が届きやすい社会になることで、表現は自由を獲得できると信じています。

性的表現や旧い価値観を助長する広告などにSNS上での抗議が集まり、炎上して撤回という事例が続いたことや、あいちトリエンナーレ2019のニュースがあったことで、表現しにくい世の中になったとか、面倒くさい世の中になったとかいう気分が蔓延しています。テレビも顕著ですが、企業や雑誌も「俺たちは弱腰になった」と勝手に自己嫌悪して、泣きながら炎上しない無難なコンテンツづくりに勤しんでいるんだと言う人たちをよく見かけます。反面、炎上騒ぎに必ず乗ってくる、時に「職業フェミニスト」なんて揶揄される男性ライターという、不思議な女性の代弁者たちもよく見かけるようになりました。

抗議によって無自覚にしていた差別表現や知らぬまに人につけてしまった傷を学ぶことは当たり前にするべきですが、抗議がされやすい状況を、のびのびと表現できない窮屈な状況だと解釈するのは個人的には退屈だと感じます。当然、ヘイトスピーチのように明らかな傷を作るものを野ばなしにできないし、何がヘイトなのかという根本的な問題は常にありますが、むしろ多くの人が声を獲得したことは、表現者の無自覚な加害性にとっては少し肩の荷が下りることのように思うからです。

私は何か特定の表現に対する抗議活動はいくらでもあって良いと思いますが、近年の「炎上↓謝罪と削除」だけの流れには不安と不満を持っています。流れにというより、鋭く面白い指摘や抗議と単なるいちゃもんを、峻別する能力すら失いつつあるマスコミに、少し腹が立っていると言ってもいいかもしれません。

少人数の抗議であっても、抗議されているということがニュースになることを恐れるあまりに「無かったことに」して、簡単に削除はするけれど実は何も学んでいないように思うからです。SNSには暴力的な罵声が溢れている反面、議論の場では表現を守る気概は見えません。抗議の声が元気になれば、表現を守る声も多少元気を取り戻して欲しいのに、元気なのは匿名の罵倒だけです。

削除を勝ち取ることを目的にしたような炎上のさせ方にも問題は多少あるのでしょうが、多くは自信を持って表現するべき人たちのポリコレアレルギーのようなものが、ことなかれ主義を助長しているように思います。誰かを傷つけるヘイトスピーチと、不適切とか時代に合わないとかよくない価値観を植え付けるとかの観点で賛否が分かれる表現とが、同じように「炎上案件」として扱われることで、ヘイトスピーチの罪が相対的に軽くなっている気すらすることがあります。

確かに、20年前のテレビ番組を見ると腰を抜かす表現がまかり通っていることがあるのは事実です。以前、実家にあるVHSを処分するタイミングで、私が中学生の頃にせっせと録画していた古い歌番組をまとめて見たことがあります。女性歌手が「痴漢にあったことがない」と発言したことに対して、司会者が「それはお前の乳がないからだ」と返して、観客も歌手も笑って「ひどーい」と言っているような光景を見ることはもうないでしょうし、それは多くの男女が成熟したのだと思います。昔人気だった、ゲイを揶揄したお笑い芸人のコントが一夜限りで復活したら大炎上したのは記憶に新しいし、芸人の深夜ラジオでの風俗発言も彼が若手の時代には記憶に残ることすらなく流されていたのでしょう。

感覚が成熟していくことと、弱腰になることは紙一重ですが、贅沢をいえば、きちんとした抗議の声が上がることが、表現者にとってもありがたいことなんだという感覚が育てばいいなと思っています。そして、抗議する側の要求もつまらない謝罪と削除で満足するものではなく、議論を誘発するものであって欲しい気がします。即座に謝罪と削除をする無意味な流れがなくなっても、多くのくだらない不快な表現は、議論できる用意がないから淘汰されていくでしょうし、何よりくだらない女性蔑視表現と、人の愚かさを抉り出して見せるような素晴らしい表現が、間違って並べられるような事態を避けられる気がするからです。

自由と正しさは常にせめぎ合い、時には惜しまれながら放送禁止になったり発禁になったりする表現も多くあります。すべてが守られるべきだったわけでも、すべての抗議が正当だったわけでもないだろうし、何かの基準を作ろうなんていう発想は馬鹿げていると思いますが、それでも、健全な抗議とそれを受けた時の態度は、もっともっと果敢なものであって欲しいと願います。

一部の女性運動家からは頗《すこぶ》る評判の悪い川端文学に登場する男は、確かに時に正しさとは全くかけ離れた姿をしているけれど、私には少なくとも、すべてわかったふりをして女性の味方をしてくる男性フェミライターの何の実感もないコラムを読むよりは、人間について知ることができる気がするのです。抗議する者たちがせっかく言葉を獲得したのに、表現を守る人たちは「窮屈だ」という文句以外の言葉を失っている気がしてなりません。

２０２１年３月11日　鈴木涼美

鈴木涼美さま

前回とのあいだに森喜朗東京五輪・パラリンピック組織委員会会長辞任の事件がきっかけで、今まで縁のなかったスポーツ紙などからもコメントを求められ、インタビュー・ラッシュで忙しい1ヶ月を過ごしました。

情けない話ながら、森さんというひとはわたしが卒業した石川県の公立高校の先輩です。北陸は保守王国、どの地元も「郷土から総理大臣を出した」と大喜びするものですが、今回

人間の卑劣さや嗜虐性をなくすことは不可能でしょう。でも社会のタテマエは変わっているのです。

の件で地元の反応を聞いてみると、「森さんらしい発言」「サービスでぽろりと出たホンネ」と同情が寄せられているとか。五輪組織委会長として、開会式の顔となり、政治家人生の花道とするはずだったのに残念、ということのようです。

「またか」「やれやれ」と「言っても無駄」とならなかったのが、今回の辞任劇の最大の成果でした。森さんがそれ以前から「日本は神の国」など時代錯誤の問題発言をする政治家であることはよく知られており、今回の発言も、「あのひとなら」「やっぱり」と、今さら驚くようなものではありませんでした。辞任に追い込まれても、さっそく後任を水面下で根回しするなど、ふるまいは変わらず、何が問題かが少しもわかっていないことを露呈しましたし、83歳までこの信念で生きてきたひとの考えを変えることは不可能でしょう。ですが、ここ数十年のうちに、性差別に対する社会の許容度がすっかり変わっていることに、公人として気がつかないか、もしくは周囲が気がつかずにすませてきたのでしょう。

辞任に追い込まれたのは外圧のせいだというひともいますが、それだけとはわたしには思えません。内外の世論が彼を辞任に追い込んだと思えます。オンライン署名のサイトChange.orgなどで複数の署名運動が迅速に立ち上がり、短期間に15万筆以上の署名を集めました。SNS上では「#わきまえない女」が登場し、多くのツイートを誘発しました。森さんの発言のなかの、「(うちの女性理事たちは) わきまえておられる」を逆手にとった

「#わきまえない女」という表現はいったい誰が最初に考えついたものか、そのうまさにうなりました。

Choose Life Project が配信したシンポジウムでは、参加した女性から「自分にも『わきまえ癖』がついていた、反省した」という発言が飛び出しました。女性ならこんな発言を、痛みなしに口にすることはできません。森辞任を求める動きがこれほど拡がった背景には、これが森さん個人の資質の問題にとどまらず、その場でつられて笑った五輪組織委の組織文化の問題だけでもなく、現役アスリートの多くがみごとに沈黙を守った利権と政治まみれのスポーツ界の体質だけでもなく、多くの女性が自分の足元の経験に「あるある」感を抱いたこと、それが怒りの裾野を拡げたと感じます。「女は話が長い」と言われたのは「私のことだ」と名乗りをあげた日本ラグビー協会初の女性理事、稲沢裕子さんが朝日新聞のインタビューに答えていましたが、「男社会の中で女性は自分一人だけという場が多く、笑うしか選択肢がなかった」[*1]と。その場にいたら同調して笑わないわけにはいかない立場に置かれて、怒り以前に、そのとき同調した自分に対する嫌悪と、唇を嚙むような後悔を感じている女性はたくさんいるはずなのです。そして女の頭数をいくら揃えても「わきまえる女」ばかりなら、組織文化に何の変化も起きないこともはっきりしました。

その「#わきまえない女」たちの怒りが森さんというかつて最高権力者の座についた人物

を追い落としたのだから、女たちの怒りは決して無力ではありませんでした。そしてこの成功体験が、今後、何を言えばアウトかという判断の準拠点になるだろう、とわたしは予測しました。

そのとおりの事態が起きました。またまた組織委がらみの性差別発言が浮上したからです。開閉会式のクリエイティブディレクターを務める佐々木宏というひとの、渡辺直美さんというタレントを使った「オリンピッグ」ネタが表に出ました。渡辺さんを豚に変身させるというこのユーモアも知性のかけらもないプランが、チームの反対に遭って撤回されたのは、救いでした。森発言がアウトなら、佐々木発言もアウトだろ、というのは当然でしょう。佐々木さんは数々のCMヒット作を飛ばした元電通のカリスマディレクターだとか。ですが、大手の広告代理店が、これまでも性差別CMを炎上させてきたのは事実。タレントの壇蜜さんを起用して性的なメッセージを送った宮城県の広告を制作したのは第一広告社、スクール水着の少女「うな子」に「養って」と言わせたうなぎ養殖産地、鹿児島県志布志市の広告制作は博報堂。制作の過程でチェック機能が働かなかったのでしょうか。大手広告代理店に支払った高額の制作費の出所は税金ですから、納税者は怒ってもよいのです。

わたしはこういう性差別CMを「表現の自由」の名のもとに擁護しようとは思いません。あなたがわたしが反対しているのは法的規制であって、市民の批判や炎上ではありません。あなたが言うように「何か特定の表現に対する抗議活動はいくらでもあって良い」とわたしも思っています。そのあとに続けて「近年の『炎上↓謝罪と削除』だけの流れには不安と不満を持っています」とありますが、わたしから見れば、ようやくここまで来たのです。「鋭く面白い指摘や抗議と単なるいちゃもんを、峻別する能力すら失いつつあるマスコミ」とありますが、「抗議やいちゃもん」に対して守り抜きたいほどの「鋭く面白い指摘」など、いったいどこにあったでしょう。佐々木さんの「オリンピッグ」など、論外です。これまで見てきた性差別的な炎上CMは、いずれも炎上すべくして炎上したのですし、それを迅速に取り下げたのも、メディア的には正しい判断です。考えてみれば、ほんの数十年前なら、批判した側が「そんな小さなことに目くじら立てて」と逆バッシングされたでしょうし（今でもSNSにはそういうクソリプがいっぱい来ます）、そもそも炎上そのものが起きなかったでしょう。「ポリコレアレルギーのようなものが、ことなかれ主義を助長している」のは、けっこう。何が政治的に正しいか（ポリティカリィ・コレクトネス）の「常識」がようやく定着したという証拠ですし、ポリコレが何かを知らないうちに、それを「古い」というのは、まだ早いのです。それにあなたのいう「ことなかれ主義」は、誰に対する「ことなかれ主義」なのかを、きちんと区別する必要があります。長いものに巻かれろの権力に対する忖度ではなく、女性や性的少数者などマイノリティからの批判に対してなら、それは「ことなかれ」ではなく必要な

「配慮」というべきでしょう。

セクハラが流行語大賞になったときに、「スキンシップは職場の潤滑油、油が切れたら職場はぎすぎすする」という批判がありました。飲食店でアルバイトしている若い女性からも「最近男のひとが口をきくのにも気を遣って、職場がぴりぴりしてる」と聞きました。わたしは彼女にこう言いました。「もし彼らがあなたに気を遣わなくなったら何が起きると思う？　男が気を遣いすぎるくらいが、ちょうどいいのよ」と。彼らが「差別の意図はなかった」というとき、彼らが「自然に」ふるまえばそれがそのまま「性差別」にあたることはいくらでもあります。「意識しているかいないか」が「差別か否か」を判定する根拠になるわけではありません。

あなたが「腹が立っている」のは、「簡単に削除はするけれど実は何も学んでいないように思うから」と書いていましたね。そのとおりです。彼らは「何も学んでいない」でしょう。森さんは孫娘さんから叱られたと言いますが、おそらくいまだに自分の発言の何が悪かったかを理解していないでしょうし、これからも理解しないでしょう。佐々木さんにしても、「チェ、せっかくおもしろいアイディアだったのに」と今でも思っているかもしれません。チームに提案したときには、「ね、ね、こんなの、どう？　おもしろいでしょ」と思っていたはずですし、そこで同調の笑いが起きたら、そのアイディアは採用されたかもしれません。でも、はっきり言ってこれでは笑えません。笑いというものは常識の意表を衝くものですが、これまであがった炎上CMの多くは、制作者側が自信満々で提案し、発注者側が高額の金を投じたにもかかわらず、わたしには笑えないものばかりでした。

何が変わったのか？　世間のタテマエが変わったのです。そしてわたしは社会変革とは、ホンネの変化ではなく、タテマエの変化だと考えています。そして、そこまでが限界だと考えています。森さんも佐々木さんも何が問題かを学ばなかったかもしれませんが、彼らは少なくとも公的な場でこういう発言をするとアウトだということだけは、学んだはずです。セクハラ男性の多くはリピーターです。何十年も同じことをやってきたに違いありません。あるとき女性から告発を受けて愕然とする彼らの困惑を、同情はしませんが、理解することはできます。ボクは少しも変わっていない、ボクの何が問題なの？　と。そう、30年前にはOKだった同じふるまいが、今日はアウトになった、というその時代の空気の変化に対するあなたの鈍感さが罰されている、というほかありません。

アメリカではBlack Lives Matterの運動が起きました。アメリカはほんの半世紀ばかり前にようやく黒人の権利を認める公民権法が成立した社会です。「人種差別はなくなりますか？」という問いに、あるアメリカの知識人が「ノー」と答えました。同じように「女性差別はなくなりますか？」と聞かれたら、やはり「ノー」と答えることしかできないかもしれません。差別的な感情をなくすことは、至難のワザです。ですが、公然と差別的なふるまいをすることはアウトになるだけではなく、違法行為となり、告訴もされ、罰されることもある、ということを、多くのひとが学ぶようになりました。弁護の余地もないような「多くのくだらない不快な表現は、議論できる用意がないから淘汰されていく」ようになれば、「炎上↓削除」の不毛なサイクルが起きる前に、事前にチェック機能が働くようになるでしょう。

と書いている最中に、テレビ朝日の「報道ステーション」のネットＣＭが「炎上↓削除」となりました。ご覧になりましたか？　公開されてから数日、あっというまのサイクルでした。大のオトナが何人もかかってウケルと思ってつくった動画でしょうが、ユーモアもウィットも感じることができません。こんなレベルの「表現」を弁護する余地はまったくありません。それにしても。公開される前に制作過程で内部のチェック機能が働かなかったのでしょうか、謎です。

ですからわたしは、「炎上↓削除」の対象となった性差別ＣＭを「表現の自由」の名において擁護する気持ちはまったくありません。「表現の自由」の名に値しないからです。

ですが、「表現の自由」のために闘ったひとたちが、たしかにいます。あいちトリエンナーレ２０１９の「表現の不自由展・その後」を実現したひとたちです。「表現の不自由展」

に対しては炎上どころか電凸《でんとつ》（電話による突撃ことといやがらせ）、さらに「ガソリン携行缶を持ってお邪魔する」という脅迫までが寄せられました。理不尽な暴力でした。いったんは中止を決定したあと、万全の準備のもとに再開を決定し、結局なにごともなく終了にこぎつけました。もしことなかれを選べば、暴力にかんたんに屈したことになったでしょう。

人間の卑劣さや嗜虐性、優越感や嫉妬心などをなくすることは不可能でしょう。このわたしにしてからが、怒りにまかせて「あのヤロー、ぶっ殺してやる」と、これまでの生涯で何人殺したか、わかりません（笑）。とはいえ、こんなことばを公的な場面で口走ることはありませんし、もちろん実行に移すこともありません。あるリベラルな学者がわたしの前で、「人殺しのシーンを見ると勃起する」と言ったことに、驚愕したことがあります。殺人場面を見て勃起するという事実に対してではなく（いくらでもありうることでしょう）、それを年下の女であるわたしに向かって口にしたそのひとの正直さに、驚いたのです。

そう思えばあなたが末尾で述べるように「川端文学に登場する男は、確かに時に正しさとは全くかけ離れた姿をしているけれど（中略）人間について知ることができる気がする」という見解には、100％同意します。「一部の女性運動家からは頗る評判の悪い川端文学」とある「一部の女性運動家」に、わたしも入っていることでしょう。川端文学はたしかに読んでいると不快です。『雪国』の主人公には、女の純情をもてあそぶ夜郎自大な男のナルシシズムを感じますし、『眠れる美女』に至っては、レイプドラッグ（女を泥酔させるために飲み物に入れる睡眠薬）を使ったセクハラまがいの小説としか思えません。そう思って、「不快だ」と書いた本が、富岡多恵子さん、小倉千加子さんとの共著『男流文学論』（筑摩書房、1992年／ちくま文庫、1997年）です。文学界という狭い池に外から投げた石は、さまざまな波紋を引き起こし、見当違いな評や反感も含めて、毀誉褒貶の対象となりました。『男流文学論』に対して鈴木さんと同じような指摘をしたのは、文芸批評家の与那覇恵子さんです。

「吉行淳之介を、『女性蔑視』の思想を小説の方法として捉えているとしたら、彼女たち（『男流文学論』の共著者たち）に嫌悪を起こさせる小説表現はそのまま創作の勝利にならないだろうか。徹底したウーマン・ヘイティングを方法とした小説を読まされることで、逆に『男』を発見する。批評が評価になるという奇妙な矛盾。そういった意味で男性作家の小説の面白さを逆に気づかせてくれる。*2」

多くの評のなかでもっとも核心を抉ったと思われるのは、フェミニスト文学批評の研究者、水田宗子《のりこ》さんによる批評でした。

「男性作家が女性を理解せず、女性を正確に描いてこなかった、人間としての女性を描いてこなかったというのは、それ自体は正しい指摘だが、男性作家批判としては的を外している。

男性作家は現実の女に失望したから、夢の女を求めて内的な風景を描きだしただろうからである。（中略）男性作家たちは女に勝手な夢を託したり、女を勝手に解釈したりしてきたが、彼らが描いた夢の女と現実の女性との距離の大きさこそが、男の内面の風景を絢爛たるものにしてきたのだ。（中略）彼らの作品から見えてくるものは、男が作り上げた〈女というディスコース〉を通して鮮明になる男の内面風景であり、それが〈男というディスコース〉なのである。*3」

そう思えば、男性作家の書くものは弱さや愚かさを赤裸々に示して、なんと痛ましくも率直なことでしょう。三島由紀夫の『仮面の告白』は「仮面」を装いながらどきりとするほど正直な告白でしたし、川端の『眠れる美女』も老いを自覚した男のセクシュアリティについての、生々しい告白でした。

わたしは吉行淳之介にうらみつらみを持っていましたから、『男流文学論』の冒頭にとりあげましたが、それというのも吉行に対する個人的なうらみではなく、同時代に吉行のファンだった男たちから、「女が知りたかったら、吉行を読めよ」と言われてきたからでした。吉行は女通、と思われていました。事実、「女とは何かを知りたくて、吉行を読んだ」という女もいて、そのイタさに目をそむける思いでした。吉行の描く女は、男の妄想のなかの女、でしたが、裏返しにその妄想を生きる男たちの身勝手さとそこにしがみつく弱さを知れば、そのシナリオを共演してやったり、裏切ったり、ゆさぶったり……も、女には学ぶことができたのでした。そういう意味ではここまで手の内をさらしていいの、というぐらい、男たちは正直でした。そして、そこまで肺腑を抉るほどの正直さで書かれたものが、すぐれた文学といえるものでした。

文学のなかにはむごたらしい殺人や性暴力があふれていますが、それを禁止せよというひとはいません。現実と表現の関係は複雑なものです。表現のなかで犯し、殺し、虐げているからこそ、現実にはそうしないですむということもあるでしょう。そしてそういう表現を通じて、わたしたちは男というもの、女というもの、そして人間というものについて、ふかく学ぶことができるのです。わたしがフェミニストのなかでは少数派にあたる「表現の自由」派に属するのはそのためです。「想像力は取り締まれない」と思うからです。

けれど、そのことは、わたしがある表現を不快に感じることを妨げません。あなたが不快な表現をすることをわたしは妨げない、それどころかあなたが不快な表現をする「自由」をわたしは擁護する、だがその表現をわたしが不快であると感じ、それを表明することも「自由」だ、と。わたしが反対するのは法的な規制や政治的介入など、公権力による抑圧です。これまでの「炎上→削除」はすべて市民活動の成果、公権力の行使ではありません。

「表現の自由」といえば、目下進行中の日本学術会議問題、過去に会員だった（現在も連携会員です）わたしも当事者のひとりです。佐藤学さん、内田樹さんとの共編著『学問の自由が危ない』（晶文社、２０２１年）を出しましたが、この問題に映画監督やアーチストが共感したのは、「学問の自由」の危機が、そのまま「表現の自由」の危機につながることを懸念したからです。学問の世界にも、御用学者もいれば、荒唐無稽な説を唱えるひともいないわけではありませんが、かならず反論が生まれて、論理とエビデンスに支えられない学説は淘汰されていきます。何が正しいかを決めるのは、権力でもなければ、多数決でもありません。情報の公開性と手続きの透明性を伴った学者の相互批判の公正さを信じていられるからこそ、わたしは学問という世界に希望が持てるのです。

２０２１年３月25日　上野千鶴子

＊１―「ラグビー協会初の女性理事『私のことだ』森氏の発言に」２０２１年２月４日。
https://digital.asahi.com/articles/ASP24628ZP24UTIL040.html
＊２―与那覇恵子「書評『男流文学論』」『ダカーポ』１９９２年４月号。
＊３―水田宗子「女への逃走と女からの逃走」『物語と反物語の風景』（田畑書店、１９９

3年)、井上輝子・上野千鶴子・江原由美子他編『新編 日本のフェミニズム 7 表現とメディア』(岩波書店、2009年)に収録。

12

男

上野千鶴子さま

ちょうどテーマを「フェミニズム」とした回が雑誌に掲載された月に、森喜朗氏の辞任、続いて五輪開会式問題、さらには報道ステーションのCMの炎上などが起き、タイムリーに上野さんとお手紙上でお話しできている私は大変幸運だったと改めて思います。そんな往復書簡も、今回で最終回です。

今年38歳になる私は、文章家としても人としてもまだまだ若手のつもりではいるものの、それでも何でも吸収したり嚙みついたりしていた学生時代に比べれば、物事を見る視点というのがある程度定まってしまっていた気がします。自分の性格や感情をどこかで決めつけて、思えば何かのニュースを読んだ時に、自分自身がどんな立ち位置からどんなことを感じるかがどことなく既定路線で、「私ってこういうことで腹が立つんだ」とか「私はこういう言葉に傷つくんだ」というような意外な驚きや新鮮味を感じることが随分減っていました。社会や権力者や男性に対する期待値や理想もだだ下がって、そう簡単なことでは新鮮な痛みを感じなくなることも「わきまえる」態度の一つなのかもしれません。そういった点でも、当初から「痛いものは痛い、とおっしゃい」と、私のスレた態度を見抜いた指摘をいただいていたこの書簡で、自分の考えが揉み解された気がします。

前便で「社会変革とは、ホンネの変化ではなく、タテマエの変化だと考えています」と書いていらしたことが、まさに1年間の往復書簡を通じて私の気持ちが改まったことの一つです。人の behavior は変えられるけれど、emotion や thought はそうは変わらない、というのは多くの人が実感として思っていることでしょう。長く私は、男の behavior が多少品行方正になったところで、人の中にあるドロドロした差別感情や気分なんてどうせ変わっていないのだから、それが表現されないことはむしろ気持ちが悪いとどこかで思っていました。もちろん現実的には、売春婦だといって石を投げられるよりは、石を投げたい思いを口に出す程度の方がいいし、できれば口に出さずに頭で思うだけにして持ち帰ってくれた方がいい、

「わきまえて」いるように見えながらも闘ってきた女たちが積み上げてきたものがあるはずです。

と思っています。それでも、社会的な要請から表面的にニコニコされるようになることに何か不気味さを感じることはあります。

AV業界にいたことで、そのコンテンツのくだらなさに苦笑するとともに、人の欲望って愚かなものだなとつくづく思うことがありました。そして、外部からの抗議や業界の自助努力と自粛で、セーラー服が禁止されたり、一時期流行した拷問・折檻ジャンルの作品数が激減したりして業界のbehaviorが多少品行方正に見えるようになっても、セーラーがダメならブレザーとルーズソックスだとか、針プレイがダメなら水責めだとか、根本的な欲望はあまり変化していないんだろうと想像するような光景も見てきました。私が女子高生の頃にはJKビジネスという言葉はありませんでしたが、ブルセラが規制されると今度は女子高生がミニスカで折り鶴をしているところを鑑賞する店舗ができたり、出会い系サイトが売春の温床になったら巧妙な隠語が生まれたりする変化も間近で見ることができました。

そもそも売春を禁止するタテマエがあるから、非本番系風俗やパパ活斡旋などが異常なまでに繁栄した日本のエロ業界は、タテマエの変化にものすごく逞しいわけです。その中にいることでタテマエの力に私は少々冷笑的になりすぎていたのでは、と思い直しました。気持ちの半分は今でも、抗議されればやり方が巧妙になって見つけにくくなるだけで、男の欲望なんて変わってないとは思いますが、それでも私が石をぶつけられることもなく、警官から不当な暴力を受けた経験もなく、かつてはたまに届いた「AV女は新聞出るな」的な声が随分減ったのは、社会変革によって少なくともタテマエに大きな進歩があったからなのだということを忘れていました。ドロドロしたホンネの捌け口がなくなることへの多少の危惧と不気味さを感じることこそあれ、タテマエが変わったことで自分が傷つくことが減ったというのは紛れもない事実なのだと今では感じます。

数年前に、週刊誌の「ヤレる女子大生ランキング」という記事に対して、抗議をした女子大生の方がいました。単なるクレームではなく、この記事を掲載した編集部に対して議論の場を求め、どんな問題があるか彼女の側の意見を表明し、多くの賛同者を集めました。編集部の側も、こそこそ削除するのではなく、真摯に議論に応じ、どんな風土や慣習が問題だったかを認め、謝罪をしました。ヤフーニュースなどのネットニュースが、あらゆる細部の文化を全ての人の目にさらすことの意義はさておき、自分らも大して面白いと思っていないような企画を惰性気味に続けていた内情がわかったという意味で興味深い事件でした。私は抗議をした女子大生の方と見解や立場は異なりますが、前便で、鋭く面白い指摘や抗議と言ったのはこの事例が念頭にあり、いちゃもんといったのは、以前ナイキが人種差別に対して国歌斉唱中に起立を拒否して抗議をしたキャパニックを広告に起用した際に、主にトランプ支持者たちがナイキ・ボイコットとして炎上させたような事例がありました。

手続きを踏んだフェアな抗議の形だった前者ですら、もちろんホンネ自体が変わるわけではないのは、私は同週刊誌に連載を持っているのでよくわかるのだけれど、パパ活や風俗を扱う記事でも表現や取材方法に慎重になろうという動きは実際にありましたし、それによって傷つく機会が減った人もいるのでしょうから、意味のある運動だったのだと今では思います。ただ、それ以来、連載コラムのテーマとして例えば今回の報道ステーションCM問題のような、ジェンダー関連の話題はやめてほしいと言われることが増えたのも事実で、そういうところに、謝罪して削除してうまく逃げただけじゃんという苛立ちがあるのは本当です。

私の書いた前便に言葉が足りなかった箇所があったと思うのですが、私は特定の誰かにとって不快な表現が炎上することにも、表現者の側がその抗議を受けて結果的に謝罪や削除に至ることにも異存はありません。ただ、無自覚に飛び出す森喜朗発言のようなものと、制作者が何かしらの意図を持っていたであろうと想像するCMやポスターの炎上とは多少性質の違いを感じます。そして、報道ステーションのネットCMを「不快だ」と感じる人の発言は理解できるけれども、CMを見ただけでは制作者にどんな思いがあったのかよくわからず、それが明確にされないままに削除されてしまってはやはり気持ちが悪いと感じます。

露骨な性表現などは、誰に向けてアピールしようとしたのかがまだわかりやすいですが、特に今回の報ステCMは何度見ても、何が伝えたかったのか本当によくわからず、笑いをとろうとしてスベったのか、本当に時代の趣に対するアンチテーゼなのか、ある種の人々の共感を得ると思ったのか、その場合ある種の人々は誰なのか、何かに対する攻撃なのか、全くわかりませんでした。このCMを撮った人だって、かつて学生時代には人の心を動かすような映像を作ってみたいとか、面白い映像作品で世の中にインパクトを残したいとか思ったはずだと思うのですが、反論も乏しく撤回するくらいなら最初から出さなければいいのに、と少し思います。逆に、時代と喧嘩するような価値観であったとしても、どうしても投げかけたい疑問があるなら、それこそ表面上の謝罪よりはそっちの方を聞いてみたい気もします。そして制作者の反論を歓迎する社会であってほしいと思います。

最終回のタイトルを「男」としてみました。そもそもこの往復書簡の連載を編集者の方に打診された時、フェミニストを標榜して言論活動をしている若い女性がたくさんいるし、その中におそらく上野さんに直接質問したいと思っている人もたくさんいるのに、私でいいのかしらとちょっと思いつつ、ぜひその機会をいただきたいと思ったのは、自分や自分と同年代の友人たちの中で、風前の灯のように消えかかっている男性への信頼をどう取り戻すべきか考えるきっかけにしたいと思ったからです。常に旧来の男性社会的価値観に疑問を投げかけながら、「しょせん男なんて」と匙を投げない姿勢を、上野さんがどう維持しているか、書簡の中で聞くことができたことは何よりの喜びでした。「しょせん男なんて」というのが冒瀆的だというご指摘は深く私の態度を反省させられるものでした。

ただ、「しょせん」と思わずに私たちが生きてこられたか、と考えると、やっぱり多少は致し方なかったような気もします。ちょっとした違和感や小さな傷を無視しがちな態度は、ジェンダー・ギャップ指数の向上に寄与せず、手間をかけた抗議で社会変革を起こさず、森喜朗発言や岡村発言を聞き流し、わきまえた態度を蔓延させる、卑怯なものであると確かに言えます。ただ、少なくとも制度上は男の子たちと同じ学校で同じ授業を受けて同じ会社に入るようになった、しかし同時に援助交際ブームやキャバクラ嬢ブームを経験した私たちの世代が、なるべく端に追いやられず、なるべく自分の好きなことをして、なるべく傷つかずに生きようとした証の態度でもあります。

先日、新聞社にいた時の同期の女性たちと、コロナで長く開催できずにいた食事会をしました。新聞社というのもどこか夜の世界と似て、人の愚かで卑劣なところを当たり前に見続けるし、社内も取材先も同業他社も圧倒的にオジサンが多いし、中で働いている女性たちは現実に折り合いをつけるのが巧みになってしまいがちです。就職活動中でも、会社に入ってからでも、永田町や霞が関や兜町で取材をしている最中でも、大量のプチ山口敬之やプチ佐々木宏やプチ森喜朗に日々出会う中、毎回毎回勇気を持ってきちんと抗議して、自分らの後輩が似たような嫌な思いをしないように告発していては、せっかく苦労して摑んだ記者の仕事に集中できないし、身も心も疲弊するし、くだらないと切り捨てて放置してしまわなければ生きてこられなかった事情があります。社会変革の重要性を疑うわけではなく、フェミニストの抗議に大枠で賛同していても、やはり自分の生活や幸福は大事だし、会社の居心地も大事だし、細かい傷は放置していれば治るだろうと思って、実際に傷を治すことだけは巧みになった、という友人たちはたくさんいます。

私は6年経たないうちに会社を辞めてしまいましたが、同期はすでに13年目の中堅社員になって、記者クラブのリーダーになっていたり、新しい企画の立ち上げをしていたり、子供を二人産んで仕事に復帰していたりします。そうやって自分の立場に余裕ができて初めて、会社の制度改善に尽くしたり、おかしな慣習に声をあげたりできるようになることもあります。その分、自分自身にもしがらみができて、プチ森喜朗たちの、やや女性蔑視的な発言はよくないけど、実は尊敬できることもあるからなんとも言えない、というような気分になることもあります。自分が小さな違和感に声をあげず、ある種の「わきまえておられる」女の一人になっていたことに、そこはかとない罪悪感を持ちながら、それでも荒波を傷だらけで泳いで出世して好きな仕事をしてきた彼女たちもまた、闘った女たちだと私は思っています。そしてそんな私たちの世代が積み上げてきたものも、何かしらあると思いたいところです。

強いて言えば、現実的なダメ男対処法なのかなと最近思います。

同世代の友人たちに、そういう人が多いから余計にそう思うのかもしれませんが、強がって痛くないふりをしている態度も、「痛い」と声をあげる態度と同じくらい、私は尊いものだと感じます。荒々しい現実に負けずに踏ん張ってきた経験がそれぞれにあるからです。友人の一人が、私たちの世代を「痴漢撃退法に詳しい世代」と呼んでいました。男女が乗り合う電車で、痴漢が出ること自体は変わらないという性悪説を持って、痴漢が出た時にどう逃げるか、唐辛子スプレーをどう使うか、触られても気にならない服をどう選ぶか、にだけ異様に詳しくなって、そもそも痴漢が出る構造自体は疑わないところが、良くも悪くも私たちの取ってきた態度だという意味だと思います。それは私たちの気分を妙に言い当てているなと思いました。

女に金で言うことを聞かそうという男は減らないからどうせなら若さを武器にお金を巻き上げようとか、セクハラ発言はなくならないだろうから耳栓して仕事しようとか、若くてウブな女と寝たい男は消えないから男と二人で飲まないようにしようとか、新入社員のうちはバカなおじさん上司にうまく取り入ろうとか、そうやってなんとか自分の居場所を作ってきたのは確かに痴漢撃退法に詳しくなる過程に似ています。そして、内側にはそれなりのレジスタンス精神が秘められていたとしても、森さんからは表面上は「わきまえておられる」ように見えていたのだろうと思います。私たちが逃げる方法にだけ詳しくなったことで、痴漢は減らなかったのかもしれません。この世から痴漢はいなくならないという男への諦めが根底にあるせいで、変革よりも対処法を優先してきた自覚もあります。

「しょせん男なんて」とならずに声をあげる女性たちが増えたことで、五輪の諸問題のように、抗議が実を結ぶことがあるのを目の当たりにして、そこはかとない罪悪感を持っているのはそのせいです。私たちが諦めていた、諦めることこそスマートだと思っていたことが、実際は可変だったと思い知ったからです。そこでつい卑屈になってしまうのですが、同時に私は痴漢撃退法も結構大事だと今でも思っています。

そもそもの構造が不均衡であることを指摘し、変革の声をあげることは社会的に随分歓迎されるようになったし、これまで問題視されなかったことでもテクノロジーの進化と女性たちの強さによって、問題として扱われるようになったことを心強く思います。しかしその分、変な男に会った時のとりあえずの対処法は軽視されているというか、痴漢撃退法を口に出すこと自体が、「構造への批判が足りない」と攻撃されることにはちょっと危機感を持っています。アダルトビデオ出演強要が問題視された時にも、街で声をかけてくる悪質なスカウトの見分け方やAV女優のスムーズな辞め方などの知恵を口に出すことは、よほど慎重に場を選ばないと、業界の、ひいては社会の悪い体質を擁護しているとみなされがちでした。

ただ、20年近く前の、まだまだ何も整備されていない夜の世界やエロ業界を思い出すと、この世には悪い男はたくさんいて、女の弱みにつけ込んでくる人もたくさんいて、大多数の無自覚な暴力が排除されたり、社会が多少良い方向に変化しても、そういう人たちはいなくならないと感じます。だから、構造自体を疑うという、私たちの世代が疎かにしがちだったことと、とりあえず今の現実で傷つかないよう対処するという、今の若い女性たちが軽視しがちなことは、実際はしっかりバランスよく両方やらなくてはいけないと思うのです。が、後者を極めると男の逃げ得を助長することになるし、前者を極めると自分が追い詰められてボロボロになるし、矛盾する二つを両方やるってなんて難しいんだろうと思います。

上野さんは前便で「人間の卑劣さや嗜虐性、優越感や嫉妬心などをなくすることは不可能でしょう」と書いていらっしゃいました。そのことを認めつつも、behaviorを正していくことは有意味であるという文脈だったと理解し、つい「どうせ」となっていた自分を反省しながら、その両方に今では心から同意します。ただ、卑劣さや嗜虐性がなくならない限り、この世から売春やレイプや痴漢やセクハラが完全になくなるということもないような気もします。レイプ事件の被害者が罪悪感を持ったり、他者や自分自身から責められていると思うようなことはあってはならないと私も心底思いつつ、まだ被害者になっていない人に、レイプに遭わない知恵を持ってほしいという思いもあります。それは、レイプの被害者の責任を問うものではなくて、悪い男（もちろん女もですが）がたくさんいる社会で、傷つかずに被害に遭わずに生きていってほしいという一心なのですが、すでに被害に遭った人に責任を感じさせずに、そのことを伝えるにはどうしたらいいのでしょう。街でAVのスカウトを名乗る変な人に声をかけられたらついていってはいけない、女の子たちよ賢くなれということを、実際についていって被害に遭った人を傷つけずに伝えるのは難しいなと最近特に思います。

上野さんとの対話を通じて、多くの男性に対して、どこか侮蔑的な気持ちを持っていたこと、男の根底にある欲望が変わらないことを絶望視して、態度を改めようとしている男性たちに冒瀆的な態度をとってきたことを反省しました。多くの男性は、女子高生の私がマジックミラー越しに見ていた姿よりはずっと理知的で健気だったのだろうと思います。それに気づかされたことによって、私が個人的に自分に課している、売春や自分の性の商品化を否定するとしたらどんな言葉が紡げるか、という問題にも光が少し見えました。

その上で、私よりさらに若く、私の若い頃よりずっと変革に意欲的で、自己犠牲的で、新しい価値観をしっかり学びつつある女性たちには、まだ変わりきっていない男性、悪気と自覚なく古い価値観に固執する男性、あるいは多くの男性に含まれない一部の卑劣な犯罪者などに対処する知恵も、軽んじずに持っていてほしいとも思っています。社会変革に重要なのは多くの男性たちの意識の方かもしれないけれど、安全な生活のために必要なのは一部の悪い男への対処であることも多い気がします。ここで私が声をあげなくては、勇気を持って告発しなくては、という思いを心から尊敬しますが、社会が幾分変わってきたせいで見え方は巧妙になっているけれど、悪いオジサンからはダッシュで逃げないと危ないことに巻き込まれると、巧妙になる前の業界を見てきた女としては心から思うからです。わきまえない女は素敵でかっこいいけれど、そういう危なっかしさを感じることも時々あります。社会変革と個人の幸福追求のバランスが少しずつでもとりやすくなり、変革者たちが危ない目に遭うことなく、幸福な生活と社会への抗議が両立できるようになることを切に願います。

1年間、私の投げかける、ときに青臭い質問に真摯に答えていただき、本当にありがとうございました。性の問題から女性の生き方、フェミニズムの現在まで幅広く議論できたことは、私にとっても、そしておそらく、書簡を読んでくれている私と同年代の、やや現実的になりすぎていた同期や友人たちにとっても、刺激的で今後の生きる指針を決めるための糧になりました。実際、最近女の友人たちと会うと、かつては恋愛の話や男の悪口だけだった会話が、「それなりに好きな仕事もできているけど、何か満たされないし、今後の人生どうする」という話題になりがちで、上野さんとの書簡を楽しみにいつも考えさせられていると話してくれる友人も多くいました。ご指摘に深く頷きつつ、現実的にはやはりどこかで男ってどうせ馬鹿と思ってしまう性質はそう変わっていないかもしれませんが、自分の中にあるそういう部分を逐一振り返りながら、今後ものを書いていきたいと思います。

２０２１年４月６日　鈴木涼美

鈴木涼美さま

そうでしたか、もう最終回ですか。

1年間はあっというまでしたね。

対面よりつっこんだ話ができて、議論の展開もできる往復書簡というロウテクのツールは、わたしにとっても刺激的でした。それに顔の見えない読者に宛てた文章より、たったひとりの宛先がはっきりしている書簡はごまかしを許さず、ついこれまでどこでも言わなかったことを書いてしまう効果がありました。編集者にまんまと乗せられた、というべきかもしれませんね。なぜ往復書簡の相手に自分が？　とあなたは言うけれど、最初のオファーがあったとき、編集者の企みに唸りました。どうしてってあなたはわたしにとって以前から「気になる」存在だったからです。どうしてそれを知ってるの？　と思ったくらいです。

今度の手紙はこれまでの大団円にふさわしいですね。社会学でいえば「構造と主体」の隘《あい》路《ろ》をどう駆け抜けるかという基本問題の応用編。

あなたはこう書いています。

「構造自体を疑うという、私たちの世代が疎かにしがちだったことと、とりあえず今の現実で傷つかないよう対処するという、今の若い女性たちが軽視しがちなことは、実際はしっかりバランスよく両方やらなくてはいけないと思うのです。」

まったくそのとおりです。とはいえ、このバランスをとるほど難しいことはありません。タテマエとホンネからいえば、前者がタテマエ主義で、後者がホンネ主義でしょうか。リブの世代の女たちは、同世代の男たちのタテマエとホンネのギャップに翻弄され、彼らのタテマエにとことん愛想づかしをして、革命という非日常から日常という戦場へと男たちをひきずりこんだのですが、そこでも「男女平等」とか『「半分こ」イズム』[*1]のようなタテマエを生きたかもしれませんね。そもそも公領域における構造がまったく変わらないのに、私領

「自己利益」を最優先する女性たちが女の生存戦略を変えるでしょう。

域でだけタテマエを実践しようとすれば、女も男もお互いを追いつめあってズタボロになるのは目に見えています。わたしの周辺にはそうしたカップルの死屍累々。選択的夫婦別姓制度が話題になっていますが、法律など歯牙にもかけず事実婚を選び、あらゆる差別に耐えて婚外子を産み育て、婚外子差別に反対する法廷闘争を続けてきたひとたちもいますが、誰もがそうできるわけではありません。

「……ンなこと言ったって」という現実を受け容れ、「子どもの利益」を優先して出産と同時に法律婚を選んだカップルもたくさん知っていますが、それは日本の制度が法律婚のカップルにあらゆる点で有利だからであり、その有利さを手放せと他人に要求することはできません。そして同じ構造のもとでも個々人が異なる選択をするのは、それが可能な資源や選択肢をその個人が持っているか否かという潜在能力（アマルティア・センのいうcapability）に依存します。

あなたたちの世代の「冷笑主義（シニシズム）」は、「……ンなこと言ったって（しょせん）」というホンネ主義でしょうか。ここ数年、70年安保闘争50周年とかで回顧ブームです[*2]が、学生運動の世代が次の世代に残したのが政治的シニシズムだとしたら、その責任は重いと思わざるをえません。そしてネットという新しい情報ツールは、このホンネ主義が表面化する土壌を提供したのでしょう。

「構造と主体」を考えるとき、わたしがいつも連想するのは「慰安婦」問題です。こんがらがってからまりあい、日韓関係をかつてないほど悪化させたこの問題は、支援者や研究者をも分断しました。その分断の「踏み絵」のひとつになったのが、朴裕河さんが書いた『帝国の慰安婦』（朝日新聞出版、2014年）です。この本は、加害者と被害者であった皇軍兵士と朝鮮人慰安婦のあいだには、同じく構造によって死地へと追いやられた男と性労働を強制された女とのあいだの「同志的関係」もあった、と書いたことで、元「慰安婦」の女性たちから名誉毀損で訴えられたことで有名になりました。この本を評価するかどうかをめぐって、「慰安婦」問題を何とか前向きに解決したいと願う、それでなくても少数派の人びとがまっぷたつに割れました。

そこに一石を投じたいと思って、2年にわたって準備して刊行したのが上野千鶴子・蘭信三・平井和子編『戦争と性暴力の比較史へ向けて』（岩波書店、2018年）です。この本には、平井和子さんの「兵士と男性性――『慰安所』へ行った兵士／行かなかった兵士」が収録されています。「慰安婦」のなかには、日本軍兵士と心中した者もいますし、「スーちゃん」（好きなひと）関係をつくったひともいます。苛酷な状況のもとで彼女たちが心安らぐ関係を求めたことは理解できますし、「スーちゃん」からは代金をとらなかったといいます。当時彼女たちは日本帝国臣民、戦場では和装をし日本名を名乗り、兵隊が戦地へ出かけるときには、割烹着を着て日の丸を振ることもありました。それは選択の余地のない強制でもあったでしょうが、同時に「同志的関係」でもありえたでしょうし、占領地では敵国民から「日本軍協力者」と見られるほかない存在でした。「アジア太平洋戦争韓国人犠牲者補償請求事件」の原告、文玉珠さんのように、持ち前の才覚を発揮して兵士の人気者になった女性もいます。元「慰安婦」だったと名のりを上げた女性たちは、「慰安婦」の現実を生き延びた人びとです。そのなかには、さまざまな生存戦略を駆使したひともいたことでしょう。そのことによって「苦難を生き延びた者」すなわちサバイバーとして、わたしたちはあらためて彼女たちに満腔の敬意を覚えるのです。

こうした「慰安婦」の現実の多様性を指摘することは、決して彼女たちの置かれた苛酷な構造を免責することにつながらないはずです。それどころか、構造の強制のもとで個人が行使した必死の生存戦略は、むしろ構造の苛酷さをあぶりだすでしょう。朴さんの本は、心ならずも「同志的関係」に追いやられた朝鮮人女性たちの背後にあった、大日本帝国の植民地支配の抑圧の深さを示して、読む者をしん、とさせました。ですが、朴さんの著書は排斥され、それを支持するひとたちは難詰されました。

同じ本に、茶園敏美さんの「セックスというコンタクト・ゾーン――日本占領の経験から」にある「パンパン」研究も収録されています。「パンパン」研究は日本では長い間タブーでした。占領期という思い出したくない過去、しかも表に出したくない恥部、当事者の証言もほとんどなく、「パンパン」ということばさえ、使うことを抑圧されてきた主題です。そこに戦後生まれの女性研究者が取り組みました。そして敗戦と占領という圧倒的な力関係の非対称のもとで、日本の女たちがなけなしの「性」という資源を使って生き抜こうとする生存戦略の多様性をあきらかにしました。女性参政権がなかった時代、男たちが勝手に始めた戦争に巻きこまれ、戦災と占領という不条理のただなかに置かれた女たちには、「勝った男になびいて何が悪い」とうそぶくこともできたでしょうが、負けた男たちには屈辱の象徴だったことでしょう。茶園さんの研究動機は、戦後史の記憶から排除された「パンパンのおねえさん」たちの名誉を回復したい、少なからぬ日本女性にその経験があるにもかかわらず、ついに「わたしが当事者です」と名のることのない彼女たちに、声を与えたいというものでした。わたしたちは彼女たちの生存戦略のたくましさに敬意を払う一方で、敗戦と占領という構造的強制を免責する理由も必要もすこしもありません。わたしたちのプロジェクトのねらいは「構造と主体の隘路をたどって構造にも主体にも還元されないエイジェンシーを尊重しつつ、かといって構造の暴力を免責しないような複合的なアプローチ」[*3]を求めることでした。

残念ながらこの困難な課題を乗り越える道は、まだ遠いようです。

この連載のなかでいつかは言及しようと思いながら触れられなかったのが「慰安婦」問題でしたが、ようやく最終回で触れることができました。その理由はあなたと語ってきた性暴力被害者と「慰安婦」の置かれた位置が、構造的に同型だと思えたからです。

たとえばあなたはこう書いています。

「レイプ事件の被害者が罪悪感を持ったり、他者や自分自身から責められていると思うようなことはあってはならないと私も心底思いつつ、まだ被害者になっていない人に、レイプに遭わない知恵を持ってほしいという思いもあります。それは、レイプの被害者の責任を問うものではなくて、悪い男（もちろん女もですが）がたくさんいる社会で、傷つかずに被害に遭わずに生きていってほしいという一心なのですが、すでに被害に遭った人に責任を感じさせずに、そのことを伝えるにはどうしたらいいのでしょう。」

性暴力被害者はしばしば「そんなところにいたおまえが悪い」「ついていったあんたが無防備だ」と責められます。また被害を最小にしようと加害者の意を迎えたことで、自分を責め続けている女性もいるでしょう。自己責任論です。もしかしたらあなたたちの世代には、この自己責任論が過剰に刷り込まれているかもしれませんね。ですが、どんな格好をしていようが、どこに何時にいようが、どんなに無防備で無知だろうが、加害者が悪いのはあたりまえ、被害者に責任はありません。

リベラリズムの自己責任論が前提していることは、個人が完全情報下で自由に自己決定できる主体だという「神話」（根拠のない思いこみ）です。自分が「構造」の暴力のもとで被害者であることを認めるのは決して敗北ではないし（それはたんに現実をごまかさずに見据えるということにすぎません）、そして「主体」の選択のもとで、たとえ限られたものであれ、あらゆる資源を動員して生存戦略を駆使したことには、自分自身をほめてやっていいのです。セクハラとＤＶに詳しい心理カウンセラーの信田さよ子さんの近著『家族と国家は共謀する』（角川新書、２０２１年）にこうありました。「被害を認知することは服従ではなく、抵抗だ」と。それは弱さではなく、強さの表れです。

それにしても、この往復書簡には男性の読者もいるでしょうに――彼らはわたしたちふたりの名前を見ただけで、本書を避けてとおっているかもしれませんが（笑）――鈴木さんが書いた「自分や自分と同年代の友人たちの中で、風前の灯のように消えかかっている男性への信頼をどう取り戻すべきか」を読んで、彼らはどう思っているのでしょうか。

周囲の男性たちに痴漢や性犯罪の話をすると、「オレは違う」「ボクはやったことがない」という答えが返ってくるけれど、ほんの身近な男性にさえ性風俗の利用者はいるし、風俗を利用した夫から性病を伝染させられたという妻もいます。戦時中に「慰安所」へ通った兵士たちは「普通の日本の男性」でしたし、置かれた状況が同じなら「ボクだってそうしたかもしれない」と想像力を持つ男性もいます。

わたしはDVに遭ったこともなく、子どもの虐待をしたこともないけれど（そういう状況に自分を置かなかったので）、そういう状況に置かれた女性たちに理解と共感を持つことはできます。「慰安婦」支援の女性運動は、「慰安婦」にならずにすんだ女性たちにも、「もしかしたらわたしだったかも」という痛みを伴う共感があったからこそ、あれだけの拡がりを見せたのでしょう。わたしは91年に初めて「慰安婦」報道に接したときの、カラダに応えるような痛みを覚えています。女性運動は自分自身が直接の被害者ではない女性たちも巻きこんで、率先して女性が置かれた困難に取り組んできました。自分の境遇と他の女たちの境遇とが、紙一重の差だと思えたからです。

ところで、どうして性暴力の問題を解決しなければならないのが、被害者側である女性なのか、わたしには理解できません。男の問題は男たちが解くべきではないのか、なぜ女性からの信頼を失墜させる痴漢男性に男たちは怒らないのか、なぜ痴漢撲滅の運動を男性たちは起こさないのか、それどころか女性からの告発を不当な訴え扱いして「痴漢冤罪」説ばかり主張するのか、セクハラ男に最初に怒ってよいのはセクハラしない男たちなのに、なぜ彼らは怒る代わりにかえってセクハラ男をかばおうとするのか、風俗を利用する男たちはなぜそれを恥だと思わないのか……ほんっとに男って、謎だらけです。

たぶん、答えは決まっていて、「男ってそんなもの」だから。ほんとうにそうですか？

「男ってそんなもの」、だとしたら、そのなかには、「もしかしたらオレだって」という共感があるはずです。その「共感」と理解があれば、男のなかにある加害性に向きあってもよさそうなものですが。女性たちはその「共感」をもとに女性運動をやってきました。もし女性運動に匹敵するような男性運動がないとしたら、その理由は男性たちが自分たちの加害性に無自覚か、もしくはそこから利益を得ているから、としか考えられません。

もしこの問いが堂々巡りで再び「男ってそんなもの」に帰着するとしたら、あなたのいうように「男性への信頼」は「風前の灯のように消え」てしまうでしょう。

とはいえ、「男ってそんなもの」言説の受け容れ方には、世代差があるような気がします。わたしの母たちの世代は、「男ってそんなもの」を変えられないデフォールトのように受け容れて、そのなかで「男というもんは、立ててさえおけばよいもんや」とひたすら耐える生存戦略を「女の知恵」として娘たちに伝授してきたことでしょう。その娘の世代のわたしたちはその姿を見て、そんなバカな、と思って抵抗してきたけれど、さんざん壁にぶつかって傷だらけになり、そのまた娘であるあなたたちの世代は壁の厚さを学んで、もう少し狡く省エネでふるまう術を、男への侮蔑と引き換えに身につけたのでしょうか。そのなかには、

「わきまえるほうがトク」という選択肢もあったことでしょう。その次の世代、少子化のもとで大事に育てられ、女が男より劣っているとはこれっぽっちも思っていない若い女性たちは、「こんなことガマンできない」「許せない」と、もっともな声をあげています。

あなたが「私よりさらに若く、私の若い頃よりずっと変革に意欲的で、自己犠牲的で、新しい価値観をしっかり学びつつある女性たち」と書く世代の女性を、わたしは「自己犠牲的」とは少しも思いません。それどころか自己利益を最優先する女たちが、日本の歴史上初めて大量に登場したのだと思っています。日本女性の「女らしさ」とは、夫と子どもの利益を最優先して自己利益を二の次、三の次にする美徳でした（今でも「母らしさ」には、父には求められない自己犠牲が求められます）。もちろん女も男も、誰だってエゴイストですが、女は自己利益を男を通じてしか追求できない構造のもとに置かれてきたので、女の生存戦略は「男をたらしこむ」ことだったり「男につけこむ」ことだったのでしょう。ガーナの女性の「パパ活」こと「シュガー・ダディ」もそういう生存戦略のひとつです。その構造のもとに置かれた女性が自分の持てる資源を最大限に活用して有利に生き延びようとするふるまいを、誰も責めることはできません。わたしには「専業主婦になりたい」という娘たちですら、時代錯誤どころか、自己利益を最優先した選択だと思えます。この選択を翻訳すれば、彼女たちは「夫や子どもに尽くす人生を送りたい」とはこれっぽっちも思っておらず、「きびしい競争社会から距離を置いて余裕のある暮らしをしたい」という（男性には許されない）選択肢を、ジェンダーの用語で粉飾しているだけのことだと思えます。最近では自己利益を追求するのに、男に依存しなくてよいオプションが、女性にも生まれてきました。「キミを幸せにしたい」とか「一生お守りします」とか男に言われるのを期待しなくても、自分の幸せぐらい自分でつかむよ、と言える女性たちが。

こんなふうに臆面もなく自己利益を最優先する娘たちが大量に登場したことを、わたしは歓迎しています。なぜなら男たちは最初から自己利益を最優先して生きてきたのですし、男女を問わず、人間というものはもともと「自分がいちばん大事」なエゴイストだからです。「子供より親が大事」……そんなことは、太宰治に言われなくてもわかっています。ですが、男には許されても女には許されなかったそのせりふを、女も口にできるようになりました。

言うまでもないことですが、子どもの側の言い分は「親より自分が大事」。親の介護のために子どもが犠牲になる必要はまったくありませんし、キライな親なら捨ててもいいのです。介護現場の取材から、わたしはそう痛感しています。

飛躍しますが、ついでに言っておけば、生きるとはこの自分のエゴイズムと孤独に向きあうことにほかなりません。そしてエゴとエゴとが対等に葛藤し合うような関係をつくることができれば、初めて男女のあいだにまともな恋愛が成立するでしょう。

往復書簡の最後に、プライベートなメッセージを。

あなたは愛されて育った娘で、無頓着で大胆、反抗心が旺盛でいささか邪気があるけれど、暴走するにはブレーキのかかる「良識」とバランス感覚があり、他人に知られなければ若いときの「冒険」ですんだ経験が隠せないスティグマになってしまった過去をひきずっている、知性と言語能力に恵まれた書き手……わたしにはそう見えます。ですが、スティグマと言っても、もはやあなたの「元AV女優」の過去など、何ほどのものでしょう。人生は長いです。あなたが過去の経験から自分に「宿題」を課すのは大事なことだけれど、その経験だけが今のあなたをつくってるわけじゃない。性暴力被害者が、それだけで生きているわけじゃないのと同じです。それに他人の過去など、世間はいちいち覚えていないものです。あなたがひとつひとつていねいにしごとをこなしていけば、読者は「へええ、あのひと、AV女優だったことがあるの、どうりでセックスワーカーに理解があるんだね」とか「それで男の見方がきびしいんだね」という感想が来るくらいのものでしょう。あなたが今、何者であるかのほうが、かつて何者であったかよりも、もっと大事です。

マスメディア、とりわけ男メディアの需要に応えて役割演技をパフォーマンスすることで日銭をかせぐより、ほんとうに自分のやりたいことをおやりなさい。アラフォーになれば、人生の日射しはもう傾き始めています。自分の人生が有限であることをしみじみ痛感するようになるのがこの年齢です。人生のなかで大切なことに優先順位をつけて、それをまちがえないようになさいな。

この1年、あなたに語りかけていると、ついつい「親戚のおばさん」口調になるのを止められませんでした。とりわけ、あなたが早いうちに「母を亡くした娘」だと知ったときから。うっとうしい、うざったい、とお感じになったでしょうね（笑）。あなたが愛し、憎んだ母親から受け取ったものは、とても大きいはずです。あなたの知性は、お母さまの知性に対峙することで磨かれたはずなのです。そしてこんなにも自分の知力と感情のすべてを尽くして娘に向きあう母親を、わたしはめったに知りません。連載のなかでわたしは「愚かな母」を持った幸運を語りましたけれど、それは反語。「賢い母」は娘を見透かし、追いつめることで、娘の自我を鍛えることでしょう。そしてひとりのオトナが全人生をかけてあなたに向きあってくれたことは、何ものにも代えがたいギフトになるはずです。

わたしが子どもを産まなかったのは、子どもの性別を選ぶことができず、もし娘の母になったなら、という恐怖を抑えることができなかったから、が理由のひとつでした。娘は母親のアキレス腱を見抜き、もっとも苛烈な批判者になります。思春期のわたしは、母にとってはほんとにイヤな娘だったことでしょう。もしそんな娘がわたしの傍らにいたとしたら……

それを想像するだけで足が竦みました。わたしは母との対決を避けましたが、ほんとうは避けてはならなかったのでしょう、母の人生を受け容れ、わたし自身を肯定するためには。あなたというひとと1年にわたるこんな関わりを持ってしまったわたしには、あなたはますます「気にかかる」存在になりました。これからもあなたが何をして、どう生きていくかに、わたしは関心を持つでしょう。

40代のはじめに母を亡くしたわたしは、母とのあいだに積み残したもろもろの課題を抱えて、際限のないくりごとを口にしていました。母との時間は突然断たれ、とりかえしのつかない気分のなかに取り残されました。

母の死からしばらく経って、夜中に電話で女友だちにしみじみ言ったことがあります。

「死者も成長するのよねえ……」

もちろん変化したのはわたしであって、死者のほうではありません。死んだ母との心のなかでの対話が徐々に変化していったのです。赦し赦される感覚が、わたしを満たしました。死んだ母は変わらなくても、母との関係は変わります。あなたもお母さまとの対話を続けておられることでしょう。

あなたのお父さまにつよい影響を与えたもうひとりの女性、高橋たか子さんにもわたしは関心を持っています。高橋さんの鎌倉の旧邸に今もお住まいのお父さまを、いつかあなたとご一緒にお訪ねしたいものです。
コロナ禍が明けるのを楽しみに。

再び巡るコロナの春に　上野千鶴子

＊1―男も女も育児時間を！連絡会編『男と女で「半分こ」イズム　主夫でもなく、主婦でもなく』学陽書房、1989年。
＊2―全共闘白書編集委員会編『全共闘白書』（新潮社、1994年）、続・全共闘白書編纂実行委員会編『続・全共闘白書』（情況出版、2019年）。代島治彦監督作品『きみが死んだあとで』（2021年）は、1967年10月8日羽田闘争で死んだ京大生、山﨑博昭を追悼したドキュメンタリーである。
＊3―上野千鶴子「序章　戦争と性暴力の比較史の視座」『戦争と性暴力の比較史へ向けて』。

あとがきにかえて

上野千鶴子さま

1年間の往復書簡を読み返して、改めて色々、今までペンディングにしていた自分の問題を考える機会になったことを実感するとともに、母を亡くして以来、私は自分の問題を恥や痛みも含めて大胆に伝えられる相手を失っていたんだとも思いました。上野さんご自身の個人的な経験や歴史、新しい話題を織り交ぜながら、未だ自分についても女性についても社会についても立場がふらふらしがちな私に毎回問いを突きつけてくださったことに改めて感謝します。自分が今まで持ち得なかった視座の存在に気づくことがたくさんあったし、認めたくないけれど多分そうなんだろうという自分の一面を受け入れざるを得ないこともありました。

最初のお手紙で告白した通り、私は女子高生の頃から今に至るまで、被害者の目線で語るということを強く拒絶してきました。酷いとか悪いとかいう評価は、可哀想とか救ってあげなくてはという視線に比べれば全く気にならないものでした。自分に降りかかる被害や不幸はなるべく不運として笑い、男の目線に私を貶めるものや辱めるものがあっても、それは取るに足らないものとしてやはり笑い、そういう態度が、なるべく傷つかず、追い込まれず、楽しんで生きるには重要だと信じてきました。冒瀆的だと指摘された「しょせん男なんて」という、ある意味では男の加害性を無害化する気分は、自分が被害者として生きないで済むために必要なものだったのだと思います。

上野さんとの書簡を通して、私が最も繰り返し考えたのが、自分に被害があっても被害とは認めない、という私の態度、そのためについ男なんて真面目に怒る対象ではないと片付けてしまいがちな性質についてでした。私が持ち続けた態度が、変革の視点に欠け、他者へのリスペクトがないものだったことは認めざるを得ません。

私がそういうカラ元気・強がりを信条としてきた理由は、書簡で振り返った通り、女であることになるべく傷つかないで生きるためでした。それからもう一点、被害者目線を拒否する私の理屈には、傷ついた姿は男の消費対象になるという体験に基づく実感がありました。ブルセラや援助交際に始まり、AV女優などの夜職をしている女性が、自然と持っている感覚として、泣き喚くと男が喜ぶというものがあります。

特に、女子高生の性が話題になっている時には、「自分で自分を傷つけていることを知らない」「後で自分が傷つく」という、大人から押し付けられる傷に気持ちの悪さを感じながら、私たちが傷ついた方がこの大人たちは喜ぶのだろうという予感がありました。実際、私がAV女優だった頃も、AV女優の生い立ちや現状を悲劇的に描く記事や漫画は大変喜ばれて読まれていました。もっと具体的に言えば、AV女優のデビュー作や転向作などでドキュメンタリー風のインタビューが挟まると、監督たちは、感情をさらけ出して涙を見せろと演技指導してくるし、「みんな涙でヌクんだ」と言っていた監督もいました。私はなまじ、AV女優であっただけでなく、AV業界を題材として修論を書いていたので、ルポや雑誌記事の中でAV女優がどのように描かれるかについて平均以上に目の当たりにしていました。

「そういう経験で、書簡で上野さんが書いていらした「男に対する侮蔑を学習」するとともに、傷つかない姿を見せて気に入らない大人たちを喜ばせたくないという気持ちが育ちます。傷ついた少女としてエモーショナルな記述をされたくないとも感じます。水商売や風俗では、男の悦ばせ方を学びますが、最初のうちは単純な、こういう言葉が喜ばれるとか、こういう仕草が好かれるとか、こういう動きが気持ちいいらしいということですが、そのうち女たちは、もう少し複雑に、男の悦ぶ自分らの姿がわかるようになります。そしてひとそえの不幸や涙を使うと営業にも厚みが出ますが、反面、そんなことで悦ぶ男を見下し、営業では傷ついてみせても、実際には傷ついてあげない、と逆説的にその学びを使うことになる場合もあるのでしょう。岸田秀さんの本（『性的唯幻論序説　改訂版』〈文春文庫、2008年〉）に、朝日ジャーナルに載った松浦理英子さんの文章（「『レイプは女性に対する最大の侮辱』とは、私は口が裂けても強姦されて膣が裂けても言いたくない」）を引きながら、「強姦する男が興奮する条件である、女を侮辱しようとする狙いをはずすこと」について記述された箇所があり、私がこういう記述に少し自分の態度を重ねてしまうのは、男の悦ばせ方を研究した結果、男への侮蔑を学習し、男を悦ばせたくなくなった、という事情があるからで、多かれ少なかれ、それは同年代の自分と親しい女性たちからも感じ取れる気分でもあります。時には処世術になってくれる学びであっても、書簡の中で私が自分のその性質を何度も問題にしてきたのは、そのような気分は一歩間違えば他人への、あるいは自分自身へのセカンドレイプに繋がりかねないものであるという自覚もあるからです。

私は今でも、男について考えようと思うと、やはりAV上でのセックスの設定や男のヌキどころが頭をよぎって、果たして真面目に対峙すべき存在なのだろうかと半分本気で思ってしまうし、自分の態度の悪さを自覚することと、それを長年続けてきた自分の生活様式の見直しに役立てることには隔たりがあるでしょう。それに、最後の手紙でも書いた通り、実践的なレベルで自分の幸福感を毀損せずに、しかし傷は傷として知覚し、またその傷を作る構造自体を疑っていく、というバランスを取るのは本当に難しいことだと思います。きっと私はこれからも、若干カラ元気で強がりな性格的な傾向を持ったまま、自分に降りかかる不幸をつい流して笑ってしまう癖と付き合いながら、生きていくに違いないのでしょうが、それでも毎回そこに一抹のクエスチョンマークをつけるくらい、この1年間の上野さんとのやりとりは私自身を変容させるものでした。相手がどんなに偉い人や肉親であっても、自分のかなり強いこだわりが一度解体されるような対話というのはこれまでほとんどしたことがなく、それは刺激を超えて何より幸福なものでした。このような幸福な機会をつくってくださった幻冬舎の竹村優子さん、長く私の文章を応援してくださっている小木田順子さんにも感謝致します。

最後にいただいた「あなたが今、何者であるかのほうが、かつて何者であったかよりも、もっと大事です」というメッセージは、優しくというより大変厳しく私の背筋に突き刺さりました。器用で鈍感な自分に安住せず、時には「こんなキャラじゃないけど」という自分の抵抗を超えたところで表現する勇気を持ちたいと思います。

２０２１年５月27日　鈴木涼美

鈴木涼美さま

1年間はあっという間でしたね。

最初はどうなることかと思ったけれど、往復12回計24信、続きました。海図なき航海でしたが、毎回、次はどうなるか、わくわくしました。

やったことのないことは何であれ興味津々で、そのうえひととのコラボが大好きで、そのコラボの相手がわたしの興味を惹く人物で、そのコラボのなかで相手に対する驚きだけでなく、そこから導き出される見たことも聞いたこともない自分、に驚く体験を今回も味わいました。

わけてもコラボの相手がわたしと親子ほどの年齢差のあるあなたとあって、自分があなたの年齢だったころのことを、いやがおうでも思いださないわけにはいきませんでした。反対にあなたがわたしの年齢に達するまでの時間を、あなたはきっと想像もできないことでしょう。

読み返してみて、初回と最終回がみごとにつながったことを発見しました。というより、同じ円環のなかをぐるぐるまわりしていただけともいえるかもしれませんが。社会学的にいえば「構造と主体」の隘路をどう走りぬけるか……という問いだったと言ってもよいかもしれません。人生の終盤に当たって、あなたという得がたい宛先を得て、自分がどれほど歴史に規定されていたかを再認識することができました。何歳になっても、発見はあるものですね。あなたの50代、60代がどんなふうか、想像するのは愉しみです。そのころわたしはすでにこの世にいないだろうことが残念ですけれど。

それをもたらしてくれたのは往復書簡というスネイル・メイル、文字通り「かたつむりのような」書簡形式です。しかも140字のことばの瞬間的なやりとりでは尽くせないような、長文の手紙が書けました。仕掛け人は幻冬舎の編集者、竹村優子さん。本書はあなたとわたしの共著ではありますが、彼女を3人目の著者にしたいくらいです。毎回原稿を送るたびに、自分の経験にひきつけた痛切なコメントを送り返してくれ、同じ対応を彼女はあなたにもやっていたのだろうなあ、と想像しました。編集者は原稿の最初の読者、そのひとにまっすぐに届いたと思えるのは書き手の励みですし、毎回の的確なコメントはほんとに「編集者の鑑」でした。この連載は校閲の担当者も楽しみにしているとお聞きしました。読者からも息を詰めて見守っている……というご反応をいただきました。ありがたいことです。装丁は鈴木成一さん、わたしの若書き『スカートの下の劇場』以来のおつきあいです。

本書には、女なら誰でもどこかに深く刺さることが書いてあるでしょう。他方、男たちはどうなのでしょうか。最終便であなたは同世代の女たちのあいだで「男たちへの信頼が風前の灯」になっていると言い、それまでの便でもくりかえしわたしに「なぜ男性に絶望せずにいられるのか」と問いかけてきましたね。本書でわたしたちはくりかえし「男とは何か」を論じてきたような気もします。コロナ禍で風俗業界に追いつめられる女たち、さらに感染リスクで風俗業界からさえ居場所を失う女たち。性を「売る女」は興味本位で扱われるのに、「買う男」は問題になることもない非対称。痴漢、盗撮、チャイルドポルノ、性虐待、援交、デリヘル、パパ活、射精産業……など、ことあるごとに女につけこもうとする男たち。性の市場をつくりあげている「買う男」が、男のデフォールトになっていることを、男たちはなんとも思わないのでしょうか。

タイトル案には「男たちよ！」というのもありました。「男は信頼できるのか？」、帯に「セックスワークと引き換えに失った男への信頼。それでも対等な関係を求めて、闘いをあきらめない女たちへ、そして男たちへ」とか。「もう被害者にも加害者にもならない──構造と主体の隘路を駆け抜ける女たちへ」というのもありましたっけ。

結局今のタイトルに落ち着きましたが。本書が男の読者に届くとはあまり期待できないけれど、男たちの感想を聞いてみたいものです。

わたしたちはいつも時代の限界（エッジ）を歩いていて、その先は見通せません。コロナのようなパンデミックが来るとは数年前に誰が予測できたでしょう。五輪の強行開催の結果がどう出るか、誰に予想できるでしょう。そのうえ、歴史はいつも前に進むとは限らず、一歩前進二歩後退だって、いくらでもありえます。あなたがわたしより長生きするのはほぼ確実だけど（どうぞ先に死なないでくださいね、順番なんだから）、そのあなたが、わたしには見ることのないどんな景色を見るのだろうか……あの世を信じないわたしも、ちょっとこの世に戻って見てみたいくらいです。

何年かごとに、お互いの老いと成長を確かめ合えたらいいですね。

それまで、どうぞお健やかに。

五月晴れの日に　上野千鶴子

解　説——「すずみちゃんお餅いくつ？」とちづこ姉さんが言った

伊藤比呂美

上野千鶴子さん、鈴木涼美さんとは、去年（２０２３年）のお正月に高橋源一郎さんの「飛ぶ教室」の新年会でお会いした、といっても、上野さんと私はリモートだったので声だけだ。

そのとき、冒頭で高橋源一郎さんがこんなことを言った。——上野、高橋、伊藤は涼美の親の世代である。今回は、実家に、おじさんおばさんと姪が集まった設定である。上野さんが長女、涼美さんの亡くなったおかあさんが次女、伊藤さんが三女、そして僕は長男。祖父母はすでに亡くなっている。それは近代日本だ。上野さんと僕は江藤淳に関心がある。涼美さんは、江藤淳の弟子である福田和也慶應ゼミに在席した江藤の孫弟子であり、上野ゼミ出身の北田暁大さんを東大大学院の師とする、上野さんの孫弟子でもある。つまり四きょうだいにとって子どもであり、姪であり、孫である。上野さんは文学から社会学に行き、涼美さんは社会学から文学に行った。伊藤さんは一貫して文学、僕は文学でない文学。というわけで、伯父や伯母（そして叔母）と姪が実家に集まって、日本の行く末について話している――と。

その後、何を話したか忘れた。ほんとに日本の行く末なんて大層なことを話したかどうかも忘れた。その日、スタジオに源一郎さんといたのは涼美さんだけだった。上野さんは接続が悪かったから、ときどき途切れていなくなった。私は接続もマイクの調子もよかったが、スタジオのようすはちょっと離れてついているカメラでしか見られず、2人の表情や口もとは見えなかった。顔を合わせずに会話に参入していくのは至難のわざで、私はうなずくのばかり多くなり、ラジオのうなずき役というのはいないにひとしく、スタッフから「声を出して」などと書いた紙が何度か示されたが、源一郎さん涼美さんの楽しげな会話になかなか切り込んでいけなかった。不器用なんですよ、三女は。

長姉も次姉も昔から議論好きで、何かというとすぐ議論したがるので、三女は口ゲンカで負けてばっかりだった。たまに窮して手が出て、母に叱られた。お正月なんておせちを食べてこたつでぬくぬく、議論する姉たちは敬して遠ざけ……という三女がこの本にどんな解説が書けるのか。この役目に相応しくないんじゃないかと躊躇したが、「あなたは娘の立場も母の立場も両方とも経験したひと。それに介護も、自分の老後も。忖度無しに思う存分論じて」と長姉に言われ、「私と上野さんの両方が経験していないことも経験されているので、抜けた視点を補っていただける機会はこの本と読者を繋げる橋」と姪にも言われ、さらには「ネットで叩かれている数は上野さんと私の方が多いような気がします！（涼美）」「わはは（上野）」などと焚きつけられて引き受けてしまった。

しかし読めば読むほど、私がさしはさむ言葉は無い。社会学者はほんとにすごい。つねに社会の諸問題を観察しており、それについての本も数々読みこなして言及していく。真っ向幹竹割りみたいな議論も、社会で起きているあらゆる事象を網羅していくことも、私はいつも苦手であったし、今でも苦手であり、たぶんこれからも苦手のままだ。

私自身の持つミソジニー、それからウィークネス・フォビアであるとご指摘いただいたような傾向を、今一度直視することは、私にとっては心地良い作業ではないので、こうしてお手紙のやり取りをすることがなければ、掘り起こす勇気はなかったかもしれません。思えば私の母も常に私の中の私が衝かれたくない箇所を対話によって掘り起こし、遠慮なく目の前に突きつける人でした。（涼美）

私はほんとに議論は好きじゃない。詩人なんで、大切なのは、論理でもストーリーでもなくて、ただ言葉。議論してケンカになるのは絶対いやだ。ケンカになったら関係は終わりと、ケンカ慣れしてない一人っ子（三女は実は一人っ子）は考えてきたし、それで離婚もしてきたのだった。

涼美母が涼美にふっかけたような知的な議論、うちではイギリス人の連れ合いが得意としていて、子ども相手にやりまくっていたのを私は見ていた。親子の議論は対等な関係じゃない。親は強い。親は子どもを鍛えたい。子どもが強くなってくるのを見るのはおもしろい。でもおとなだって言い負かされるのはやっぱり不快だから、連れ合いは子どもを、言葉と論理で、完膚なきまでに叩きのめした。それじゃ子どもに逃げ場がなくなるじゃないか、あなたの目的は子育てで、議論に勝つことではないと、よく連れ合いに言ったものだが、聞きゃしなかった。家庭とはくうねるところにすむところ。風呂上がりに裸になるところ。トイレからうんこのニオイをさせて出てくるところ。弱みをさらけ出し、泣いたり喚いたりできるところ。それが家庭だと教えてやるのもまた親の役目と私は思っていたが、違うのかもしれない。今言ってることに自信はないし、いろんな家庭があっていいことも解っている。

しかしながら上野さん。涼美さんに真っ正面から言葉を投げつけ、幹竹割りみたいな口調はめちゃくちゃエモーショナルで、心にぐさぐさ突き刺さる。こんな上野さんは初めて見た。

あなたの倍近く、長く生きてきたわたしは、上から目線と言われても、あえて言いましょう、ご自分の傷に向きあいなさい。痛いものは痛い、とおっしゃい。（上野）

上野さんに「おっしゃい」と言われたら、おっしゃらないわけにはいかない。

この命令語、上から目線ながら、親しみと共感がじゅくじゅくにこもり、近代日本のジェンダーを一手に引き受けつつ、銘仙かなにかを着てしゅっと立つ女、みたいな言葉である「おっしゃい」を、上野さんに言わせたのは涼美さんだ。涼美さんだから引き出せた。母に対するのと同じような、母殺しのときに使うような力をこめて、上野さんにかぶりついていったのを、上野さんも子殺しのときに使う力を出して、受け止めずにおられなかったのだ。

だからといって、わたしは自分を免責するつもりはありません。こういうことが言えるのは、わたしにいちいち思い当たることがあるからです。恥の多い、失敗の多い人生を送ってきました。これまでの人生に後悔はない、なんて、決して言えま

せん。（上野）

私も、上野さんとやりとりしたことがある。この本の中でも上野さんが「ほとんど読まれなかった」と言及している『のろとさにわ』（1991年）である。当時は上野さん43歳、私、36歳。涼美さん38歳（2021年当時）も合わせて三姉妹ができますよ、タイムマシンさえあれば。この本と『のろとさにわ』の目次を並べてみるとこうなる。

『往復書簡　限界から始まる』
エロス資本
母と娘
恋愛とセックス
結婚
承認欲求
能力
仕事
自立

『のろとさにわ』
言葉
インターコース
穴
男
オナニー
排泄
娘
中年

連帯　　　マゾヒズム
フェミニズム　欲望
自由　　　レズビアニズム
男　　　　亡命

このシノプシスも上野さんがつくった。ほぼ30年前。変化もある。変わらないところもある。変わったのは（相手の違いもあるけれども）上野さんであり、変わらないのは上野さんの核かもしれない。娘であったこと、男を性的な対象にしたことが、上野さんの、ずっと変わらぬ苦しみであったのかもしれない。そしてつねに、ここからどこかに出ていって自由になりたかったのかもしれない。その手段は「性」だったのかもしれない。そして、今の上野さんは、あの頃の上野さんより、人と関わることの大切さを実感している。

この本、『往復書簡 限界から始まる』の5回目で、涼美さんは上野さんに言われている。「連載スタート前に12ヶ月分のシノプシスをつくったら、それに律儀に答えてくださっているようですが、はみだしたり、無視したりなさってもいっこうにかまわないんですよ」と。涼美さんは真面目で誠実だった。頭もいいし、育ちもよいのである。私は上野さんの問いかけから、ひたすら逃げた。お題をいただいて、まず巫女（のろ）である私が詩を書き、審神者（さにわ）である上野さんがそれを読み解く。ところが「のろ」はですね、「さにわ」に読み解かれるのがうっとうしくてたまらなかった。それでお題は無視した。無視しても、書きたいのは自分の「生きる」だったから、自分の〈女〉性を通して、最終的には上野さんに戻っていくと確信していた。詩を書いたら放り出し、後も振り返らずに走り出した。他の詩が書けなくて苦しんでいたときだったが、上野さんに向けてなら、のびのびといくらでも書けた。最初の読み手として、こんなに信用のできる人はいないのだった。涼美さんものびのびと書けたのだ。のびのびと、果敢で、勇猛で、どこまでも喰らいついていく。そして「盛り沢山に学びがありました」などとしれっと言い放つ。マゾですか。

どうしても気になるのが、次女（源一郎兄さんのすぐ下の妹）、涼美さんの母の存在。この対談は2020年にされたものなので、その4年前に亡くなった母が、まだなまなましく娘の中に存在しているわけです。

私の母は、感情的な人ではありましたが、言葉にはしっかりした論理のある人でした。（涼美）

こんなこと、私は娘にぜったい言ってもらえない。「私の母は感情的な人で、言葉にだけはやかましく、論理、なにそれという人でした」とうちの娘なら言うかもしれない。

この頃、母にこだわる娘と何人も出会った。娘たちは、こっちが何も聞かないのに、問わず語りに、母の話をし出す。涼美さんもその一人だ。有名な母もいたが、有名じゃない母もいた。娘の執着は、母の表現や創作活動の如何に関係ないようだ。

忘れようよ、離れようよと言いたいが、忘れられないものは忘れずに握りしめておくのも生き方だから、娘の母語りを受け止めたいとも思う。しかし母なんてね、たいしたものじゃないのですよ。母にこだわるあまり、涼美さんも上野さんも、娘に、ないしは母に、過剰な期待をしているんじゃないか。

「ある程度の自分の愚かさを許した上で、被害者を名乗れるくらいに強くなることは、母を失った今、可能なのでしょうか」と涼美さんが言い、「わたしのもっとも身近にいて、わたしの矛盾、わたしのハンパさ、わたしの限界、わたしの狡猾さ……を情け容赦なく抉ってくる娘がいたとしたら、彼女はこのわたしをどのように描写するだろうか？」と上野さんが言う。さらに言う。

わたしが子どもを産まなかったのは、子どもの性別を選ぶことができず、もし娘

の母になったなら、という恐怖を抑えることができなかったから、が理由のひとつでした。（上野）

私は娘しか産まなかった母である。妊娠する前には、上野さんの持つ恐怖、解らぬでもなかった。漠然と、私も同じような恐怖を持っていた。でも産むつもりの妊娠を最後までやり遂げてみたら、たまたま女で、育ててみたら、その子はその子だった。娘が女であることについて、いやだとも困ったとも考えたことがない。だいぶ振りまわしたが、振りまわされもした。育つ苦しみには、私が母だったという理由もあっただろうが、ちゃんと生き延びたし、やがて育って離れていった。このまま会わなくてもいいのかもしれない。これなら別に恐怖するまでもない。娘の母になったらという恐怖も、もしやミソジニーがこねくり回されてつくり上げられたものだったんじゃないかと考えたことがある。

――詩人

この作品は二〇二一年七月小社より刊行されたものです。
JASRAC 出 2401000-401

往復書簡《おうふくしょかん》 限界《げんかい》から始《はじ》まる

上野千鶴子《うえのちづこ》　鈴木涼美《すずきすずみ》

令和6年4月15日　初版発行

発行人――石原正康
編集人――高部真人
発行所――株式会社幻冬舎
〒151-0051東京都渋谷区千駄ヶ谷4-9-7
電話　03(5411)6222(営業)
　　　03(5411)6211(編集)
公式HP　https://www.gentosha.co.jp/
印刷・製本―株式会社　光邦
装丁者――高橋雅之

検印廃止
万一、落丁乱丁のある場合は送料小社負担でお取替致します。小社宛にお送り下さい。
本書の一部あるいは全部を無断で複写複製することは、法律で認められた場合を除き、著作権の侵害となります。
定価はカバーに表示してあります。

Printed in Japan © Chizuko Ueno, Suzumi Suzuki 2024

幻冬舎文庫

ISBN978-4-344-43372-4　C0195　う-17-2

この本に関するご意見・ご感想は、下記アンケートフォームからお寄せください。
https://www.gentosha.co.jp/e/